国家出版基金项目

总主编 洪银兴

现代经济学大典

[经济学方法论分册]

A Dictionary of Modern Economics

主编 顾海良

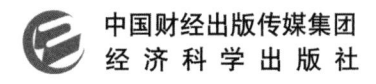

中国财经出版传媒集团
经济科学出版社

图书在版编目（CIP）数据

现代经济学大典．经济学方法论分册/顾海良主编．—北京：经济科学出版社，2016.7
ISBN 978-7-5141-7108-2

Ⅰ.①现… Ⅱ.①顾… Ⅲ.①经济学-研究-中国
②经济学-方法论-研究-中国 Ⅳ.①F120.2

中国版本图书馆 CIP 数据核字（2016）第 168794 号

责任编辑：于　源
责任校对：杨晓莹
责任印制：李　鹏

现代经济学大典
（经济学方法论分册）
主编　顾海良
经济科学出版社出版、发行　新华书店经销
社址：北京市海淀区阜成路甲 28 号　邮编：100142
总编部电话：010-88191217　发行部电话：010-88191522
网址：www.esp.com.cn
电子邮件：esp@esp.com.cn
天猫网店：经济科学出版社旗舰店
网址：http://jjkxcbs.tmall.com
北京中科印刷有限公司印装
787×1092　16 开　15.75 印张　270000 字
2016 年 8 月第 1 版　2016 年 8 月第 1 次印刷
ISBN 978-7-5141-7108-2　定价：89.00 元
（图书出现印装问题，本社负责调换。电话：010-88191502）
（版权所有　侵权必究　举报电话：010-88191586
电子邮箱：dbts@esp.com.cn）

《现代经济学大典》编委会

学术顾问　卫兴华　谷书堂　刘诗白　吴宣恭

主　　任　马建堂　邬书林

主　　编　洪银兴

副 主 编　逄锦聚　顾海良　林　岗　刘　伟　黄泰岩

委　　员　（按姓氏笔画为序）
　　　　　　王广谦　史代敏　吕　萍　庄宗明　刘　伟
　　　　　　刘志彪　刘　灿　刘明晖　刘锡良　李子奈
　　　　　　李晓西　吴福象　邱　东　范从来　林木西
　　　　　　林　岗　金　碚　周法兴　赵晓雷　柳　敏
　　　　　　逄锦聚　洪银兴　贾　康　顾海良　高培勇
　　　　　　郭兆旭　郭熙保　黄少安　黄泰岩　黄桂田

出版说明

波澜壮阔的中国改革与发展，使我国快速跃升为世界第二大经济体，彻底改变了十几亿中国人的命运，深刻影响了世界经济的格局和未来，从而被世人称为"中国奇迹"。

"中国奇迹"，是中国共产党领导全国人民在前无古人的伟大改革与发展实践中探索中国特色社会主义道路的结果，创新中国特色社会主义理论的结果，构建中国特色社会主义制度的结果，坚定了我们的道路自信、理论自信和制度自信。

正因为有了这种自信，我们以中国改革与发展的实践为背景，以中国经济学的理论发展为线索，以解读中国奇迹之"谜"为己任，编写这部《现代经济学大典》（以下简称《大典》）。

《大典》的定位是对中国改革与发展的成功实践做出理论总结和概念提炼；特色是突出反映中国改革与发展30多年来中国经济学的研究成果；目的是把中国经济学推向世界，让中国道路、中国理论、中国制度以中国话语为世界所知、所享。

总结30多年来中国改革与发展的成功经验，其中最重要的一条就是实事求是、解放思想、创新发展。可以说，改革开放以来是中国的经济学理论创新最多、发展最快、成果最丰富的时期。中国改革与发展的实践提出经济学理论创新的问题和需求，而经济学的每一个理论创新又进一步推动中国改革与发展实践的不断深化。根植于中国广袤大地上的经济学创新，一是马克思主义经济学中国化的理论成果，因而《大典》在词条选择上力求体现开拓当代中国马克思主义经济学新境界，在阐述上力求继承与发展的结合；二是对中国改革与发展实践经验提炼和总结的理论成果，因而《大典》在词条选择上力求充分彰显中国特色，在阐述上力求理论与实践的结合；三是借鉴吸收国外经济学的科学成果，因而《大典》在词条选择上力求反映经济学的一般概念和规律，在阐述上力求中国化与国际化的统一。

《大典》的宗旨是展示当代中国经济学研究进展和理论创新。记录和总结中国经济学家的理论贡献，重点不在"引进来"，而在"走出去"，因此，《大典》没有安排专门的西方经济学专题。这种安排的客观依据是，中国改革与发展，不是在西方经济学的理论指导下取得成功的。当然，不排除在相关学科中充分吸收国外经济学的范畴。《大典》展示的中国经济学研究成果表明，中国特色的社会主义经济理论、经济制度、发展道路是中国经济成功之源。基于这种考虑，《大典》在词条的选择阐述上，力图在反映中国改革与发展的辉煌历程和经济学领域的丰硕成果基础上，建立中国特色、中国风格、中国气派的经济学学术话语体系。

中国改革与发展只有进行时，没有完成时。实践在发展，经济理论也随之不断创新。《大典》的编纂在2010年起步，编纂期间，党的十八大、十八届三中、四中全会和习近平总书记的系列重要讲话，把中国经济学的理论创新推到了新的高度。同时，中国经济发展进入"新常态"。《大典》的编纂不仅总结过去经济学的创新，还要跟踪中国改革与发展新阶段的新特点，特别是要反映党的十八大、十八届三中、四中全会和习近平总书记系列讲话的新精神、新理论。为此，《大典》不仅通过增加新词条的方式，而且还在已有的词条中融入了体现党的十八大以来新发展的经济思想，尤其是习近平总书记系列重要讲话的精神。这就保证了《大典》能够全面、准确、及时反映当前中国经济学各领域研究的最前沿的学术水平。

现在已经出版的各类经济学辞典有很多，《大典》的出版不只是新增加一本经济学辞典,而是要有特色。《大典》之所以要取名为大典,就是要体现大典的含义:一是"典籍"。《大典》囊括了经济学各个学科,涉及理论经济学和应用经济学两个一级学科门类的14个学科或领域,涵盖了中国经济学发展的各重要领域。当然,限于篇幅,所选的词条不可能求全,一些常识性的、内容没有发生根本变化的词条没有选入。同时,为避免重复,不同学科或领域交叉共有的词条只在一处出现。二是"成书"。《大典》对各个词条不是一般的名词解释,而是要突出"论"。尤其是对改革开放以来出现的新概念,以及反映经济学创新的概念作为学术论文来写。系统介绍其创新发展的来龙去脉,按照理论渊源、演变及评论逐步展开。以历史和发展的视角对已有经济思想和理论进行深入挖掘和论述。每个词条后面都提供参考和延伸阅读的书目。从一定意义上说,《大典》是现代经济学的百科全书。三是"工具"。《大典》的写作努力做到专业性与通俗性相结合、理论性与知识性相结合,既能满足专业人士的学术研究需要,又能满足社会大众普及经济学知识的需要。

《大典》的编委会成员都是伴随着中国改革与发展成长起来的新一代经济学家。改革开放开始时他们都是风华正茂的年轻经济学者,他们亲身参与了中国改革与发展各个阶段的经济研究,对中国改革与发展和经济学创新有着切身感受和感悟。成立《大典》编委会时,他们都是处于经济学教学科研第一线的各个领域学科带头人,其中许多人分别是国务院学位委员会经济学科评议组成员、中国社会科学院学部委员、教育部社会科学委员会经济学部委员、教育部高等学校经济学学科教学指导委员会委员,以及教育部长江学者特聘教授等。出版社聘请他们直接主持并亲自撰写相关词条,目的是要使《大典》更具权威性,打造一部影响力大、综合水平高的传世之作。

尽管我们做了很多努力,力求实现上述初衷,但限于水平,编写这样一部工程浩大的经典之作,肯定还有许多不足和缺憾,欢迎读者批评指正。

现代经济学大典（经济学方法论分册）

　　本书为 2010 年国家出版基金项目成果，其编撰得到了国家新闻出版广电总局、财政部、国家统计局的领导，以及教育部中国特色社会主义经济建设协同创新中心的高度重视和大力支持，在此一并表示衷心感谢。

经济科学出版社
2015 年 10 月

目　　录

经济学的方法论

经济学方法论
Methodology of Economics ································ 1

唯物辩证法
Materialistic Dialectics ································ 4

历史唯物论
Historical Materialism ································ 9

古典经济学方法
Classical Economics Methods ································ 13

马克思经济学方法
Marxist Economic Methods ································ 14

历史和逻辑
History and Logic ································ 28

分析和综合
Analysis and Synthesis ································ 32

归纳和演绎
Induction and Deduction ································ 34

摸着石头过河
Crossing the River by Feeling the Stones ································ 38

本体论
Ontology ································ 39

功能主义
Functionalism …………………………………………………… 42
经验主义
Empiricism ……………………………………………………… 44
功利主义
Utilitarianism …………………………………………………… 46
激进主义
Radicalism ……………………………………………………… 47
形式主义
Formalism ……………………………………………………… 53
自由主义
Liberalism ……………………………………………………… 58
方法论整体主义
Methodological Holism ………………………………………… 59
多元论方法论
Methodological Pluralism ……………………………………… 61

经济学的分析方法

阶级分析
Class Analysis …………………………………………………… 65
定性与定量分析
Qualitative and Quantitative Analysis ………………………… 70
静态和动态分析
Static and Dynamic Analysis …………………………………… 74
短期和长期分析
Short Run and Long Run Analysis ……………………………… 80
一般均衡分析
General Equilibrium Analysis ………………………………… 87
局部均衡分析
Partial Equilibrium Analysis …………………………………… 92
非均衡分析
Disequilibrium Analysis ………………………………………… 94

经济人
Homo Economicus ·· 98
微观基础
Microfoundation ·· 99
实证和规范经济学
Positive and Normative Economics ···························· 105
边际主义方法
Methods of Marginalism ·· 106
德国历史学派方法
Methods of the German History School ······················ 109
凯恩斯革命方法
Methods of the Keynesian Revolution ······················· 112
货币主义方法
Methods of Monetarism ··· 114
奥地利学派方法
Methods of the Austrian School ······························· 115
芝加哥学派方法
Methods of the Chicago School ······························· 117
剑桥争论
Cambridge Controversy ··· 119
公共选择学派方法
Methods of Public Choice School ····························· 122
东欧学派经济学方法
Economics Methods of Eastern Europe School ············· 123
新古典宏观经济学方法
Neoclassical Macroeconomics Methods ····················· 127
新古典微观经济学方法
Neoclassical Microeconomics Methods ····················· 129
后凯恩斯主义方法
Post Keynesian Methods ·· 132
新李嘉图主义方法
Neo-Ricardian Methods ··· 135

事前与事后
Ex Ante and Ex Post ………………………………………… 138
非理性行为和经济理论
Irrational Behavior and Economic Theory ………………… 141
博弈论
Game Theory ………………………………………………… 142
世界体系分析
World-Systems Analysis …………………………………… 148

多学科结合的方法论

数理经济学
Mathematical Economics …………………………………… 155
实验经济学
Experimental Economics …………………………………… 158
经济社会学
Economic Sociology ………………………………………… 162
经济人类学
Economic Anthropology …………………………………… 168
历史计量学
Cliometrics …………………………………………………… 175
生物经济学
Bio-Economics ……………………………………………… 185
行为经济学
Behavioural Economics …………………………………… 190
经济学和伦理学
Economics and Ethics ……………………………………… 197
经济学和历史学
Economics and History …………………………………… 200
经济学与数学
Economics and Mathematics ……………………………… 203
经济学和管理学
Economics and Management ……………………………… 206

经济学和会计学
Economics and Accounting ·· 211

经济学和政治学
Economics and Politics ·· 215

经济学和系统科学
Economics and System Science ·· 220

经济学和心理学
Economics and Psychology ·· 223

经济学和种族
Economics and Races ··· 226

经济学和性别
Economics and Genders ··· 228

经济学和混沌
Economics and Chaos ··· 232

经济学的方法论

经济学方法论
Methodology of Economics

1776年，亚当·斯密的《国民财富的性质和原因的研究》（简称《国富论》）的出版标志着经济学作为一门独立的学科进入人们的视野。在《国富论》中，对历史、制度和事实的描述是亚当·斯密分析经济现象，归纳经济原理的基本方法。

1817年，英国经济学家大卫·李嘉图发表了《政治经济学及赋税原理》，该书的出版标志着英国古典经济学的最后完成。在该书中，李嘉图把复杂的经济现象高度抽象成很少的变量，然后通过对这些变量的解释和分析，进而对整个社会经济的运作进行诠释，亚当·斯密的描述性分析方法已经让位给抽象演绎分析方法，经济学变得严格和抽象了，它只依附于从它本身的思想体系的内部逻辑产生的原则，而不是其他的外部原则。这种经济学研究方法确立了李嘉图在经济学说史上的地位。

李嘉图的经济学研究方法影响了后世经济学的发展，例如抽象推理、研究假设、抽象演绎方法等，这些由李嘉图创立的许多抽象方法仍然影响着经济学研究，这种严密推理的分析体系显示了作为方法论的严密性，这是他的前辈和他同时代的经济学家所不及的。后来，李嘉图的研究方法还启发了现代经济分析的发展，甚至还产生了最终转化为经济数学形式的定理。例如，李嘉图的"经济人"假设是一个最普遍、最重要的抽象，即使在现代经济学的一般均衡理论的阿罗—德布鲁定理，以及产权理论中的科斯定理等，都建立在李嘉图方法论的抽象基础之上。在西方经济学看来，"经济人"参照系本身的重要性，并不在于他们是否准确无误地描述了社会经济现实，而在于它建立了一个似乎能够让人们更好地理解现实的标尺。

李嘉图的抽象分析方法曾经得到马克思的高度评价，马克思认同李嘉图采用这种方法的"历史合理性"以及"在政治经济学史上的科学必然性"，但是，马克思也指出了这种方法存在的"科学上的不完备性"。这种"不完备性"，主要表现在"跳过必要的中介环节，企图直接证明各种经济范畴相互一致"。熊彼特则干脆把李嘉图这种将高度抽象的经济模型直接应用于错综复杂的现实世界的倾向，称为"李嘉图恶习"。

1827年，英国经济学家纳骚·威廉·西尼尔发表了《政治经济学导论》，他在该书中第一次用专门章节讨论了经济学方法论，并且在《政治经济科学大纲》（1836）中研究了经济学方法论。1836年，约翰·斯图亚特·穆勒认为，经济学方法论的哲学基础是实证主义哲学和归纳逻辑。他认为，政治经济学的研究既应该贯彻归纳法，也应该重视演绎法的作用。在1843年出版的《逻辑体系》中，穆勒区分了归纳法和演绎法在自然科学和社会科学中的不同作用。演绎法在自然科学中的作用有限，而归纳法对自然科学研究作用非凡，只有在社会科学中，演绎法才能大显身手。穆勒在经济学研究中既运用了演绎法也运用了归纳法，但演绎法似乎更受青睐。

约翰·艾略特·凯尔恩斯在1875年出版的《政治经济学的逻辑与实质》一书中，详细讨论了经济学方法论问题。他在该书肯定了演绎法在经济学中的地位，认为经济学的前提反映了事实，经济学研究结论不一定与现实完全一致。由于该书叙述流畅而深受读者的喜爱，并因对逻辑问题的讨论而长期以来一直是英国经济学的权威教科书。

19世纪80年代，奥地利学派的代表之一卡尔·门格尔与德国历史学派的代表古斯塔夫·施穆勒在经济学方法论问题上展开了激烈的争论。争论的焦点问题是历史归纳法和演绎法。门格尔主张演绎法，认为演绎法应该作为经济学研究的唯一方法和基本方法；施穆勒则认为，历史归纳法才是探寻经济规律分析经济现象的主要方法，演绎法充其量只是一种辅助方法。

19世纪末，约翰·内维尔·凯恩斯在《政治经济学的范围和方法》一书中，试图统一经济学方法论的有关争论，即他试图将西尼尔、穆勒和凯尔恩斯的传统与历史学派的方法调和起来。然而，20世纪20年代，对历史学派发扬光大的制度主义逐渐强大，对传统的经济学方法论形成了威胁。莱昂纳尔·罗宾斯在1932年出版的《经济科学的性质和意义》一书中对传统的主流方法论进行了辩护。

第二次世界大战后，美国一些著名经济学家提出了关于经济学方法论的新观点。1948年，保罗·萨缪尔森在《经济分析基础》一书中，提出了经济学方法论的中心问题应该是经济学在操作上有意义，即他所关注的是经济学的解释功能，后来由操作主义转向描述主义正是其观点的体现。1953年，米尔顿·弗里德曼发表了《实证经济学的方法论》，强调了经济学方法论的工具主义思想。

此后，一些非主流的经济学家，如奥地利学派、后凯恩斯学派和制度主义者在经济学方法论上的讨论也逐渐多了起来。1980年，马克·布劳格的

《经济学方法论》把证伪主义推向了经济学方法论争论的中心。这本书的论述被看作是新的正统的经济学方法论的确立。以至有人认为，要在经济学方法论上开辟新的领域，必须先驳倒布劳格论著中的正统理论观点。

20世纪末期以及21世纪初期，探讨经济学方法论的著作大量涌现，不同学派对经济学方法论都有自己的一家之言，没有能够形成公认的重要理论。

中国对经济学方法论专门研究比较晚。刘敖在1938年出版了《经济学方法论》一书，初步探讨了经济学方法论的有关内容。然而在当时我国特殊的历史阶段，经济学方法论研究没有得到进一步发展。

新中国成立后，受当时社会意识形态的影响，我国学者的经济学研究重心自然是马克思主义政治经济学，很少研究西方的经济学思想。改革开放以来，伴随着我国经济学研究的发展，尤其是对西方经济学研究和教学的引入，西方经济学理论和经济学方法论也逐渐受到学者们的关注。在结合我国经济实际的基础上，我国许多经济学者以马克思主义经济学为指导，借鉴和吸收了西方经济学方法论的某些成果，使我国的经济学方法论呈现两个特点：一是从最初拒绝接纳西方经济学方法论思想转变为有选择地接纳吸收西方经济学方法的思想；二是经济学方法论的内容经历了从简单单一的分析方法到多元分析方法的转变。

然而，回顾我国经济学方法论的发展过程，尤其是反思当前经济学方法论研究，可以清晰地发现我国的经济学方法论存在许多亟待解决的问题，主要表现在：

第一，轻视抽象方法的倾向严重。抽象演绎方法最初是经济学方法论理论中最主要的方法论。但是在经济学的发展过程中，抽象演绎法的缺陷逐渐显现，从而备受指责批判。在教学中，应用性的经济学专业备受欢迎，而涉及纯理论知识较多的理论经济学却鲜有人问津；甚至有些学者混淆经济学研究方法、经济学学科分类的界限和经济学的研究目的，草率地主张用应用经济学替代理论经济学。

第二，实证分析方法运用过度简单化。近些年来，实证研究方法逐渐受到广大学者的重视，但有些学者在应用过程中存在诸多不当，例如有些学者在研究中过于追求使用假设模型来装饰理论，反而视定性分析为可有可无，即它们存在明显的"描述主义"倾向。另外，政府部门提出的一些经济措施，仅注重从是否具有操作性入手，而常常忽视了价值判断。

第三，数学方法在经济分析中的滥用。不可否认，在现代经济学的发展中，数学方法已经渗透到理论研究的各个方面。但是近些年来，在我国经济研究过程中，逐渐出现了一种极度强调使用数学方法的形式主义倾向。例如，许多论文中的数学模型和公式完全是为了装饰自己的文章，而不是从研究的需要出发。我们知道，使用数学必然要求假设条件，然而有些研究成果采用的假设条件很多，不但具有很大的随意性，而且与现实完全脱节，有些学者在资料数据的运用处理上不尊重客观事实，而是挑选对论文有利的数据，剔除否定论文结论的数据。另外，有些运用数学方法所取得的研究成果，缺乏严密的逻辑性，也没有经济理论作支持，只是简单符合数学公式的推导程序，由此得出的理论往往与现实严重矛盾，不可调和，不具有实用性，这样的研究结论难以服众。

参考文献：

［英］马克·布劳格：《经济学方法论》，商务印书馆1992年版。
傅耀：《试析经济学方法论演进的四阶段及其内在逻辑》，载于《当代财经》2002年第5期。

（陈立兵）

唯物辩证法
Materialistic Dialectics

唯物辩证法是一种研究自然、社会、历史以及思维的哲学方法。它是最早由马克思提出，后经其他马克思主义者（如恩格斯、列宁、布哈林、毛泽东等）发展而形成的一套世界观、认识论和方法论的思想体系。唯物辩证法是马克思主义哲学的核心组成部分。"普遍联系"和"永恒发展"是唯物辩证法关于世界存在的两个总的基本特征，在总体上揭示了世界的辩证性质；唯物辩证法的基本规律和各个范畴都是从不同侧面揭示了这两个基本特征的内涵和外延。唯物辩证法的核心观点是矛盾（即对立统一）的观点。

唯物辩证法产生道路曲折。最早黑格尔认为，世界历史的进程由心灵"正、反、合"的"对反、重复、超越"原则支配，这是辩证法。后来费尔巴哈则提出了"唯物质才是真实"的世界观，这是唯物主义。马克思在对黑格尔、费尔巴哈学说扬弃的基础上，创立了唯物辩证法。马克思主义哲学认为，唯物辩证法是关于自然、社会和思维的最一般规律的科学，试图回答"世界的存在状态问题"。唯物辩证法认为世界存在两个基本特征：一是世界是普遍联系的；二是世界是永恒发展的。

唯物辩证法

唯物辩证法用普遍联系的观点看待世界和历史，认为世界是一个有机的整体，世界上的一切事物都处于相互影响、相互作用、相互制约之中，反对以片面或孤立的观点看问题。唯物辩证法还认为，联系具有客观性、普遍性和多样性。所谓联系的客观性是指联系是事物本身所固有，不以人的主观意志为转移的，既不能被创造，也不能被消灭；所谓联系的普遍性是指联系包括横向的与周围事物的联系，也包括纵向的与历史未来的联系。一切事物、现象和过程，及其内部各要素、部分、环节，都不是孤立存在的，它们相互作用、相互影响、相互制约，但另一方面事物又存在相对独立性，即任何事物都同其他事物相区别而相对独立地存在。事物的普遍联系和事物的相对独立存在是互为前提的。所谓联系的多样性是指从大的方面说，联系可分为内部联系和外部联系、本质联系和非本质联系、必然联系和偶然联系、主要联系和次要联系、直接联系和间接联系，等等。

唯物辩证法认为矛盾（即对立统一）是事物普遍联系的根本内容。所谓矛盾是指"事物内部或事物之间的对立统一的辩证关系"，矛盾的双方总是"相比较而存在，相斗争而发展"。恩格斯认为："运动本身就是矛盾。"毛泽东更是强调矛盾存在于一切事物的发展过程中，并且矛盾存在于一切事物的发展过程的始终。矛盾是事物存在的深刻基础，也是事物发展的内在根据。从某种意义上说，事物就是矛盾，世界就是矛盾的集合体；没有矛盾就没有事物或世界，没有矛盾就没有事物或世界的发展。因此，唯物辩证法认为世界是一个过程，过程是由状态组成的，状态是过程中的状态；世界上没有永恒的事物，有生必有灭，无灭必无生；旧事物灭亡的同时，就意味着新事物的产生。关于发展问题，唯物辩证法认为发展就是事物由简单到复杂、由低级到高级的变化趋势，其实质是新事物的产生和旧事物的灭亡。并且事物的发展规律是一个由"不平衡到平衡，再由新的不平衡到新的平衡"的波浪前进、循环往复的上升过程，由一个个有限的过程组合成无限发展的世界。

唯物辩证法认为规律是事物本身所固有的、本质的、必然的、稳定的联系，是发展的必然趋势。规律具有客观性、稳定性、可重复性和普遍性。也就是说，规律不以人的主观意识为转移，不能被创造和消灭，只要条件具备就一定会发生作用，所以必须尊重规律。但唯物辩证法也特别强调人的主观能动性，在认识世界的时候，由于规律往往隐藏在事物内部，只有发挥人的主观能动性才能透过现象看到本质；在改造世界的时候，也要发挥人的主观能动性，根据实践的目的、实时实地改变规律赖以起作用的条件，从而引导规律起作用的具体方式。

唯物辩证法的基本规律有三条，即对立统一规律（矛盾的规律）、质量互变规律、否定之否定规律。（1）对立统一规律。所谓对立统一规律是指一切存在的事物都由既相互对立、又相互统一的一对矛盾组合而成。矛盾双方既对立又统一，从而推动事物的发展。因此对立统一规律揭示了事物发展的源泉和动力。（2）质量互变规律。所谓质量互变规律是指事物具有质和量两个属性。量是指衡量事物处在的某种状态的数量或具体形式；质是指事物成为它自身并区别于另一事物的内在规定性。量变是事物连续的、逐渐的、不显著的变化，是事物在数量上的变化；质变是事物根本的变化，是一种飞跃，往往表现为突变。质量互变规律，也就是从量变到质变，那些处在不断的变化之中的事物，在每次由一种性质变化到另一种性质的过程中，总是由微小的变化（即量变）慢慢积累开始，当这种积累达到一定程度就会导致事物由一种性质变化到另一种性质（即质变）。量变是质变的准备，没有量变就不会发生质变；经过质变，在新的性质基础上又开始新的量变……（3）否定之否定规律。马克思和恩格斯的否定之否定原理来自黑格尔的"正—反—合"三阶段论。"正"态事物由于内部矛盾的发展，会过渡到反面，成为"反"阶段，这是第一个否定；由反阶段再过渡到它的反面，是为否定之否定。经过否定之否定后，事物显然回到"正"态。事物的发展是一个过程连着一个过程的，过程的更替要通过否定来实现。在事物发展的长链条中，经过两次否定，即经过肯定、否定、否定之否定。因此，否定之否定规律揭示了事物发展的趋势和道路。需要强调的是，否定之否定后的状态并不是原有的肯定的状态，而是一种进步性质的"扬弃"。事物发展的总趋势是前进的、上升的，而道路却是迂回曲折的。

关于这三条基本规律的内在关系，一般认为对立统一规律揭示了事物发展的源泉和动力，质量互变规律揭示了事物发展的状态，否定之否定规律揭示了事物发展的趋势和道路。

唯物辩证法有五对基本范畴，它们分别是：现象和本质、内容和形式、原因和结果、可能性和现实性、偶然性和必然性。

第一，现象和本质。现象和本质是揭示客观事物的外在联系和内在联系相互关系的一对范畴。本质是事物的根本性质或组成事物基本要素的内在联系，现象是事物的外部联系和表面特征。现象和本质是对立统一关系。所谓现象和本质对立是指，现象是表面的、具体的和易逝多变的，往往靠感官即能感知；而本质则是隐藏在事物内部的、是事物一般的共同的方面、而且是相对稳定的，它往往只能依靠抽象思维来把握。所谓现象和本质统一是指，现象离不开本质，任何现象都由本质所决定的，都是本质的某种表现，与此同时，本质也不可能离开现象而单独存在，任何本质都要通过一种或多种现象表现出来。因此，人们认识事物总是通过对现象的分析研究才能了解到事物的本质。

第二，内容和形式。内容和形式是指揭示事物所具有的内在要素和结构及其表现方式的一对范畴。内容是事物内在要素的总和，形式指内在要素的组织和结构。事物总是具有一定的内容和形式。唯物辩证法认为内容和形式是对立统一关系。所谓内容与形式的对立是指内容不同于形式。所谓内容和形式的统一，是指内容和形式相互依存，没有内容的形式是空洞的形式，没有形式的内容是一堆要素；内容和形式之间相互作用，内容决定形式，形式反作用于内容；此外，内容和形式的区分是相对的、复杂的，因为同一形式可以容纳或表现不同的内容，而同一内容也可以有多种表现形式，旧形式可以服务于新内容，旧内容也可以采用新形式。

第三，原因和结果。原因和结果是揭示客观世界中普遍联系着的事物具有先后相继、彼此制约的一对范畴。原因是指引起一定现象的现象，结果是指由于原因的作用而引起的现象。有原因必会造成某种结果（或影响），有结果又必来源于某种原因。一般来讲，原因在前结果在后；同一个现象，依据不同的条件，可以是原因也可以是结果，前一个原因的结果也可能是后一个结果的原因；同时，一个原因可以引起几个结果，一个结果也往往由几个原因所引起。唯物辩证法认为原因和结果是对立统一关系。所谓原因和结果的对立，是指因果倒置，在逻辑推理或实践中都会引起混乱或危害。所谓原因和结果的统一，是指原因和结果相互依存，既没有无因之果，也没有无果之因；原因和结果在一定条件下相互转化。

第四，可能性和现实性。可能性和现实性是揭示客观事物由可能向现实转化过程的一对范畴。可能性指事物包含的种种可能的发展趋势，现实性指已经实现了的可能性，即实际存在的事物和过程。由于事物内部矛盾和外部矛盾的复杂性，事物往往包含相互矛盾的几种可能性。但是只有一种可能性在内外条件齐备的情况下转化为现实，其他的可能性在矛盾的斗争中被克服而没有成为现实。唯物辩证法认为可能性和现实性是对立统一关系。所谓可能性和现实性的对立，是指可能性是尚未实现的现实，而现实性则是已经实现了的可能。所谓可能性和现实性之间的统一，是指可能性和现实性相互依存，可能性的根据存在于现实性之中；现实性是由可能性发展而来的；可能性和现实性在一定条件下可以相互转化。此外，唯物辩证法强调，在可能性转化为现实的过程中，尽管客观事物和客观条件是基础，但主观能动性往往起着重要的作用。

第五，偶然性和必然性。偶然性和必然性是揭示客观事物发生、发展和灭亡的不同趋势的一对范畴。事物发展过程中一定要发生的趋势是必然性；事物发展过程中可能出现，也可能不出现，或可能以多种不同方式出现的趋势是偶然性。唯物辩证法认为偶然性和必然性是对立统一关系。所谓偶然性和必然性之间的对立，是指两者地位不同，必然性居于决定地位，偶然性居于从属地位；两者的根源不同，必然性是由事物内部的根本矛盾决定的，偶然性是由事物内部的非根本矛盾或外部矛盾造成的；两者作用不同，必然性决定事物发展的基本方向，偶然性则使事物发展过程变得丰富多样。所谓偶然性和必然性的统一，是指必然性不能离开偶然性，一切必然性终归要以某种偶然性的形式表现出来；偶然性也不能离开必然性，一切偶然性都受必然性的制约，也总是以某种形式表现着相应的必然性；必然性和偶然性在一定条件下可以相互转化，在一定条件下为必然的东西，在另外的条件下可以转化为偶然，反之亦然。

唯物辩证法的分析方法是矛盾分析法。所谓矛盾是指"事物内部或事物之间的对立统一的辩证关系"。所谓矛盾分析法是指运用矛盾的观点来分析处理问题的哲学方法，是对立统一等基本规律的综合和延伸。

同一性和斗争性是矛盾的两种基本属性。同一性是指矛盾双方相互依存、相互联系、相互吸引、相互贯通、相互渗透的性质和趋势，表现了矛盾双方共处于一个统一体中的内在的统一性。斗争性是指矛盾双方相互排斥、相互限制、相互否定、相互分离、互相批评的性质和趋势；矛盾斗争性具有丰富的内容和多样的形式，既有对抗性斗争，也有非对抗性斗争。

矛盾同一性和斗争性的关系是对立统一、相互依存，任何一个矛盾总是既具有同一性，又具有斗争性，两者相互制约：一方面，同一性要受斗争性制约，因为矛盾双方的共存要靠斗争来维持，矛盾双方的转化也要靠斗争来实现；另一方面，斗争性又要受同一性的制约，因为同一性制约着斗争的形式、规模和范围。

矛盾还具有普遍性和特殊性。所谓矛盾的普遍性是指矛盾存在于一切事物的发展过程中，每一事物的发展过程中自始至终存在着矛盾运动。矛盾的特殊性是指具体事物的矛盾及每一矛盾的各个方面都有其特点，这是一事物区别于其他事物的本质，是世界上事物之所以有差别的根据。矛盾不仅存在于事物内部，而且存在于事物之间。对于任何事物来说都存在着内部矛盾，内部矛盾是事物存在和发展的根据内因；外部矛盾是事物存在和发展的条件外因。这是事物自我运动的源泉；它承认外部矛盾在事物变化发展中所起的作用。

矛盾分析法注重两点论和重点论的统一。所谓"两点论"就是在处理众多矛盾时，既要看到主要矛盾，又要看到次要矛盾，在处理某个矛盾时，既要看到矛盾的主要方面，又要看到矛盾的次要方面；要两点兼顾，只注重一方面而忽视另一方面就是一点论。所谓"重点论"就是在处理矛盾时，要重点抓住主要矛盾，解决主要矛盾，在处理某一矛盾时，要重点把握矛盾的主要方面；不能等量齐观，要"一分为二"全面分析，主次分明，否则就会胡子眉毛一把抓，无重点无主次，犯均衡论的错误。两点论和重点论的关系是对立统一的。这是因为：任何事物都有对立统一的两点，而不可能只有孤立而绝对的一点；两点的地位和作用并不是同等重要的，两点是有重点的两点，重点两点中重点；两点以及两点中的重点，都不是孤立的、僵化的或固定不变的，都是会随着内部矛盾的变化和外部条件的变化而不断变化发展的；两点、两点中的重点以及其变化发展，都是客观的、具体的、历史的、有条件的和有规律的，而不是主观的、空洞的、任意的或无条件的。

矛盾分析法尤其强调具体问题具体分析。所谓"具体问题具体分析"是指在分析和解决问题时，都要在矛盾普遍性原理的指导下，重点分析具体矛盾的特殊性；唯物辩证法的哲学依据就在于共性和个性、矛盾普遍性和特殊性等哲学范畴的辩证关系。具体问题具体分析是正确认识事物的基础，也是正确解决矛盾的关键。与之内涵相类似的提法还有"理论联系实际"、"实事求是"、"解放思想"、"与时俱进"，等等。

参考文献：
耿彦君：《唯物辩证法研究》，社会科学文献出版社 2005 年版。
列宁：《谈谈辩证法问题》，人民出版社 1990 年版。
《毛泽东选集》第 1 卷，人民出版社 1966 年版。

（陈立兵）

历史唯物论
Historical Materialism

历史唯物论也称历史唯物主义，是关于人类社会发展普遍规律的科学，是无产阶级的历史观。历史唯物论认为，历史的所有事件发生的根本原因是物资的丰富程度，社会历史的发展有其自身固有的客观规律。物质生活的生产方式决定社会生活、政治生活和精神生活的一般过程；社会存在决定社会意识，社会意识又反作用于社会存在；生产力和生产关系之间的矛盾、经济基础与上层建筑之间的矛盾，是推动一切社会发展的基本矛盾；在阶级社会中，社会基本矛盾表现为阶级斗争，阶级斗争是阶级社会发展的直接动力；阶级斗争的最高形式是进行社会革命，夺取国家政权；社会发展的历史是人民群众实践活动的历史，人民群众是历史的创造者，但人民群众创造历史的活动和作用总是受到一定历史阶段的经济、政治和思想文化条件的制约。

历史唯物论由马克思和恩格斯创立。历史唯物论也被称为"唯物主义历史理论"或"唯物主义历史观"。列宁后来称历史唯物论为"科学的社会学"，"唯一的科学的历史观"和"社会科学的唯一科学方法即唯物主义的方法"。

马克思主义历史观是人们对于社会历史的根本见解。在历史唯物论诞生前，人们总是从神的意志、卓越人物的思想或某种隐秘的理性，即从某种精神因素出发去解释历史事件或说明历史的发展。其结果不是曲解人类史，就是完全撇开人类史。资产阶级历史观用"人"的观点解释历史，比起中世纪用神的意志说明历史的神学观点是一个重大进步，但它所理解的人是一种抽象的人，即脱离历史发展条件和具体社会关系，孤立地站在自然面前的生物学上的人，或失去感性存在的玄虚的"自我意识"。从这种抽象的人出发，必然把历史发展和社会进步的动力归结为人类的善良天性或者神秘的理性。这仍然是用非历史因素，靠人们想象和思考出来的东西去解释历史，因而不可能正确地认识历史以及历史研究的对象。

历史唯物论用以观察社会历史的方法与之前一切历史理论不同。它承认历史的主体是人，历史不过是追求着自己目的的人的活动而已。但历史唯物论所说的人不是处在某种幻想的与世隔绝和离群索居状态的抽象的人，而是处于可以通过经验观察到的发展过程中的现实的活生生的人。历史唯物论认为，现实的人无非是一定社会关系的人格化，他们所有的性质和活动始终取决于自己所处的物质生活条件。只有从那些使人们成为现在这种样子的周围物质生活条件去考察人及其活动，才能站在现实历史的基础上描绘出人类发展的真实过程。

历史唯物论的研究对象是社会发展的一般规律，与其他以社会生活某一局部领域、某一个别方面为对象的具体社会科学不同，它着眼于从总体上、全局上研究社会的一般的结构和一般的发展规律。它的任务就是为各门具体的社会科学提供历史观和方法论的理论基础。

历史唯物论者认为,历史发展有其特定规律,即生产力决定生产关系,生产关系对生产力有反作用,生产关系一定要适应生产力的发展。历史唯物论的主要内容有以下几个方面:第一,生产是一切社会进步的尺度,社会生产力的发展水平,决定人类社会的进程。第二,与生产力一定发展相适应的生产关系,构成一定的社会形态和经济结构的现实基础,它规定着社会形态的主要特征。第三,一定的社会形态是一定的经济基础和一定的上层建筑的统一,经济基础的性质决定上层建筑的变更。上层建筑又积极服务和反作用于经济基础。第四,一切社会制度、社会形态都是人类社会从低级到高级的无穷的发展过程中的暂时阶段,没有永恒的社会制度和形态,社会制度的发展是社会基本矛盾发展的结果。社会关系要在一定的物质条件下从旧社会的基础上成熟,在它们所容纳的全部生产力发挥出来之前,社会形态是不会消亡的。第五,现实存在的具体社会形态都是复杂的,人类社会发展的每一个阶段都既有占支配地位的社会形态,又存在着其他社会形态的残余和萌芽。第六,人类社会的一般规律是从原始社会到奴隶社会、封建社会、资本主义社会再到社会主义社会和共产主义社会。这是一个自然的历史发展过程,社会生产力是推动社会历史前进的根本动力。第七,人类社会历史是不以人的主观意识为转移的客观发展过程,具有一定的规律性,人们研究历史,探索社会规律,必须要从客观存在的历史事实出发,详细地占有材料,分析它的各种发展形态,揭示其内在联系,得出相应的结果。第八,人类社会及其构成成分均以总体的体系方式存在,要从研究对象的整体出发,从研究对象内部的相互作用与矛盾和研究对象与外部环境的相互作用中进行研究。第九,在客观历史过程中,一切社会历史因素都是相互作用的。第十,人类社会是有规律运动的,由低级向高级发展的,它表现为历史过程,构成历史过程的各种社会现象也是运动与发展的。我们要用发展的眼光看待历史上的一切,用辩证法的观点去把握对象的本质联系与内部矛盾,又要把研究的对象放在一定的范围之内,具体问题具体分析,从而准确地把握对象。第十一,社会历史事物的发展变化,有进化(改革)和革命两种方式。第十二,社会历史发展的根源在于其种种复杂的内外部矛盾。第十三,在客观历史进行中,环境创造人,人又创造环境。第十四,社会历史的研究,不是一个简单的消极的反映过程,而是主客体之间相互渗透、相互作用的辩证统一过程。

历史唯物论认为社会的存在和发展是由历史发展而来、社会存在和发展离不开历史、社会和历史存在着必然的继承和发展关系，其主要特点是：

第一，要承认历史，尊重历史，认为社会必然是一个连续不断的发展过程，这是如何看待历史的问题。承认历史，认为历史是所有事物的来源，这本身就解决了哲学中的一个命题——事物的来路问题。任何事物都不是凭空产生的，而必然有其前身或者前因，而我们的现今都是前身或前因的变化或后果。只有承认历史，才能尊重历史。

第二，要联系历史来观察和分析问题，这是如何运用历史的问题。有了历史的观点，我们在看待、分析和处理问题时就会更加全面、更加客观、更加符合实际、更加智慧、更加接近事物本身的客观规律。首先，有了历史的观点，我们就会有更强的理解力和包容性。其次，有了历史的观点，我们就能更加准确地判断形势、分清利弊，从而有针对性开展工作。最后，有了历史的观点，我们才能谦虚地吸收前人的经验，结合自己的实际，避免不必要的损失，少走弯路。被前人通过实践而证明了的理论和经验，我们要毫不怀疑地加以吸收和借鉴。

第三，要有选择地继承并发展历史，这是如何对待历史的问题。运用历史的观点，归根结底还是如何对待历史的问题。是接受还是摒弃、是褒是贬、是全盘否定还是有选择地利用，这是我们必须做出抉择的。纵观历史唯物主义和辩证唯物主义哲学理论，以马列主义、毛泽东思想的世界观和方法论为指导，我们认为：借鉴历史经验、立足历史条件、顺应历史趋势、做人类历史发展的推进者，做最崇高的理想的实践者，这是一个革命者应该采取的科学态度。在坚持历史唯物论的同时，我们要坚持同一切非历史唯物论者作斗争，这就是：有选择地继承、发扬历史理论和经验，反对全盘否定。

参考文献：

《列宁选集》，人民出版社 1960 年版。
《列宁选集》，人民出版社 1975 年版。
《马克思恩格斯文集》，人民出版社 2009 年版。
《马克思恩格斯选集》，人民出版社 1995 年版。
《斯大林选集》，人民出版社 1979 年版。

（陈立兵）

古典经济学方法
Classical Economics Methods

"古典经济学"本身是一个笼统的概念，泛指18世纪、19世纪的英法政治经济学说。不同的经济学家对古典经济学的内涵有不同的理解。马克思认为古典经济学从配第开始到李嘉图结束；凯恩斯认为古典经济学从李嘉图开始到庇古结束。这些重要学者都将自己之前的经济学说称为"古典"（亦可译作"经典"），其研究方法也由此被称为"古典经济学方法"。古典经济学方法，有以下一些基本的特征。

古典经济学着重经济总量研究，涉及经济增长、国际贸易、货币经济和财政问题等方面。古典经济学关心的是国家经济问题，虽然那时候的学者也非常强调必须尊重个人利益，但他们更强调的是如何使个人利益与社会利益保持协调。在对国家经济的关注方面，基于对国家经济循环更深入的分析，以及对劳动分工、生产专业化与资本积累关系的研究，古典经济学能够比重商与重农主义更加系统地对经济问题进行分析。以亚当·斯密为代表的古典经济学更相信经济规律决定着价格和要素报酬，并且相信价格体系是最好的资源配置办法。它反对封建制度，认为重商主义与重农主义都比较片面，市场机制像一只"看不见的手"支配着社会经济活动，因此古典经济学具有明显反对国家干预经济生活，提倡自由放任的政策特征。

在马克思看来，亚当·斯密和李嘉图等古典经济学家虽已建立了比较系统的经济学说，但他们的学说以促进资本主义经济发展为目的，并没有涉及生产关系的问题。也就是说古典经济学有意无意地遮掩了生产中的剥削问题。古典经济学还机械地分析经济问题，没有使用辩证、历史的眼光来看待经济发展，因此无法认识其学说的历史局限性。当然，古典经济学还具有对经济内部规律研究更感兴趣，以及仅发现现实而不改变现实的研究特点，这些与马克思主义经济学的研究方法存在着很大的不同。

在凯恩斯看来，古典经济学的理论则是以18世纪、19世纪西方经济总体供给小于总需求的大背景下得出的，因此它的结论带有那个时期经济的许多特征。古典经济学认为东西一旦生产出来就不必担心需求，因为在总体供不应求的背景下供给能够自动创造需求；市场上所有的经济变量能够自由变动，并且能够自动达到"出清"（即供给能够找到需求，市场达到均衡）。古典经济学之所以认为变量能够自由变动是以它对经济的理想、抽象的研究方法为基础。古典经济学往往习惯使用比较静态的分析方法，将问题简化、抽象化，因此，它得到的结论往往具有某一变动方向的含义。尽管古典经济学的结论不符合20世纪的经济现实研究，但它毕竟标示了一种缜密、抽象、较为科学的分析方法的诞生。

因李嘉图在古典经济学中的重要地位，古典经济学还因李嘉图而染上了仅采用逻辑演绎式的研究方法。该方法不深究经济历史与经济现实，仅基于有限假设做思辩式的推演，因此受到了德国历史学派、英国历史学派的猛烈批评。

参考文献：

鲁友章、李宗正：《经济学说史》，人民出版社1979年版。

陈孟熙：《经济学说史教程》，中国人民大学出版社2003年版。

曼昆：《经济学原理》，北京大学出版社2007年版。

朱书刚：《古典经济学家的经济哲学思想解读》，载于《江汉论坛》2002年第7期。

刘宁：《库恩范式与古典经济学——经济学语境中的范式理论》，载于《理论学刊》2006年第2期。

郑也夫：《新古典经济学"理性"概念之批判》，载于《社会学研究》2000年第4期。

［英］马克·布劳格：《"古典经济学"解释》，引自［英］伊特韦尔等：《新帕尔格雷夫经济学大辞典》，经济科学出版社1996年版。

（逯建）

马克思经济学方法
Marxist Economic Methods

经济科学的方法创新，同经济科学的理论创新、学科体系创新有着直接的关系，甚至可以认为，方法创新是理论创新和学科体系创新的先导。方法创新一定是建立在某一特定学科基础之上的，在经济思想史上被认可的、有杰出成就的学者，在经济学这一特定学科上的方法创新，更能说明方法创新的意义与作用。

马克思在经济学上有两次重大的方法创新：第一次是19世纪40年代中期马克思唯物史观方法的创新，这次方法创新形成了生产力和生产关系的经济结构的思想，实现了马克思从劳动价值论的质疑者到劳动价值论的赞成者的转变，开始了马克思在劳动价值论上的理论创新，奠定了马克思经济学的理论基石。第二次是19世纪50年代末马克思关于"抽象上升到具体"的方法创新，这次方法创新直接导致马克思经济学理论体系"五篇结构计划"的提出和"六册结构计划"的形成，实现了马克思经济学理论体系创新。十年之后的1867年，马克思《资本论》第一卷德文第一版的出版，是马克思在经济学方法创新、经济学理论创新和学科体系创新的结晶。

从马克思一生经济学探索过程来看，没有经济学的方法创新就不可能有经济学的理论创新和学科体系创新。关于马克思经济学方法的创新，有十个基本论点特别值得重视：一是研究方法和叙述方法及其关联性；二是"历史哲学"和"万能钥匙"理解的关系；三是"原生类型"和"次生类型"的关系；四是现象具体和规律一般的关系；五是"具体总体"和"思想总体"的关系；六是总体中的"普照的光"、"特殊的以太"的意义；七是"人体解剖"和"猴体解剖"的关系；八是"自行批判"和"历史路标"的逻辑关系；九是"从后思索"：蜘蛛、蜜蜂和建筑师的形象说法；十是"结构"的多义性及其统一性问题。这十个基本论点，大体可分成四个部分，首先是以研究方法和叙述方法为切入点；其次是二、三、四，主要讲研究方法；再次是五、六、七，主要讲叙述方法；最后是八、九、十，主要讲总体上的综合的方法。这些方法论上的创新，对于理解马克思经济思想的当代价值、理解马克思经济学的方法创新和理解人文社会科学方法创新，都有着重要的意义和作用。

第一，研究方法和叙述方法及其关联性

马克思在《资本论》第一卷第二版"跋"中提出："在形式上，叙述方法必须与研究方法不同。研究必须充分地占有材料，分析它的各种发展形式，寻求这些形式的内在联系。只有这项工作完成以后，现实的运动才能适当地叙述出来。这点一旦做到，材料的生命一旦观念地反映出来，呈现在我们面前的就好像是一个先验的结构了。"(《马克思恩格斯全集》第23卷，人民出版社1972年版，第23~24页)《资本论》第一卷德文第一版出版后，有些读者认为马克思用了一种"先验的"方法，因为《资本论》第一卷以商品这一简单的、抽象的范畴为始基范畴。为了澄清这种误解，马克思有针对性地提出了研究方法和叙述方法及其关联性问题。研究方法和叙述方法实际上成了说明马克思经济学方法论要义。

马克思认为，他并不是从"先验的"材料出发，而是从经济现实出发。这就是马克思认为的研究方法的出发点。研究方法本身包括三个主要环节，这也是研究方法的三个基本要素：一是充分占有材料；二是分析所有材料的各种发展形式；三是寻求这些形式的内在联系。经过研究方法的这三个主要环节，就能得出一些思维上的理论结论。把这些理论结论以思维的方式表达出来，就是马克思认为的叙述方法。在马克思看来，在研究方法和叙述方法的关系中，研究方法的结果是叙述方法的起端，只有运用研究方法得出的理论结论，才有叙述方法的理论阐述和理论体系表达。

反思经济科学发展现状，可以深切地感到，缺乏研究的理论叙述是阻碍理论创新的症结之一，也就是说，理论叙述并没有经过马克思所讲的研究方法的主要环节，在研究方法的三个主要环节上没有付出更为艰苦的科学劳动，就开始"自说自话"的叙述了。许多人文社会科学的研究过程并没有占有充分的材料，也没有分析所有材料的发展形式，更没有寻求这些形式的内在联系。因此，也可以认为，研究方法主要环节的缺失，是阻碍理论创新的症结之一。

研究方法是叙述方法得以实现的基本前提。研究过程和叙述过程密切相连，经济科学的任何成果，不能只有叙述而没有研究，也不能只有建立在别人研究基础上的叙述，甚至是没有研究的叙述，这些都是不健康的、有害于经济科学发展的方法，也可以认为是经济科学不良学风形成的方法上的根源。

第二，对"历史哲学"和"万能钥匙"的贬谪

对"历史哲学"和"万能钥匙"的评说，是马克思对经济学研究方法的重要说明之一。马克思晚年在欧洲已经有很大的理论影响力和政治感召力，他和恩格斯的一些主要著作陆续翻译成德文以外的文字，在欧洲得到日益广泛的流传。在这一传播过程中，出现了一种现象：欧洲的许多社会主义者把马克思《资本论》第一卷中的一些重要论断看做是一把"万能钥匙"，认为这些论断不管拿到哪个国家或者针对哪种情况都是直接有效的。马克思认为，这种研究问题的方法是不可行的，他反对"万能钥匙"的说法，针锋相对地指出："极为相似的事件发生在不同的历史环境中就引起了完全不同的结果，如果把这些演变中的每一个都分别加以研究，然后再把它们加以比较，我们就会很容易地找到理解这种现象的钥匙。"马克思同时指出："但是使用一般历史哲学理论这一把万能钥匙，那是永远达不到这个目的的，这种历史哲学理论的最大长处就在于它是超历史的。"（《马克思恩格斯选集》第3卷，人民出版社1997年版，第342页）在马克思的研究方法中，不存在一般的"历史哲学"，不存在适用于任何历史环境、解释所有各种社会现象的"万能钥匙"。

在经济科学研究中，作为研究对象的相似的事物，在不同的历史环境中会有完全不同的结果，不存在理解所有这些结果绝对划一的、一成不变的"万能钥匙"，这是把握马克思经济学研究方法的基本要领。同时，"万能钥匙"或者"历史哲学"的这些说法，根本局限就在于"超历史"。经济科学内的任何一门学科，无论是研究对象还是研究材料都有历史性，都涉及历史变化的社会现象，都有着深刻的历史印记，都是"历史的"科学。就此而言，根本就不存在超历史的"万能钥匙"，也不存在普适的"历史哲学"。在经济科学研究中，"加以比较"是相当重要的，要把这些变化中的每一种现象都加以研究、加以比较，再把它们加以汇总，以得出一些研究的结论，这才是适合于经济科学每一专门学科的研究方法。

马克思也提到，假如把他的理论当成一种"历史哲学"，就会产生很大的误解。他在晚年曾指出："一定要把我关于西欧资本主义起源的历史概述彻底变成一般发展道路的历史哲学理论，一切民族，不管它们所处的历史环境如何，都注定要走这条道路，——以便最后都达到在保证社会劳动生产力极高度发展的同时又保证每个生产者个人最全面的发展的这样一种经济形态。但是我要请他原谅。他这样做，会给我过多的荣誉，同时也会给我过多的侮辱。"(《马克思恩格斯选集》第3卷，人民出版社1997年版，第341~342页)马克思不赞成把他的理论看成是"历史哲学"，也不赞成把他的理论看做是能够解决所有问题的"万能钥匙"，假如这么做，马克思认为，就会在给他"过多的荣誉"的同时，也给了他"过多的侮辱"。显然，马克思非常清楚自己理论的有效性，他不愿意在得到"过多的荣誉"的同时得到"过多的侮辱"。马克思不是一个天生的马克思主义者，马克思经济学方法的科学性在于它在经济学科学革命运用中的不断完善和发展。

第三，"原生类型"和"次生类型"的关联及其"中介"

在对经济学研究方法的阐述中，马克思对"原生类型"、"次生类型"和"再次生类型"及其关联问题作了阐述。马克思提到："把所有的原始公社混为一谈是错误的；正像在地质的层系构造中一样，在历史的形态中，也有原生类型、次生类型、再次生类型等一系列的类型。"(《马克思恩格斯选集》第3卷，人民出版社1997年版，第771页)也就是说，在对同一类型事物的研究中，比如，在对原始公社的研究中，不能把发生在不同国家、不同民族以及不同时期的历史事实看成是一成不变的。即使像原始公社这样的历史事实，它也同地质层系构造一样，具有"原生类型"、"次生类型"和"再次生类型"等形态，亦即会有不同于一般形态的多种转化形态。我们假如把原始公社中的"原生类型"、"次生类型"和"再次生类型"混为一谈，看成是一个无差别的历史事实，就会抹杀存在于不同国家、民族以及不同历史时期的历史事实的差别，进而违背历史的多样性的特殊性原则；同时也就会抹杀存在于不同国家、民族以及不同时期的历史事实的转化关系，进而违背历史发展规律的同一性的一般性原则。

历史事实中的"原生类型"、"次生类型"和"再次生类型"之间，既存在多样性和差别性，同时也存在可转化性和关联性。"次生类型"和"再次生类型"是"原生类型"的转型，是经过一系列中介环节和中介过程的转化形态。在对经济思想史的研究中，马克思在揭示李嘉图经济学方法的失误时曾经指出："如果想不经过任何中介过程就直接根据价值规律去理解这一现象……就是一个比用代数方法或许能求出的化圆为方问题更困难得多的问题。"(《马克思恩格斯全集》第26卷第Ⅲ册，人民出版社1972年版，第90页)马克思认为，用圆转化成方这样的问题，在几何学上是可以用代数的方法来解决的，但是方作为圆的转化形态是需要经过一系列的中介环节和中介过程的。假如在"原生类型"、"次生类型"和"再次生类型"之间，没有中介环节和中介过程，就不可能认识它们之间的同一性和差异性。"原生类型"、"次生类型"和"再次生类型"之间存在的是事物的转型关系，对这种关联性的探索，在研究方法意义上，最根本的就是探索事物"转型"的中介环节和中介过程问题。

在《1857～1858年经济学手稿》对资本主义生产过程分析时，马克思从利润、利息等"次生类型"和"再次生类型"等具体形式中，抽象出剩余价值这一内在的、本质的"原生类型"，第一次提出"剩余价值"这一"原生类型"的范畴，从而把剩余价值一般和剩余价值特殊完全区分开来。在马克思看来，"利润只是剩余价值的第二级的、派生的和变形的形式，只是资产阶级的形式，在这个形式中，剩余价值起源的痕迹消失了。"(《马克思恩格斯全集》第46卷上，人民出版社2003年版，第95页)这里的"第二级的"一词，不仅具有由"原生类型"的生产关系转化而来的意义，而且还具有在形态上脱离"原生类型"的生产关系，形成更高层次的"次生类型"、"再次生类型"生产关系的意义。利润作为剩余价值的"第二级的"转化形式，不仅说明剩余价值是利润的源泉，而且还说明利润作为剩余价值的转化形式具有更复杂、更具体的规定性。

研究方法就是要探明"原生类型"、"次生类型"和"再次生类型"之间的转化关系。"原生类型"和"次生类型"、"再次生类型"之间的转化过程是历时性的，是存在于历史上的中介过程，在现实中这一中介过程不再存在。科学就是要发现这些中介环节和中介过程。只有在研究过程中把这些中介环节和中介过程加以发现，才能在叙述过程中阐明它们是怎么一步步实现从"原生类型"到"次生类型"再到"再次生类型"转化的。在研究过程中，要强调对中介、中介过程、中介环节的研究，如果缺乏对它们的研究，叙述过程中的理论及其理论体系的内在逻辑性也就消失了。

第四，现象具体和规律一般的关系

现象具体和规律一般的关系问题，在马克思经济学方法中有着重要的意义。马克思指出："不言而喻，应当时刻记住，一旦在我们面前出现某种具体的经济现象，决不能简单地和直接地用一般的经济规律来说明这种现象……如果我们没有事先对那些比我们这里现有的关系更为具体的关系进行研究，就连解释这些情况也是不可能的。"（《马克思恩格斯全集》第47卷，人民出版社1979年版，第405页）马克思的这一说法，同我们通常的理解不一样。在研究中，我们往往用一些经济规律或者一些规律性的表述来直接解释现象。马克思认为这样做是不对的，原因就在于具体现象有着比一般规律更多的复杂的规定性。任何规律都是对具体事物的一般性的、共性的认识和提炼，很显然，对于具体事物是不能直接用这些规律来解释的，因为这些具体事物有着许多未被规律提炼的、在规律之外的更为丰富的复杂的因素或规定。我们只有把这些复杂的因素或规定一一加以考察之后，才可能得出可信的适合于复杂现象的结论。也只是在这个时候，我们才能认为经济规律一般能够说明具体事物，说明经济现象特殊。这就是具体现象和规律一般关系问题的基本要求。

在理论研究中，我们不能用一般经济规律简单地、直接地说明任一特定的经济现象，只有在对某一特定经济现象的具体关系作了更多研究之后，经济规律才可能做出一定程度的"说明"和"解释"。我们不能依靠教科书中的任何经济规律，来直接解决经济现实中的各种复杂问题。

第五，"具体总体"和"思想总体"的关系

"具体总体"和"思想总体"的关系，是马克思对研究方法和叙述方法连接关系的表达。关于"具体总体"，在马克思那里有两种含义：一种是作为"思想总体"前提和基础的"具体总体"，另一种是作为"思想总体"结果的"具体总体"。在1857年的《〈政治经济学批判〉导言》中，马克思指出："具体总体作为思想总体、作为思想具体，事实上是思维的、理解的产物；但是，决不是处于直观和表象之外或驾于其上而思维着的、自我产生着的概念的产物，而是把直观和表象加工成概念这一过程的产物。"（《马克思恩格斯全集》第 46 卷上，人民出版社 2003 年版，第 38 页）这就是说，在"思想总体"之前的"具体总体"，指的是直观的或者表象的东西。这种直观的或者表象的东西是事物的本体意义的存在，马克思把它称作"具体总体"。这种"具体总体"是"思想总体"得以产生和形成的基础和根据。当然，"思想总体"经过思维的加工以后再产生的"具体总体"，从思维的规律来看，就是先有直接的表象事物的存在，通过我们的思维对这些具体的形态进行加工，最后在思维中得到反映，然后在思维中表达出来的基于、同时也高于原来那种直观的总体。所以，从"具体总体"存在的直观和表象，到经过思维加工以后变成有序的有系统的"具体总体"，就是马克思认为的从研究方法向叙述方法转化的基本过程。

研究过程的关键在于"思想总体"怎样反映"具体总体"，一方面"思想总体"产生于"具体总体"，"具体总体"是"思想总体"的材料和对象；另一方面"思想总体"又再现"具体总体"，把先前存在的"具体总体"加工成一种思维中有序的系统的思维中的"具体总体"。在思维中再现的"具体总体"，就是我们讲的理论观点及理论体系。这种"再现"，不是对先前的"具体总体"的简单的摹写，而是经过人的思维这一专有的方式加工以后的结果。马克思对此作了经典的概括：这是"思维用来掌握具体并把它当作一个精神上的具体再现出来"的方法（《马克思恩格斯全集》第 46 卷上，人民出版社 2003 年版，第 38 页），也就是"叙述方法"。所以，这一"具体总体"并不是一个看得见摸得着的实实在在的具体，而是经过思维加工后再现的具体。"思维用来掌握具体并把它当作一个精神上的具体再现出来"的方法，也就是马克思专门提到的"抽象上升到具体"这一建立经济学理论体系的方法。需要强调的事，"抽象上升到具体"的方法并不是经济学的全部方法，只是马克思建立经济学理论体系的"叙述方法"。

关于"具体总体"和"思想总体"的关系，是马克思经济学方法论的精髓，也是马克思建立经济学理论体系的根本方法。

第六，总体中的"普照的光"、"特殊的以太"的意义

在"具体总体"和"思想总体"关系中，还有一个重要问题就是区分总体中各要素之间的关系。在这里，马克思用"普照的光"和"特殊的以太"这样一些形象的说法来说明问题。马克思指出："在一切社会形式中都有一种一定的生产决定其他一切生产的地位和影响，因而它的关系也决定其他一切关系的地位和影响。这是一种普照的光，它掩盖了一切其他色彩，改

变着它们的特点。这是一种特殊的以太,它决定着它里面显露出来的一切存在的比重。"(《马克思恩格斯全集》第 46 卷上,人民出版社 2003 年版,第 44 页)在马克思看来,"具体总体"是由各因素构成的,这些因素可以分为关键因素和非关键因素,其中的关键因素,马克思将其称为能够决定其他一切关系和地位的"普照的光"。这一"普照的光",决定了这一"具体总体"的根本性质。在一定的"具体总体"中,"普照的光"会掩盖其他一切因素的色彩,改变其中存在的各因素的份额和比重,这是一种"特殊的以太"。"以太"这一说法,是古希腊哲学家对事物的"原子"的一种指称,类似于中国古代哲学家说的构成万物基本元素"气"的意义。马克思认为,决定事物中的根本性的因素是一种"特殊的以太",这种"特殊的以太"决定着事物的性质,也决定着构成这个事物的各要素的关系。

著名的哲学家乔治·卢卡奇关于"总体与个体相比具有至高无上的优越性"的结论就是由此而得出的。卢卡奇的这一结论是在研究了马克思《〈政治经济学批判〉导言》之后得出的。卢卡奇在 1923 年出版的《历史与阶级意识》中就认定了这一结论。这一结论强调了总体的重要性,总体改变着存在于总体中的任何个体的色彩,尽管总体是由个体组成的。这样的总体,实际上就是研究对象意义上的总体。总体或整体的根本要素就是"特殊的以太",在对"特殊的以太"把握的基础上,再分析和理解"特殊的以太"之外的次要要素。由此而在理论逻辑上再现一个有序的、系统的思想整体,这是马克思所讲的叙述方法的根本所在。

对于人文社会科学来讲,总体的确定性也就是对象的既定性。研究对象的边界是什么,这是人文社会科学研究方法和叙述方法的基本前提和根本要求。没有总体边界的确定,就不可能使自己所研究的事物能在思想总体中得到反映。马克思曾以经济学研究对象为例,来说明这个道理。马克思认为:"在一定的社会生产关系中,生产和分配、交换、消费构成一个'有机整体',这就说:它们构成一个总体的各个环节、一个统一体内部的差别。生产既支配着与其他要素相对而言的生产自身,也支配着其他要素。"所以,在社会生产关系这一总体中,"一定的生产决定一定的消费、分配、交换和这些不同要素相互间的一定关系。当然,生产就其单方面形式来说也决定于其他要素。不同要素之间存在着相互作用。每一个有机整体都是这样。"(《马克思恩格斯全集》第 46 卷上,人民出版社 2003 年版,第 36 页、第 37 页)

马克思对经济学研究对象的"总体"或"整体"的说明,包含了三个主要方面的问题：一是对象的整体性；二是整体中的决定性因素，三是总体中决定性因素和其他因素的关系，即决定性因素决定着其他因素，其他因素也会在一定条件下影响决定性因素。在人文社会科学研究对象中，整体的确定性以及整体中的决定性要素和非决定性要素的相互联系，揭示了人文社会科学研究的复杂性，如马克思所讲的："联系在一起的一个整体的内在必然性，和这个整体作为各种互不相关的独立要素而存在，这已经是种种矛盾的基础。"(《马克思恩格斯全集》第46卷上，人民出版社2003年版，第398页）整体内部会存在不同的要素，这个整体和不同要素的关系就有矛盾，因为整体形成以后它的内部各种要素还会独立的发挥作用。这些独立发挥作用的要素和整体是存在矛盾的。这就是人文社会科学研究中整体和局部的矛盾。

"整体"同"整体"中"独立要素"的关系，在宏观上看，同人文社会科学研究中社会现象、社会现实与每个学科研究对象的矛盾和关系是一样的。就人文社会科学研究整体而言，作为研究对象是一个复杂的社会系统，作为叙述对象是一个复杂的思维系统。复杂的社会系统和思维系统，就是我们讲的社会存在和对这一存在的反映。对于社会存在整体现象与现实的研究，构成了人文社会科学研究对象的总体性。这是人文社会科学研究的明确的对象。但是，人文社会科学中的每一门学科，只把这一对象中的一个部分抽出来加以专门研究，比如说，经济学研究的是整体中的经济现象，历史学研究的是整体中的历史现象，文学研究的是整体中的文学现象。总之，人文社会科学任何一门学科，只对这个整体的某一部分加以研究。这些专门的学科，都是作为一个独立要素而存在，因为是作为一个独立要素而存在，所以得出的结论也是整体的那一部分内容的规律性，而不是整体的全部内容的规律性。

人文社会科学研究中存在的一个天然矛盾就是，对象的整体性和学科研究的局部性的矛盾。化解这一矛盾的方法就是要对对象的整体加以理解，各个别学科必须加以联合、加以融合，必须结合在一起，只有这样才能使原本具有整体性的对象得到一个趋于整体性的反映。假如各学科各自为战，只对部分的现象加以研究，然后把部分的现象当成整体的规律性，就不可能得出科学的结论。整体和整体中的独立要素的关系，对于理解人文社会科学研究的整体性和局部性的关系是相当重要的。人文社会科学研究中各学科之间的交叉和渗透，是由其对象的整体性决定的，人文社会科学研究不可能摆脱各个学科交叉和渗透这一根本要求。

第七,"人体解剖"和"猴体解剖"的关系

马克思认为:"人体解剖对于猴体解剖是一把钥匙。反过来说,低等动物身上表露的高等动物的征兆,只有在高等动物本身已被认识之后才能理解。"(《马克思恩格斯全集》第46卷上,人民出版社2003年版,第43页)马克思的这一说法,似乎和我们通常的理解不一样,我们通常的理解认为,对低等动物的了解似乎更简单一些、更容易一些。在马克思看来,在叙述方法中,必须在对高等动物有了充分理解之后,才能理解低等动物的来龙去脉。所以,"人体解剖"对于"猴体解剖"是一把"钥匙"。

在马克思看来,叙述方法的重要特点就在于:"在进行这种一般研究的时候,我们总是假定,各种现实关系是同它们的概念相符合的,所谓概念就是对事物某一发展阶段的概括,或者说,所描述的各种现实关系只是表现它们自身的一般类型的。"(《马克思恩格斯全集》第25卷,人民出版社1972年版,第160页)这就是说,如何认识和理解研究对象的发展阶段和发展程度,是人文社会科学研究的基本要求,在这一过程中,要杜绝从概念出发、再回归概念的研究方法或叙述方法。在研究过程和叙述过程中,必须处理好概念的完整性与具体对象的发展阶段性和发展的成熟程度之间的关系。也就是说,不能仅仅停留在对低等动物的研究上,要对事物最高级的发展形态进行研究。只有对事物的高级形态有了深刻的研究之后,才能更好地理解事物的低级形态。在研究过程或叙述过程中,对简单事物的研究和对复杂事物的研究,以及对正在发展过程中的事物和已经成熟的、完成发展过程的事物的研究,应该是联系在一起,不能割裂开来的,这就像马克思讲的"人体解剖"和"猴体解剖"的关系一样。

第八,"自行批判"和"历史路标"的关系

在叙述方法中,还有一个重要的方法论问题,这就是理论逻辑和历史逻辑的关系。马克思对经济思想历史在经济学研究和叙述中的重要意义说明中提出:"一方面,政治经济学家们以怎样的形式自行批判,另一方面,政治经济学规律最先以怎样的历史路标的形式被揭示出来并得到进一步发展。"(《马克思恩格斯全集》第26卷第Ⅰ册,人民出版社1972年版,第367页)在人文社会科学探究中,必须解决好两个问题:一是理论研究本身的问题,即理论逻辑的问题,也就是马克思所讲的"自行批判"的问题;二是理论逻辑在历史视角上的再现,即历史逻辑的问题,也就是马克思所讲的"历史路标"的问题。这两个问题就是理论原理逻辑的叙述和理论历史逻辑的叙述。因为任何一门学科除了理论原理之外,还有理论历史,也就是所谓的

"思想历史"。没有思想历史的学科肯定不是一门成熟的和完整的学科。对于理论原理逻辑和理论历史逻辑这两者关系的理解,是马克思经济学研究方法的一个重要方面。探索政治经济学发展的"历史路标",是马克思实现经济学科学革命的重要内容和基本特征。

在对理论原理逻辑和理论历史逻辑关系的理解中,首先要说明的是,马克思对经济学的研究过程是从理论历史逻辑开始的,也就是在对理论原理的来龙去脉进行清晰的历史研究后,再形成自己的理论原理。叙述过程则反过来,先是理论原理逻辑的叙述,然后是理论历史逻辑的叙述,用理论历史来说明理论原理演进的"历史路标"。

人文社会科学各个学科缺乏思想历史的内涵,已经成为人文社会科学理论创新和学科体系创新的重大障碍。在人文社会科学的不同学科中,对前人理论成果普遍存在着茫然不知所以的现象,进而出现了人文社会科学中动辄就讲"创新"、动辄就讲"填补空白"的怪现象。有些理论结论也许是研究者独立探究得出的,似乎可以心安理得地自我认定为"创新"、认定为"填补空白"。但是,这其中的许多理论结论早就是思想历史中的常识,早就是思想历史中的成见。人文社会科学要慎言"创新"、"填补空白",人文社会科学思想历史材料浩如烟海,倘若你没有经过完整的探究,没有经过思想历史精细的研究,就不能下结论说自己的观点是一种"创新"或是"填补空白"。马克思在《资本论》第一卷中用注释的方式,把前人和同时代人在相关理论问题上的见解一一列出,对经济思想历史中任何有价值的见解都细加考察,从不敢多言"创新"。

在研究过程中如何加强思想历史的研究,对于任何一门学科来讲都是有重要意义的。这也是黑格尔所倡导的观点。黑格尔在他著名的《哲学史讲演录》中提到:"我认为:历史上的那些哲学系统的次序,与理念里的那些概念规定的逻辑推演的次序是相同的。我认为:如果我们能够对哲学史里面出现的各个系统的基本概念,完全剥掉它们的外在形态和特殊应用,我们就可以得到理念自身发展的各个不同阶段的逻辑概念了。反之,如果掌握了逻辑的进程,我们亦可从它里面的各主要环节得到历史现象的进程。不过我们当然必须善于从历史形态所包含的内容里去认识这些纯粹概念。"(黑格尔,1959)

马克思在这方面受到黑格尔的影响。1859年,恩格斯在马克思《政治经济学批判》第一分册述评中作了类似的说明。恩格斯指出:"历史从哪里开始,思想进程也应当从哪里开始,而思想进程的进一步发展不过是历史过程在抽象的、理论上前后一贯的形式上的反应；这种反应是经过修正的，然而是按照现实的历史过程本身的规律修正的，这时，每一个要素可以在它完全成熟而具有典型性的发展点上加以考察。"（《马克思恩格斯选集》第2卷，人民出版社1972年版，第43页）这就是讲，思想进程与历史进程有着逻辑上的联系，但这种逻辑联系是经过"修正"的。

关于理论逻辑与历史逻辑"修正"后的一致性，可以马克思关于资本积累范畴和资本原始积累的逻辑关系为例说明。资本原始积累肯定是先于资本积累，没有资本原始积累不可能有资本积累，但是，在《资本论》中，我们可以看到，马克思先讲资本积累后讲资本原始积累，这就是理论逻辑对历史逻辑的修正，这一修正就是前面讲到的总体。因为在现实资本主义中，总体中的关键要素是资本，资本改变着资本主义社会中的一切事物的色彩。所以要以资本为中心，那么在叙述中先涉及资本积累这个范畴，而资本原始积累只是资本积累的一个历史性的补充。

第九，"从后思索"：蜘蛛、蜜蜂和建筑师及其他

马克思在《资本论》第一卷论及"商品的拜物教性质及其秘密"时谈道："对人类生活形式的思索，从而对它的科学分析，总是采取同实际发展相反的道路。这种思索是从事后开始的，就是说，是从发展过程完成的结果开始的。"（《马克思恩格斯全集》第23卷，人民出版社1972年版，第92页）马克思认为，事物的发生、发展是由简单到复杂的过程，但是人的思维正好相反，它是从一个已经形成的复杂状态开始，对事物进行科学的分析，然后根据已经形成的复杂形态逐次追溯它的来源，所以研究只停留在已经成熟现象上是得不出科学结论的，必须"从后思索"，去追溯事物的本质，追溯事物的起源。

马克思所说的"从后思索"方法，是人类特有的思维方式，也是人文社会科学探究的特有方式。马克思有过这样一段著名的论述："蜘蛛的活动与织工的活动相似，蜜蜂建筑蜂房的本领使人间的许多建筑师感到惭愧。但是，最蹩脚的建筑师从一开始就比最灵巧的蜜蜂高明的地方，是他在用蜂蜡建筑蜂房以前，已经在自己的头脑中把它建成了。"（《马克思恩格斯全集》第23卷，人民出版社1972年版，第202页）人的思维是和其他任何动物不一样的，我们看到蜜蜂建造蜂房的时候非常精巧，使我们赞叹不已。但是，蜜蜂建造蜂房是它的本能，它在建造时并不知道未来的蜂房是怎样的；然而最蹩脚的建筑师在建造房子的时候，他的头脑里中已经有了想要建造的房子的样式，他是先画好图纸，是根据自己设想的样式一步步建造起来的。可能

蹩脚的建筑师所建造的房子没有蜂房漂亮，可是蹩脚的建筑师的作品却是思维的结果。

在这之前，马克思还有过这样的说法："正如一切科学的历史进程一样，在到达它们的真正出发点之前，总是经过许多弯路。科学和其他建筑师不同，它不仅画出空中楼阁，而且在打下地基之前就造起大厦的各层住室。"（《马克思恩格斯全集》第13卷，人民出版社1972年版，第47页）马克思认为，人文社会科学的探究，比建筑师的思维更高明，人文社会科学在表达一个理论、构建一个理论体系的时候，实际上已经对这一理论或理论体系的内容有了充分的理解，对理论和范畴之间的关系、理论和范畴之间的转型、理论和范畴之间的逻辑已经有了一个完整的理解，这才可能对自己的理论观点和理论体系做出叙述。理论体系是建立在原理构建的基础上的，而理论研究是通过研究过程和叙述过程来完成的。从蜘蛛、蜜蜂到织工和建筑师，从建筑师到科学，反映了人文社会科学发展的规律性。

第十，"结构"的多义性及其统一性

在马克思经济学方法中，"结构"是马克思用得不多但却十分看重的用语。马克思十分看重"结构"在他的经济学体系及其著作中的地位。马克思在为《资本论》第一卷德文第一版作最后润色时曾充满感情地谈道："在象我这样的著作中细节上的缺点是难免的。但是结构、整个的内部联系是德国科学的辉煌成就。"（《马克思恩格斯全集》第31卷，人民出版社1972年版，第185页）也就是说，马克思的理论观点可能有这样或者那样的不完善，但是他的理论体系"结构"则是无可挑剔的，这不仅是他而且更是德国科学的辉煌成就，是德意志民族的思维的科学成就。我们现在能看到的马克思所有的书信和文章中，这也许是他最高的自我评价。

马克思经济学方法中提到的"结构"大体有三种含义：首先，是对象的结构，对象的结构实际上是经济学研究对象本身的问题，对对象的理解程度实际上是对经济发展程度研究的基础；其次，是思维的结构，就是人的头脑怎样反映这种对象，把对象在头脑中模拟出来、反映出来，就形成了思维的结构；最后，是形式的结构，就是把思维的结构再反过来变成一种理论著作的结构，即章、节、目。这三种结构的含义先后是先有对象的结构，然后有思维和思想中反映的对象的结构，最后再把这个结构表达出来。

从总体上看，对象的结构、思维的结构和形式的结构之间，前者是研究过程，后者是叙述过程。从对象的结构到思维的结构是研究过程，是把客体在头脑中模拟出来的过程。然后从思维的结构到形式的结构是叙述过程，也就是把自己的思维结构，认识上的结果表达为形式上的，外在的东西。马克思的"结构"概念是多义的，但也具有统一性，可以将其理解为从"潜在的结构"到"流动的结构"，再到"形式化的结构"或者说是"格式化的结构"。

在对马克思经济学方法的理解上，我们常引述马克思的以下一段论述："辩证法在黑格尔手中神秘化了，但这决不妨碍他第一个全面地、有意识地叙述了辩证法的一般运动形式。在他那里，辩证法是倒立着的。必须把它倒过来，以便发现神秘外壳中的合理内核。"马克思强调："辩证法在对现存事物的肯定的理解中同时包含着对现存事物的否定的理解，即对现存事物的必然灭亡的理解；辩证法对每一种既成的形式都是从不断的运动中，因而也是从它的暂时性方面去理解；辩证法不崇拜任何东西，按其本质来说，它是批判的和革命的。"（《马克思恩格斯全集》第23卷，人民出版社2003年版，第24页）只有从唯物辩证法的高度，才能掌握马克思经济学方法论的真谛。辩证法包含的科学精神，就是马克思经济学中与时俱进的品质。

以上论及的马克思经济学方法论的十个基本论点，是他从1843~1883年40年间经济学研究中逐渐形成的方法论上的部分见解。对这些基本论点的理解，我们至少可以得出四点结论：第一，马克思经济学的科学革命，是以方法论上的创新为起点的；第二，马克思经济学理论的创新，是以方法论上的不断认识为基础的；第三，马克思经济学体系的创立，是以方法论上的新的理解为前提的；第四，对马克思经济学理论真正理解和科学运用，是以对马克思经济学方法论的全面把握为基点的。这四点结论，对于我们理解人文社会科学学科体系创新、学术观点创新和研究方法创新之间的关系是有现实意义的。在理论观点和理论创新中，方法创新是先导，是理论观点创新和理论体系创新最根本和最重要的基础。

参考文献：
《马克思恩格斯全集》第23卷、第24卷、第25卷、第26卷，人民出版社1972年版。
《马克思恩格斯全集》第46卷上、下，人民出版社2003年版。

（顾海良）

历史和逻辑
History and Logic

历史和逻辑相统一的方法，是政治经济学研究中人们经常提及的一种方法，一般认为马克思主义经济学坚持历史与逻辑相统一的方法。历史方法是指，在研究社会经济现象时，要按照历史发展的真实进程把握其发展和变化。逻辑方法是指，在研究社会经济现象时，要按照思维逻辑，从简单到复杂，从低级到高级不断引申和展开。在一些方法论著作中谈到的，逻辑的方法是在研究社会经济现象时所采用的思维推理法，即依照思想逻辑的进程，按照经济范畴的逻辑联系，从比较简单的经济关系和经济范畴，逐步上升到比较复杂的具体的经济关系和经济范畴，阐明社会经济现象和经济过程的发展进程；历史的方法则是在研究社会经济现象时，按照它的历史发展的实际进程来研究经济现象和经济发展过程。对政治经济学的研究必须采取逻辑和历史相一致的方法。根据上述认识，历史和逻辑相统一指的就是这两种方法的统一。如果这样就完成了对历史与逻辑相统一的说明，那么这里只是提出了一个尚待证明的断言，而不是一个科学的观点。

如果历史和逻辑相统一指的是两种方法的统一，那么如何理解马克思在《〈政治经济学批判〉导言》中论述"政治经济学的方法"时所说的："把经济范畴按它们在历史上起作用的先后次序来排列是不行的，错误的。它们的次序倒是由它们在现代资产阶级社会中的相互关系决定的，这种关系同表现出来的它们的自然次序或者符合历史发展的次序恰好相反。问题不在于各种经济关系在不同社会形式的相继更替的序列中在历史上占有什么地位，更不在于它们在'观念上'（蒲鲁东）（在关于历史运动的一个模糊的表象中）的顺序，而在于它们在现代资产阶级社会内部的结构。"一般认为，历史与逻辑相统一的观念来自黑格尔。因此，历史和逻辑相统一的方法，应当以黑格尔对历史和逻辑相统一的分析为基础。而且在人们论述历史和逻辑相统一时经常引用的恩格斯的话，也恰恰是在评价黑格尔的方法时所说的。

在黑格尔那里，至少存在三种类型的"历史"。在《历史哲学》中，黑格尔认为，观察历史的方法，大概可以分为三种：原始的历史、反省的历史和哲学的历史。首先，是原始式的历史记录，即试图通过具体叙事方式再现具体真实的历史。这种纯客观叙事的历史只能对历史作表象的、局部的认识，最多做到故事真实，而不能做到对于历史整体的认识，因而不能达到历史的真实。其次，是反思式的历史，即从一定的思想观念出发，对历史事实进行鉴别评价取舍。各种史论性质的著作便是这类历史认识的表达。但此类历史往往是主观性的表现，因为它总是观念先行，所以不能客观地再现历史的整体。最后，是哲学的历史，在分析哲学的历史时，黑格尔指出，"理性是世界的主宰，世界历史因此是一种合理的过程。"也就是说，历史目的论在黑格尔那里是以"历史理性"的形态表述的。也就是说通过逻辑的方式再现历史，也就是历史和逻辑相一致，这是整体地把握历史真实的方式。

恩格斯在论述黑格尔的方法时，指出："黑格尔的思维方式不同于所有其他哲学家的地方，就是他的思维方式有巨大的历史感为基础。尽管形式是那么抽象和唯心，他的思想发展却总是与世界历史的发展平行着，而后者按他的本意只是前者的验证"，弄清楚了这种"巨大的历史感"指的是什么，才能更好地探讨历史和逻辑的统一。恩格斯指出，黑格尔是"第一个想证明历史中有一种发展、有一种内在联系的人"，这就是巨大的历史感。恩格斯接着说，"这个划时代的历史观是新的唯物主义观点的直接的理论前提，单单由于这种历史观，也就为逻辑方法提供了一个出发点，如果这个被遗忘了的辩证法从'纯粹思维'的观点出发就已经得出这样的结果，而且，如果它轻而易举地就结束了过去的全部逻辑学和形而上学，那么，在它里面除了诡辩和繁琐言辞之外一定还有别的东西。""从黑格尔逻辑学中把包含着黑格尔在这方面的真正发现的内核剥出来，使辩证方法摆脱它的唯心主义的外壳并把辩证方法在使它成为唯一正确的思想发展方式的简单形式上建立起来。马克思对于政治经济学的批判就是以这个方法作基础的。"

正是在上述基础上才可以认为，历史和逻辑相一致，在更大程度上是一种看待历史的方法，"这种看待历史的方法使马克思远远超出费尔巴哈自然观中的唯物主义和历史观中的唯心主义，而构建了一个以历史唯物主义为立足点，把自然界、人类社会、逻辑方法、认识论和世界观全都统一为一个整体的哲学体系"。也正是在上述意义上，"历史和逻辑相一致"才是历史唯物主义的发展观。

在论述马克思主义经济学坚持历史和逻辑相统一的方法时，恩格斯指出："对经济学的批判，即使按照已经得到的方法，也可以采用两种方式：按照历史或者按照逻辑。既然在历史上也像在它的文献的反映上一样，整个说来，发展也是从最简单的关系进到比较复杂的关系，那么，政治经济学文献的历史发展就提供了批判所能遵循的自然线索，而且，整个说来，经济范畴出现的顺序同它们在逻辑发展中的顺序也是一样的。这种形式看来有好处，就是比较明确，因为这正是跟随着现实的发展，但是实际上这种形式至多只是比较通俗而已。历史常常是跳跃式地和曲折地前进的，如果必须处处跟随着它，那就势必不仅会注意许多无关紧要的材料，而且也会常常打断思想进程；并且，写经济学史又不能撇开资产阶级社会的历史，这就会使工作漫无止境，因为一切准备工作都还没有作。因此，逻辑的研究方式是唯一适用的方式。但是，实际上这种方式无非是历史的研究方式，不过摆脱了历史的形式以及起扰乱作用的偶然性而已。历史从哪里开始，思想进程也应当从哪里开始，而思想进程的进一步发展不过是历史过程在抽象的、理论上前后一贯的形式上的反映；这种反映是经过修正的，然而是按照现实的历史过程本身的规律修正的，这时，每一个要素可以在它完全成熟而具有典范形式的发展点上加以考察。"

马克思和恩格斯十分重视政治经济学研究中逻辑与历史相统一的方法。

历史从哪里开始，思想进程也应当从哪里开始，思想进程的进一步发展不过是历史过程在抽象的、理论上前后一贯的形式上的反映。逻辑的方法实际上就是历史的方法，是一种摆脱了历史的形式以及对历史发展起干扰作用的偶然因素的方法。逻辑的进程与历史的进程基本上是一致的。例如，从商品出发来研究资本主义经济关系的产生，就是逻辑和历史相一致的方法的应用。从历史上看，原始社会末期产生了商品交换关系，后来随着商品交换的发展产生了货币，商品和货币在奴隶社会、封建社会都存在，只是到了封建社会末期，当商品经济有了较高程度的发展，劳动力成为商品时，货币才转化为资本，从而产生了资本主义经济关系。循着由商品到货币再到资本的进程展开逻辑的分析，正是反映了历史上商品形式由低级向高级发展并转化为资本形式的历史进程。研究商品价值转化为生产价格，同样也应用了逻辑和历史相一致的方法，因为"商品按照它们的价值或接近于它们的价值进行的交换，比那种按照它们的生产价格进行的交换，所要求的发展阶段要低得多。而按照它们的生产价格进行的交换，则需要资本主义的发展达到一定的高度。"逻辑和历史相一致的方法表明：逻辑的方法必须以历史的方法为基础，脱离了历史进程的逻辑的方法是资产阶级政治经济学在建立其体系时采用的方法，他们"对人类生活形式的思索，从而对它的科学分析，总是采取同实际发展相反的道路。这种思索是从事后开始的，就是说，是从发展过程的完成结果开始的"。单纯采用历史的方法同样也达不到在理论上再现历史的辩证发展的目的。由于历史常常是跳跃式地和曲折地前进的，它常常会打乱思想逻辑的进程。由此可见，政治经济学研究中的逻辑和历史相一致的方法，是建立在所要说明的社会生产关系内部相互关系的逻辑结构基础上的。

逻辑的分析并不能完全取代历史的研究。在实际的研究过程中二者总是相互依托、互为补充的。逻辑的发展并不完全是通过概念和范畴的演绎来进行的，它需要实际的例证，需要用现实的历史材料检验。同时，逻辑上在先的东西在历史上并不一定都有一个先行的发展过程；历史上先行的东西在逻辑上也不一定都构成进一步发展的基础，如此等等。在一切这些场合，单纯地根据逻辑，或单纯地依照历史，都是片面的，必须按照具体情况灵活地加以应用。

在《资本论》中，马克思的分析从简单的商品交换开始，从逻辑上来说，这是从个别交换行为开始；从历史上来说，却是回到了原始公社时期的社会状态。所以这里运用的方法既是逻辑的，也是历史的。因为，在资本主义出现以前很久，甚至在货币产生以前，简单的商品交换就已经有其独立存在的历史了。又如，在资本、雇佣劳动、银行这些具体的东西存在之前，货币就已经产生并且在历史上发挥着作用。同时，货币作为一般等价物又是资本主义社会中价值表现得最简单、最一般的形态。在此，把货币放在资本、雇佣劳动、银行等之前来分析，既符合从简单到复杂的逻辑分析方法的要求，也符合现实历史发展的进程。但是不管怎样，"比较简单的范畴，虽然在历史上可以在比较具体的范畴之前存在，但是，它的充分深入而广泛的发展恰恰只能属于一个复杂的社会形式……"这是逻辑的方法优于历史的方法的主要原因之一。

但是，也存在着另一种情形，即从抽象上升到具体的逻辑过程和历史发展的顺序在表面上并不一致。历史上先行的东西在逻辑上却反而成为结果，或者在叙述上要把历史的次序颠倒过来，不然就不符合逻辑。例如，在历史上，土地所有权是产生在资本之前的，但在《资本论》的结构体系中，资本却放在土地所有权之前来阐述。初看起来，从土地所有权开始讲到资本的产生是最自然不过的。因为土地是一切生产的自然源泉，是农业的基础，而农业又是前资本主义社会形态中占支配地位的生产方式。但是，仔细分析起来却是错误的。虽然从历史上来看，资本较土地所有权为晚出，但在资本主义经济基础结构中它却是支配一切和影响一切的生产关系。不说明土地所有权可以说明资本，但不说明资本却无法阐明土地所有权。因为和资本结为一个经济整体的土地所有权，截然不同于以往历史上曾经独立存在过的土地所有权。在资本主义生产方式中，农业已越来越变为仅仅是工业的一个部门，并完全由资本所支配。资本是资产阶级社会支配一切的经济权力，它影响一切和渗透一切。因此，若是把这个社会当作整体来分析，就得把资本既作为起点，也作为终点。而土地所有权则仅仅是它起中介作用的环节，一个被改变了的历史因素。在这样的情况下,"把经济范畴按它们在历史上起决定作用的先后次序来安排是不行的,错误的。它们的次序倒是由它们在现代资产阶级社会中的相互关系决定的,这种关系同看起来是它们的合乎自然的次序或者同符合历史发展次序的东西恰好相反"。问题不在于各种经济关系在不同社会形式的相继更替的序列中在历史上占有什么地位,而在于它们在现代资产社会内部的结构中占有什么地位。

又如,在《资本论》中,马克思对资本主义原始积累的分析,也不是按照它在历史上出现的时间放在资本主义生产之前来进行的,而是放在分析直接生产过程之后,在论述资本主义积累的一般规律之后进行的。这样做的目的是为了把历史中的本质过程和非本质过程、起主导作用的因素和起从属作用的因素区别开来,并指出它们的相互作用和关系。一旦历史过程的本质被揭示出来,掩盖在各种历史现象中的本质也就说清楚了。所以不首先弄清资本主义生产过程的本质和资本积累过程的一般规律,要理解资本的原始积累是困难的。在这里,马克思遵循的原则仍然是从抽象上升到具体、从简单上升到复杂的逻辑方法。

总之,从抽象上升到具体的逻辑方法,要求用概念和范畴之间的逻辑联系再现具体整体的发生、发展过程和内在历史秩序,但是在方法上,却先要从研究对象的结构分析入手,对个体整体中的各个并存要素逐个地分析和分解,发现它们之间的相互联系和从属关系,然后把它们在结构上形成的序列和在时间上出现的序列相对照,从而弄清二者之间的联系。这样,就能把逻辑分析方法和历史研究方法辩证地结合起来。

参考文献:

《马克思恩格斯全集》第12卷、第23卷、第25卷,人民出版社1972年版。
[德] 黑格尔:《历史哲学》,上海世纪出版集团2001年版。
Philip Abrams, History, Sociology, Historical Sociology, *Past & Present*, No. 87, May, 1980.

(孙丽丽)

分析和综合
Analysis and Synthesis

一般认为,分析和综合是在认识中把整体分解为部分和把部分重新结合为整体的过程和方法。分析是把事物分解为各个部分、侧面、属性，分别加以研究，是认识事物整体的必要阶段。综合是把事物各个部分、侧面、属性按内在联系有机地统一为整体，以掌握事物的本质和规律。里奇（Ritchey，1996）指出，分析和综合这两个术语在古希腊语中的含义分别为"放松"（to Loosen Up）或"整合在一起"（to Put Together）。根据里奇的观点，分析被定义为一种把智力上的或实质性的整体分解为部分或组成部分的程序；综合则是一种相反的程序，把分离的要素或构成部分结合在一起构成一个连贯的整体。

在科学的发展史上，两个重大的问题支配了有关分析和综合的讨论。第一，分析和综合是相互分离的还是彼此结合在一起的；第二，应用分析和综合的顺序。这两个问题在一定程度上是交织在一起的。一旦说明了分析和综合自身，那么一个很明显的起点问题就出现了，那就是分析和综合的出发点是什么？这个出发点可以是一种社会现实、一个体系、一个模型，也可以是一个假说（Hypothesis），就现代经济学研究而言，一般把分析和综合的出发点视为一种假说。

在对待分析和综合上，里奇指出了一种有时会存在的误解，比如，综合是"好"的，因为它创造出整体，而分析是"坏"的，因为它把整体简化为彼此差异的部分。根据这种认识，分析方法被认为是一种属于过时的、科学中存在的还原主义的传统，而综合被认为造就了进行整体研究的新方法。

著名的科学史学家霍尔顿对里奇指出的上述误解进行了分析。在《科学想象：案例研究》中，霍尔顿认为分析和综合最好被作为成对出现的概念加以讨论。霍尔顿认为，从文化的视角看，综合扮演了重要的角色，但是，从实践（专业的、科学的和学术的工作）的视角看，"分析和综合是完全颠倒的过程，前者的作用更为突出"。霍尔顿认为，分析和综合实际上是无法分开的，他说："更重要的是我们要需求理解分析和综合这两个成对出现的方法内部的关系，以了解这一对方法的每个构成部分的全部力量，而不是被当代理论和实践中存在的对它们进行的不对称评价所误导。"在应用分析和综合的顺序上，也存在着一定程度的差异。根据霍尔顿的分析，笛卡尔和牛顿赞同柏拉图的观点，对于给定的最初假说，分析先于综合，"没有先前的分析就试图进行综合不会发现真理"。

里奇通过对分析和综合之间的反馈关系的说明，一定程度上解释了如何解决分析和综合的应用顺序问题。里奇指出，"每一个综合都是建立在先前分析的结果之上，而为了证明和修正分析的结果，每一个分析都要求进行随后的综合。在这种情形下，认为一种方法天然地优于另一种方法是毫无意义的。"

黑格尔认为，分析和综合的方法不过是同一个运动过程的两个方面，哲学的方法既是分析的又是综合的，就像目的和手段的关系一样，没有分析的手段，达不到综合的目的，没有综合的指导，分析根本无法起步。这种分析和综合之间的反馈关系是一种辩证关系。

参考文献：

Gerald Holton, *The Scientific Imagination: Case Studies*, Cambridge University Press, 1978.

Tom Ritchey, Analysis and Synthesis, On Scientific Method-Based on a Study by Bernhard Riemann, *Systems Research*, 1991, Vol. 8, No. 4.

（吴昊航）

归纳和演绎
Induction and Deduction

科学的创造和革命是由那些不停地钻研科学方法的人们所推动的，即使他们没有清楚地意识到自己在使用正确的方法，或者没有专门去研究这些方法，但他们的成功仍然可以归结为正确方法的运用。在社会科学研究中，产生推理结论的过程影响结论的性质与价值。归纳和演绎是具有悠久历史传统的逻辑方法。它们在经济学中的应用和争论也已有漫长的历史。

所谓演绎法或称演绎推理（Deductive Reasoning）是指人们以一定的反映客观规律的理论认识为依据，从服从该认识的已知部分推知事物未知部分的思维方法。演绎法是认识"隐性"知识的方法，是由一般到个别的认识方法。

所谓归纳法或称归纳推理（Inductive Reasoning），是在认识事物过程中所使用的思维方法。有时称作归纳逻辑是指人们以一系列经验事物或知识素材为依据，寻找出其服从的基本规律或共同规律，并假设同类事物中的其他事物也服从这些规律，从而将这些规律作为预测同类事物中其他事物的基本原理的一种认知方法。它基于对特殊代表的有限观察，把性质或关系归结到类型；或基于对反复出现的现象的模式的有限观察，用公式表达规律。

一般认为，1776年斯密《国富论》的发表是经济学独立诞生的标志。在斯密的《国富论》中，演绎推理和归纳推理结合得天衣无缝。斯密为了通过实例证明自己的观点，只要有合适的场合，他可以求助于人类本性的基本事实，也可以求助于工业生活的复杂事实。如果通过演绎推理提出了工资均等化趋势的学说，那么他用归纳研究的方法揭示出阻碍或限制这种趋势的因素。

人们一般认为，在经济学分析中归纳和演绎都是必不可少的，比如，阿道夫·瓦格纳认为归纳和演绎是两种方法："一方面是从心理动机出发的演绎——首先是从个人利益动机开始的演绎，然后是从其他动机开始的演绎；另一方面，是对历史的归纳，对统计的归纳，以及对不大准确、不大确定，但却必不可少的一般观察和经验的过程的归纳。依靠这两种方法，我们研究政治经济学的不同问题，并尽我们所能去解决它们。"

事实上，有关归纳和演绎的关系，社会科学家却争论不断。约翰·斯图亚特·穆勒在论政治经济学的定义及其方法的文章中，在对"经济人"的概念给出定义后，强调政治经济学使用"演绎的方法"，"基本上是一种抽象的科学"。穆勒指出，他所谓的归纳方法指的是，这种方法需要以特定的经验而不仅仅是一般的经验作为结论的基础。演绎的方法指的是，从一个假定或假说开始的论证。比如对穆勒的"经济人"概念而言，经济人的假说是以经验为基础的，是对人进行观察或内省得出的经验。但是这个假说并不是从特定的观察或具体经验中得出的。假说也许完全"没有事实的基础"，从这个意义上讲，结果"政治经济学的结论就像几何学的结论一样，按普通的说法就是只在抽象意义上才是真的"。因此，穆勒认为，演绎的方法就成为"道德科学的哲学研究的合理方法"，而归纳方法，不是发现真理，而是检验真理的手段。

休谟则认为，在归纳和演绎之间，在证明和反驳之间，在证实和证伪之间，在维护真理和否认真理之间都存在着基本的不对称。一个出自约翰·斯图亚特·穆勒，经常被人们从波普尔那里引用的例子是：不管看到的白天鹅有多少，都不能从中推断说所有的天鹅都是白的，但是只要看到一只天鹅是黑的，就足以否定所有天鹅都是白的的结论。

归纳对波普尔来说，简直是神话。波普尔认为，归纳推断不仅是不成立的，而且也是不可能成立的。他否认归纳是从以前的感觉中得出的没有偏见的概括，强调通过连续不断的猜测和反驳增进知识。因此，波普尔声称他归纳问题的"解决"，事实上他更多的是对归纳问题"取消"。

有关归纳和演绎推理的分析，内维尔·凯恩斯在《政治经济学的范围和方法》通过对前人经济学研究方法的分析和评价，在此基础上明确提出：

经济学到底是一门实证的、抽象的和演绎的科学，还是一门伦理的、现实的和归纳的科学呢？凯恩斯认为，在经济思想史中，斯密著作中的归纳方法，可以在斯密的后来者马尔萨斯那里看到，而李嘉图则继承和发展了斯密的抽象演绎方法。布劳格指出，在李嘉图的著作里，历史、制度和事实这些在亚当·斯密的著作中得到突出的描述的东西，都被淡化成一种背景，李嘉图信服的是"今天所谓的'解释的假说——演绎模式'的"。而真正在方法论上给后人的研究工作以深刻影响的，是李嘉图而不是马尔萨斯。

内维尔·凯恩斯的《政治经济学的范围和方法》试图把抽象、演绎的传统和对英国的经济学产生了影响的德国历史学派的方法调和起来。内维尔·凯恩斯赞同斯密是一个理想的经济学家的榜样，因为斯密的论证是抽象、演绎和历史、归纳完美地结合的典范。但是，在布劳格看来，内维尔·凯恩斯的著作"流露出精巧地伪装的为经济学中的抽象—演绎的观点辩护的企图"，尽管内维尔·凯恩斯"不断强调说，古典政治经济学的演绎方法都是以经验的观察来开头和结尾这个事实，尽力使他的观点讨人喜欢"。

凯尔恩斯的《政治经济学的特征和逻辑方法》中，大段引用了西尼尔对政治经济学的分析，并对西尼尔的观点持反对意见。他认为，不应当像西尼尔那样，把政治经济学视为假说的科学，而应当视为一种以真实前提为基础的科学。因为政治经济学的前提中没有假说的东西，这些前提的基础是"人的本质和外部世界的可以归纳的事实"；"以尽可能小的牺牲获取财富的愿望"和"自然力的物质质量，尤其是土地，人类在土地上的辛勤劳动"，都是事实，"它们的存在和特征都可以很容易地弄清楚"。凯尔恩斯认为，使用和归纳——分类方法相区别的假说——演绎方法，是一门学科成熟的明确无误的特征。

尽管人们一般把逻辑推理分为归纳和演绎两种类型，但事实上，区别于归纳和演绎的推理方式也已有悠久的历史。哲学家皮尔士（Charles S. Peirce）在亚里士多德的假设（Apagoge）的基础上提出了一种新的推理形式——溯因推理（Abduction）。在早期的著作中，皮尔士把这种推理方式称为假设（Hypothesis）。在"演绎、归纳和假设"一文中，皮尔士分别描述了三种推理形式的三段论形式：

演绎：

  规则——来自某个袋子的所有豆子都是白色的，

   情形——这些豆子来自这个袋子，

   结果——这些豆子是白色的。

归纳：
  情形——这些豆子来自某个袋子，
  结果——这些豆子是白色的，
  规则——来自这个袋子的所有豆子都是白色的。

假设：
  规则——来自某个袋子的所有豆子都是白色的，
  结果——这些豆子是白色的，
  情形——这些豆子来自这个袋子。

溯因推理是从规则和结果推导出情形的一种可能的推理，或者说是从结果到原因的推理，这也正是这种推理被称为溯因推理的原因，这种推理更多的时候是一种猜测性的推理。皮尔士认为，演绎的结论已经蕴含在大前提中，没有新知识产生；归纳只是对已有假设的实验证明，只有溯因推理才是"形成假设的过程，唯一产生新信念的逻辑操作"。

汉森在《发现的模式》这一经典著作中，对溯因推理或逆推法进行了说明。汉森把溯因推理或逆推法表述为以下这种推理形式：

第一，某一令人惊奇的现象 P 被观察到；

第二，如果假说 H 是真的，则 P 理所当然的是可说明的；

第三，因此，有理由认为 H 是真的。

汉森认为，溯因推理或逆推法与归纳法和演绎法是不同的。它们的区别在于，演绎法表明某物必定如此，归纳表明某物实际上在起作用，逆推只是展示某物也许如此。

参考文献：

[美] 汉森：《发现的模式》，中国国际广播出版社 1988 年版。

Blaug, M., *The Methodology of Economics*, Cambridge: Cambridge University Press, 1980.

Caldwell, B., B*eyond Positivism: Economic Methodology in the* 20*th Century*, London: Routledge, 1982.

Hume, D., *A Treatise of Human Nature*, ed. By Nidditch, P., 2nd ed., Oxford: Oxford University Press, 1978.

Keynes, J. N., *The Scope and Method of Political Economy*, London: Macmillan, 1891.

Reviewed Work (s): Wagner on the Present State of Political Economy, *The*

Quarterly Journal of Economics, Vol. 1, No. 1, Oct., 1886.

Adolf Wagner, Marshall's Principles of Economics, *The Quarterly Journal of Economics*, Vol. 5, No. 3 (Apr., 1891).

（吴昊航）

摸着石头过河
Crossing the River by Feeling the Stones

"摸着石头过河"是在勇敢实践中不断总结经验的一种形象性的说法，是改革开放最主要的经验之一。"摸着石头过河"，对于大胆解放思想、积极稳妥地推进改革起到了巨大的指导作用，成为在中国家喻户晓的经典话语。"摸着石头过河"就像很多与邓小平名字联系在一起的格言一样，这个说法不是由他首创。邓小平使用这一说法的最早记录是在1966年3月22日。陈云在1980年12月在中央工作会议上也谈到了改革要"摸着石头过河"。他说："我们要改革，但是步子要稳。……随时总结经验，也就是要'摸着石头过河'。"（《陈云文选》第3卷，第279页）。当时，邓小平对陈云讲话中的"摸着石头过河说"完全赞同。邓小平后来提出的"要坚决地试，大胆地闯"、"杀出一条血路来"，都体现了这种思想。

为了探索改革路径，1982年8月，应中方邀请，世行组织东欧和其他国家具有理论眼光又具有实践经验的著名专家来到中国，他们认为对于社会主义国家的改革，来自波兰、捷克斯洛伐克和匈牙利的东欧知名经济学家——包括弗拉吉尔兹·布鲁斯（Wlodzimierz Brus）分别介绍了他们的观点。他们对改革的观点是，如果只进行局部改革，会造成对下一步改革的抵制，因此必须一次性地进行全面改革。会后，组织这些东欧学者去中国各地考察，他们修正了他们的观点，认为大胆进行一次性改革的东欧模式在中国行不通，因为中国太大，各地情况千差万别。中国唯一切实可行的道路是逐步开放市场和放开价格，然后再进行渐进式的调整。

在中国改革开放历史上，能够代表"摸着石头过河"经验的一个例证是价格双轨制改革，即一轨价格适用于国家计划内产品，另一轨价格则要适应市场的变化。完成定额的国营企业可以将超额部分以市场定价出售。这样一来，很多企业会转而以市场为导向从事生产，而在向市场转型的过渡期又可以依靠计划内价格获得一定的稳定性。邓小平一直是中共领导层构思宏观战略思想的参与者。他非常明白，不能全盘照搬国外的制度，因为任何外来制度都不适合中国的特殊需要——中国有着丰富的文化传统，它幅员辽阔，各地差异很大，而且当时十分贫穷。经济发展必须有稳定的环境，摸着石头过河是为了避免混乱。如果成功，可以将成果推广到各地；一旦失败，也可以将负面影响控制到最小。

与休克疗法相比，"摸着石头过河"理论对中国经济改革发展显得更为稳妥。所谓休克疗法是冷战结束之后苏东国家采取的一种改革方式，即在短时间内迅速实现由共产主义向资本主义的转变。

与当时西方供给学派理论、货币主义学派理论相比，邓小平的"摸着石头过河"理论是一种脚踏实地的指导理论。货币主义建立在一系列假设和逻辑推理之上，在特定的前提下，通过数理计算证明其理论的可行性，其实质上是一种自我指涉的理论。供给学派学者中没有一个是经验主义者，相反，他们一直都将理论和实践保持一定的距离。他们只是一群思想者，每天待在办公室中，脱离不断变化使西方面对严峻挑战的世界，远离问题，闭门造车地寻找理论上的解决方案。

中国经济转型是一个"摸着石头过河"的过程。例如，邓小平力求避免草率提出有可能引起很多高层干部和普通群众抵制的政策，他往往是先选择某个地方进行试验，待得到群众的支持后，再做出重大政策的突破。例如"包产到户"是在很多地方传出成功的报道，即包产到户得到广泛拥护后，他才在1980年宣布支持这种做法。

参考文献：
中共中央文献研究室：《邓小平年谱（1904～1974）》上、中、下册，中央文献出版社2009年版。
傅高义：《邓小平时代》，生活·读书·新知三联书店2013年版。
[美] 洛丽塔·纳波利奥尼：《中国道路——一位西方学者眼中的中国模式》，中信出版社2013年版。
《陈云文选》，人民出版社1995年版。

（陈立兵）

本体论
Ontology

又称"存在论"，为哲学的基本概念，广义的本体论是指研究一切实在的最终本性的学说。狭义而言，本体论又区别于以研究宇宙的起源与结构的"宇宙论"。如果以"存在论"为名分析，则这一概念又可以区分为存在是什么，以及存在如何存在的理论。

本体论在哲学中具有非常重要的地位，这是因为包括马克思主义哲学在内的绝大多数哲学都将研究"世界或实在是什么"放在哲学问题的第一位，由此产生了唯心论哲学与唯物论哲学的区别。在本体论之后才有人能否认识世界，以及如何认识世界本质的认识论问题。马克思主义哲学坚持世界的本质是物质的本体论、人可以通过自己的智慧从具体到抽象地认识世界认识论观点。

关于世界本体是什么的争论有着非常悠久的历史渊源。古希腊的泰利斯曾认为水是万物本源，赫拉克里特斯认为火是万物本源，还有人提出水、火、土、气均是万物的本源等，这种朴素的唯物主义研究直到德谟克利特提出万物均是由原子构成的才达到了顶峰。而在其他古希腊学者看来，世界的本质来源于精神的实体或某个抽象原则，如巴门尼德认为唯一不变的"存在"乃是世界的本源，亚里士多德则把对本体的研究上升到了对包含在所有个性之中的"共相"的研究。近代以来，笛卡尔首先划分了本体论与认识论的界限，将研究本体的第一哲学叫作"形而上学的本体论"，并根据逻辑推出了"我思故我在"的著名结论。笛卡尔对本体论的研究设想因英国与欧洲大陆的认识论观点立场不同而出现了分歧。17~18世纪德意志地区的莱布尼茨及其继承者沃尔夫通过理念论及对德谟克利特的原子论的继承，发展出了"单子论"；而几乎同时期的英国的休谟则根据认识论中的怀疑论原则得出不能判定世界是否有本源的结论。18世纪末的康德在折中两派的观点之后，提出不可能建立抽象的本体论形而上学，本体论研究的只能是事物的普遍性质及物质的存在与精神存在之间的区别，并且使用"自在之物"来假设一个无法证实有也无法证实无的本体。黑格尔则在唯心主义基础上提出了本体论、认识论和逻辑学统一原则，并从纯存在的概念出发构造了存在自身辩证发展的逻辑体系。现代西方哲学的一些流派则反对任何形而上学和本体论，试图建立关于存在学说的本体论，如胡塞尔的"先验的本体论"、海德格尔的"基本本体论"、哈特曼的"批判本体论"等。

仿照哲学对本体论的认识，经济学也把对经济本质的认识称为"本体论"。从广义而言，凡是研究经济问题、经济现状是怎样的研究都可以被纳入"本体论"的范畴之中，因此它也与"实证经济学"有着共同之处。而若从狭义而言，经济学的"本体论"应该专指对经济来源于什么（或经济的本质）的研究，即经济学中什么是价值尺度的问题。

"重商主义"为经济学贡献了第一个系统的本体论。重商主义以一种静态的、机械的思路出发，简单地将国家财富的增长说成是来由商业和对外贸易而带来的货币，因此重商主义又被称为货币主义。在经济的各个环节中，货币是最能看得见摸得着的一般计价物，因此将经济的富裕程度理解成为货币的多少是最为简便的。重商主义的盛行导致在以货币易货物的国际贸易过程中，国家更看重货币的意义，顺差与否成为了衡量国家在国际贸易中是否获得利益的重要标准。虽然重商主义的这种理论在现在看来比较幼稚，但它是第一次在经济学中提出了本体论问题。

与重商主义相对，重农主义认为创造经济的是农作物生长需要的自然力，该学说认为农业才是真正创造财富的行业，由此提出了国家要促进农业发展的理论。虽然重农主义在历史上的影响不及重商主义大，但因它也使用某一个特定实体来解释经济现实而使本体论问题成为了经济学争论的焦点。

之后的其他学者使用多重实体作为经济学的本体。威廉·配第将劳动与土地并列，提出了"土地是价值之母，劳动是价值之父"的论断。斯密在他的学说中将劳动与土地、货币并列，提出了"工资、利润、地租"三部分共同构成价值的"三位一体"公式。这些努力可以被理解成是对多种理论的一种调和，但它的多重形式却是对探寻单一经济本体努力的倒退。

在重商主义、重农主义逐渐流行的同时，一种强调劳动在经济中的作用的思路逐渐在英国兴起。劳动产生价值的学说因英国的几代学者（如马西、坎蒂隆、斯图亚特）的阐述而扎下根来，并经过配第、斯密的使用最终演变成为李嘉图93%的劳动价值论（这是因为李嘉图认为还有一些特殊商品的价值不能用劳动价值论来解释）。但在马克思看来，自然界必须通过人的改造才能为人所用，而那依照人的目的改造世界的能力就是有价值的劳动。经济活动中必不可少的资本，就因被理解为已凝结的、拥有固定形态的劳动而成为劳动价值的衍生物。马克思的学说比他之前的学说更多出了整体的、历史的眼光。

19世纪中后期，欧洲的经济学界又兴起了价值主观化的运动。主观价值论并没有继续马克思劳动价值论，而是在马克思之外另辟了一条诠释经济的思路。主观价值论认为，经济的发展最终还是要满足人们的需要，因此主观效用（或称主观价值）才是经济学的本质（本体），劳动只不过是实现人类效用的途径。虽然这种经济学的本体论统一了价值尺度的形式，但也带来了诸多问题：人们无法理解他人的效用有多大，效用无统一标准，我们也无法加总所有人的总效用。因此主观价值的本体论还有很多缺陷,仍需要进一步的修补和改善。

主观价值论者把效用论诞生之前的那些曾被认为是经济本体的东西统统以"要素"来概括。由于这些"要素"主要与生产相关,因此又有"生产要素"的称呼。劳动、资本、土地、技术、企业管理都有可能用以解释生产过程及长期的经济进步。著名的哈罗德-多马模型及索洛模型都是用资本与劳动来刻画生产的过程,以及逐渐添加到这些模型中的其他要素。当然,在国际贸易学中还有赫克歇尔-俄林的要素禀赋理论。所有这些都会给人以经济学无须"本体",而只需"要素"的错觉。

但经济学是必须要有一个本体的,"要素"给人以错觉是因为该理论建立在效用这个软地基上。虽然西方经济学的大多数人接受了效用(主观价值)论,但不论在西方还是东方,劳动价值论不论仍有很大的信众。直至今日,经济学的本质是什么的问题仍在争论中,而这些争论正有助于对经济学本体问题的进一步厘清及经济学更加健康地发展。

参考文献:
冯契:《外国哲学大辞典》,上海辞书出版社 2008 年版。
汤在新、颜鹏飞:《近代西方经济学》,上海人民出版社 2002 年版。
G. J. Stigler, "Ricardo and the 93 Percent Labor Theory of Value, *American Economic Review*, 1958, 48 (3).

(逯建)

功能主义
Functionalism

从 20 世纪 60 年代开始,经济学开始不断地扩展自己的边界。先前一些被认为处于经济学研究领域之外的现象开始进入经济学研究的视野。这种经济学帝国主义的倾向也使得经济学开始对其他社会科学学科中的传统研究方法采取了更为开放的态度。也正是这种情况下,在社会学和人类学研究中有着重要地位的功能主义的解释方法进入经济分析领域。

功能主义的解释方法最早源自生物学,这种解释方法把特定的物种和组织的出现解释为对特殊环境的适应。类似地,社会科学尝试把一些结构性的现象,比如制度、规范、惯例和组织解释为对环境作出有效适应的产物。经济学中对功能主义解释的关注，突出表现在人们越来越注重解释经济现象时的制度因素。

从20世纪60年代开始，一系列新的经济学流派开始出现，比如产权学派、代理理论、交易成本理论、博弈论制度主义和宪政政治经济学等。这些流派虽然特征和目标各异，但是都对应用比较静态的方法解释或预测特定的经验事件不感兴趣，而是注重解释持久的和结构性的现象的存在，比如社会制度、规范、行为准则等。因此，在对结构性的现象解释时，日益变得重要的是功能主义的解释而不是均衡的解释。在均衡解释中，制度等一些持久和结构性的因素被视为是外生的。在均衡分析中，通过比较同一体制参数变化前后的两种不同的均衡状态，作出更多具有数量倾向的预测。在功能主义的解释中，具有更多的结构性和质性特征，把经常遇到一些反复出现的协调或合作问题的社会系统作为分析的出发点，社会系统中存在的协调或合作问题通过社会制度、规范和行为准则的出现而得以解决。

较早把功能主义解释引入正式的经济分析中的是阿尔钦（Armen Alchian），在1950年的论文《不确定性、演化和经济理论》中，他提出了一个取代理性选择模型的方法。阿尔钦指出，某些产业中的公司遵循某种经验法则和行为准则的事实表明，它们并不是建立在理性思考基础之上的人为选择的结果，而更可能是选择过程的结果（Selection Process），阿尔钦指出许多经济现象可以很好地由功能演化方法加以解释。

在功能主义方法中，规范或制度的存在是通过它的"有益的后果（Beneficial Consequences）"加以解释的，也就是说不同的规范和制度都有节约某些成本的功能。然而功能主义解释存在问题，那就是与因果解释相比，它颠倒了解释项和待解释项的时间顺序。从功能主义的模型中，人们能够像指出大象的鼻子具有的"有益的后果"或功能（解释项）解释大象的鼻子的存在一样解释一种制度的存在（待解释项）。但是，这在某种程度上意味着待解释项在时间上先于解释项，这是否是功能主义解释的一个重大问题呢？

在生物学中，这种颠倒一般说来不构成问题。艾尔斯特（Jon Elster）认为，意向性解释引用的行为意欲达到的结果以说明它，功能性解释引用行为的实际结果以说明它。要在功能上解释行为涉及证明它对某人或某种制度具有有益的结果。在这种形式中有一个明显的悖论：行为如何可能根据后于它出现的某物得到解释呢？艾尔斯特指出，要通过群体Z的某种制度或行为模式X的功能或有益的结果Y解释X，比如满足五个标准：第一，Y是X

的一种效果；第二，Y 对 Z 是有益的；第三，Y 并不是 Z 造就 X 时意欲实现的；第四，Y，或至少是 X 和 Y 之间的因果关系并没有被 Z 中的行为者认识到；第五，通过一种经由 Z 进行的因果反馈回路 Y 保证了 X 的存在。在艾尔斯特看来，这个反馈回路是决定能否可以接受功能解释的关键之处。他指出，许多功能主义解释之所以是失败的，是因为第五项反馈回路标准是被假定的而不是被证明的。功能主义解释者似乎认为其他四个标准成立时，反馈回路标准就自动的成立了。因为证明一种现象是非意欲的、没有预先被感知的而且具有有益的结果看起来赋予了这种现象某种含义，而赋予它某种含义似乎就是解释。所以，艾尔斯特认为，在一个单一事件的场景中，功能主义的解释必须对制度存在的机制或反馈回路进行具体的说明。也就是说艾尔斯特主张，功能性解释预设了从解释项到被解释项的反馈回路的存在。他认为，功能主义解释中存在的悖论只有在被解释项不是一个个别事件，而是一种持续的行为模式时才能加以解决。更具体地，艾尔斯特把自然选择机制和强化机制（Reinforcement Mechanism）作为使得功能主义解释具有合法性的两个可能的反馈回路的例子。在第一种机制中，适应性或目的论式的行为模式并不必然包含任何形式的意图，它只是市场选择过程的结果。后一种机制意味着受到奖励的行为会被强化，而受到惩罚的行为会得到劝阻。个体意识到一定的行为和它的"有益的结果"之间的关系，从这种学习的过程中产生了规则。

参考文献：

Alchian Armen, Uncertainty, Evolution and Economic Theory, *Journal of Political Economy*, 58 (3), 1950.

John B Davis, D Wade Hands, Uskali Maki Edited: *The Handbook of Economic Methodology*, Edward Elgar, 1998.

（张元鹏）

经验主义
Empiricism

经验主义原本是一个哲学用语，用以表示人对事物的知识来自对外界事物认识的总结而非对抽象概念的演绎性理解。极端的经验主义者曾提出只有通过对外界事物的看、听、闻、触、尝等感官活动才能达到认识事物的目的。其他的经验主义者则认为，经验认识能够与来自理念的认识相结合，只是经验认识应是认识的主要来源和第一来源，理念只能起到对认识的分类、总结、凝练的作用。经验论和理念论的争论曾一度主导了14世纪~17世纪西欧的哲学发展，这一话题直到近代才逐渐冷却下来。

经济学的经验主义则与19世纪末、20世纪初以后的经济学实证方法在经济学中的兴盛相关。经济学在1890年之前的发展，遵循的基本上都是抽象概念的演绎方法。虽然不同学派之间有很多争论，但不同学派都使用从概念再演绎的思维模式。随着统计学在经济学的逐渐使用，经济学者逐渐开始使用统计数据来检验经济理论是否正确。一个著名的例子就是"吉芬商品"。吉芬爵士发现爱尔兰的土豆并没有因为土豆病害造成的价格上涨而出现销量下降，反而出现了销量上升的情况，这与经典的需求理论发生了冲突。于是经济学家对这一现象进行了深入研究，解释并提出了新的理论。由于使用经验的方法可以检验理论的对与错，因此经验主义实证方法在20世纪获得了极大的发展。宏观经济学中的柯布—道格拉斯生产函数、消费函数、投资函数等基本理论，都是使用从数据到理论的方式归纳总结出来的。经验主义的实证方法在经济学广泛流行，使得经济学中产生了计量经济学这一新的分支。计量经济学大力更新、发展了统计学的理论，采用大规模数据分析的方式得出结论，并在70年代后逐渐成为了世界经济学术界的一种十分重要的研究方法。

经验主义虽在经济学的广泛流行，但经验主义的缺陷却一直未得到彻底的解决。首先，经验主义方法仅能根据过去的一些数据得出结论，但过去并不一定就会与未来完全一致，一些新的变化可能会随时产生，从而使经验主义得到的结论发生错误。其次，不论经验主义方法如何发展，都会有一些因素无法被观察到，经验主义很有可能将结果的原因张冠李戴。最后，有一些问题，可能是前瞻性的预估或影响因素复杂无法实证，必须采用推理演绎的方式进行分析。不论如何，使用经验主义得到的结论都需要使用逻辑推理的方法使之总结成为经济学理论，从这个意义上来说经验主义只被看做是通向经济学最终理论的一个重要的阶段。

参考文献：

[英] 马克·布劳格：《经济学方法论》，北京大学出版社1990年版。

[爱尔兰] 托马斯·博伊兰、帕斯卡尔·奥戈尔曼：《经济学方法论新论》，经济科学出版社2002年版。

[英] 马克·布劳格、罗杰·巴克豪斯：《经济学的方法论的新趋势》，经济科学出版社 2000 年版。
[美] 劳伦斯·博兰：《批判的经济学方法论》，经济科学出版社 2000 年版。
杨建飞：《科学哲学对西方经济学思想演化发展的影响》，商务印书馆 2004 年版。

（逯建）

功利主义
Utilitarianism

功利主义是伦理学的一种学说，也是新古典经济学等西方经济学的伦理学基础。该伦理学学说认为，人人都应该依照自身效用或幸福最大化的目标而做出行动，因此可以抛弃其他伦理学中出现的"美德"、"义务"等形式教条，从而使伦理学规则变得简单、易懂。但在实际中，功利主义往往被人误解为导致个人主义、自私自利的源泉，因此遭到多种指责。

早在希腊时代，功利主义思想就出现了雏形。公元前 5 世纪的亚里斯提卜、公元前 4 世纪的伊壁鸠鲁及其追随者就是古代功利主义先驱。因伊壁鸠鲁同时也主张尽情享受感官快乐的"纵欲主义"，遭到中世纪基督教的严厉批判，功利主义的思想一度灭绝达千年之久。18 世纪末与 19 世纪初，功利主义又由英国哲学家兼经济学家边沁和穆勒（又译密尔）系统提出，从而正式成为一种伦理学学说。19 世纪末期剑桥大学的道德哲学教授亨利·西奇威克也是该学说的代表性人物，他的思想又影响了新古典经济学的创立人马歇尔，使新古典经济学拥有了一个功利主义式的"经济人"假设基础。

功利主义的基本原则是：一种行为如有助于增进幸福，则为正确，反之一种行为损害了幸福，则为错误。但行动究竟增加谁的幸福？如果仅从行动者的幸福出发来判断行动的正确与否，就很有可能会导致个人主义——即"个人功利主义"——因为个人的利益往往与所有人的利益不一致。因此边沁、穆勒等功利主义者又提出了"普遍的功利主义"——即行为应该尽量最大化地增进最大多数人的利益，从而使功利主义摆脱了会导致自私自利的指责，使之在当时占据了英国伦理思想的主流。

尽管功利主义在 19 世纪的英国得到了很大的推广，但仍有许多问题遭到了之后学者质疑。第一，普遍的功利主义是否正义？如果因为最大多数人的利益而放弃少数人的利益，这样的原则是否就一定正确？第二，人们为何会计算最大多数的最大利益？功利主义者提出了"同情"（也就是恻隐之心），然而同情心是否就必然存在？会不会在某些场合突然缺失呢？第三，功利主义该如何计算？不同的人对相同的事物的评价不尽相同，那么该如何计算普遍的功利仍是一个巨大的问题。

为此，功利主义在当代经历了一些调整，其一就是将功利主义的计算区分为直觉的和思辨的（批判的），直觉的是不需要思考而直接做出的，思辨的则是根据对各种得失的综合判断而做出的综合决定。当代的功利主义者还提出了"行为功利主义"与"规则功利主义"的概念。行为功利主义是指根据行为的效果来判断行为的正确与否，规则功利主义判断的则是接受或废除某一规则是否能够增进社会的总福利，这些概念都属于功利主义的最新发展。

由于穆勒同时也是英国古典经济学的重要代表人物，西季威克是新古典经济学的创始人——马歇尔的老师的原因，功利主义自然而然地成为了西方主流经济学的基础。不过与伦理学界对功利主义的原则争论不休不同的是，西方经济学仅是接受了功利主义的基本原则，而未对这些原则作进一步的讨论。这也导致了西方经济学在很多涉及分配、政府政策等规范经济学问题研究上的明显缺陷。

参考文献：

［英］边沁：《道德与立法原理导论》，商务印书馆2000年版。
［英］约翰·斯图亚特·穆勒：《功利主义》，九州出版社2007年版。
［英］亨利·西季威克：《伦理学方法》，中国社会科学出版社1993年版。
［英］C. D. 布劳德：《五种伦理学理论》，中国社会科学出版社2002年版。
［美］理查德·T·德·乔治：《经济伦理学》，北京大学出版社2002年版。
郝清杰：《90年代功利主义研究述评》，载于《哲学研究》2000年第4期。
谭杰、毛兴贵：《罗尔斯对功利主义的批判》，载于《华中科技大学学报（社会科学版）》2005年第4期。
晋运锋：《当代西方功利主义研究述评》，载于《哲学动态》2010年第10期。

（孙丽丽）

激进主义
Radicalism

根据雷蒙德·威廉斯的考证，"Radical"从14世纪起在英文中一直被当作形容词使用，从17世纪起，开始被当作名词使用。与其最接近的词源为后期拉丁文"Radicalis"，可以追溯的最早的词源为"radix"（意指"根部"）。这个词用在物质方面，意指处于原始固有的状态。上述含义随着时代的变迁，被延伸至政治事务领域，在一般性的用法中，最明显地体现在18世纪末的"激进改革（Radical Reform）"中。从19世纪开始，"Radical"常指激进的改革者。19世纪初期的"Radicallism"就是根据上述含义而来的。威廉斯将其视作"早期的激进主义（Radicalism）、宪章运动或社会主义的潮流"，这表明19世纪时激进改革者和社会主义者之间存在显著的区别。因此，在英国，19世纪中叶的激进主义者是自由主义者，尤以穆勒最为杰出，与穆勒类似的自由主义者想要以与他们的自由主义相一致的方式改革社会制度。威廉斯认为，"Radical"在20世纪的用法很复杂，通常用来指影响较为深远、较为根本或彻底地改革，但是，这是在"Radical"避开了与教条与党派的联系的情况下重新肯定积极的根本性的改革的必要性。有时候，"Radical"又被视为是和社会主义、革命等接近的同义词。

　　前面对"Radical"的分析，为理解经济学领域的激进主义提供了便利。也就是经济学中的激进主义寻求对现象的经济秩序做出根本性的改变。丹尼尔·R·福斯菲尔德认为，从这种意义上看，经济学中的激进主义或者说激进经济学是通过它的目标而不是它的战略或战术来定义的。尽管从具体分析方法和理论观点上看，激进经济学和正统经济学或主流经济学之间存在很大的差异。但是在寻求根本性地改变现有经济秩序方面，激进经济学既可能强调革命性的也可能强调演化性的变革；既可能尝试去夺取权力，也可能助长通过议会手段去实现目标；既可能通过权威去管理，也可能经由同意去进行治理。也就是说，激进经济学具有积极的取向。它试图在生产方式、价值体系、治理、解释和证明现有秩序的合理性的意识形态等方面区别于私人企业资本主义的经济秩序。

　　激进经济学的重要任务之一，就是为一种在基本结构上区别于现有秩序的经济秩序构建蓝图。为了完成这一任务，就要对现有秩序及对其进行辩护或实际上发挥了辩护作用的理论体系或意识形态进行批判。只有完成了这一任务，才能证明寻求其他取代现有秩序的经济秩序的必要性和可能性。

　　正是在上述意义上，经济学中的激进主义或者说激进经济学包含着丰富的内容。黛安·弗莱厄蒂指出，一般认为，当前的激进经济学是由一系列的具有方法论含义的理论流派，包括马克思主义政治经济学、制度主义、后凯恩斯主义、激进的女性主义以及后现代主义等构成的。在这一重要方面，激进经济学和人们经常论及的异端经济学既有区别也有联系。在对某种形式的主流经济学表示不满和抗议上，人们有时候概括的激进经济学和异端经济学包含的经济理论的类型和经济学的流派是高度相似的。比如弗雷德里克·S·李指出，定义异端经济学，需要"一个多元主义的'能够包容各种不同观点的大帐篷'式的，并且不与任何特定学说相关联的描述性的术语"。在李看来，在这个所谓的"大帐篷"中，至少包括奥地利经济学（Austrian Economics）、女性主义经济学（Feminist Economics）、制度演化经济学（Institutional-evolutionary Economics）、马克思主义激进经济学（Marxian-radical Economics）、后凯恩斯主义（Post Keynesian）和斯拉法主义经济学（Sraffian Economics）以及社会经济学（Social Economics）。

激进经济学和异端经济学中涵盖的流派的重合性，并不意味着两者是有着相同含义的概念。有一点是十分明确的，经济思想史学家有时候认为激进经济学包含在异端经济学中，这是因为无论哪种类型的激进经济学，总会涉及对主流理论进行批判和反思的内容。而有时候经济思想史学家又会把部分的异端经济学流派放在激进经济学的框架下，这种情况同样是容易理解的，因为异端对目前占据支配地位的主流或正统理论的从本体论、方法论、具体理论和政策主张等层面展开的批判，事实上能够发挥启发人们探索并追求未来的可行的经济秩序的功能。真正比较重要的区别在于，除了对现行理论进行批判之外，激进经济学更强调对现行生产方式本身造成的社会弊端的研究和分析，需求以某种方式改变现行的体制，而不是仅仅指出现有主流理论的不足，需求在根本上异于主流理论的理论发展，以便更好地使现行经济秩序发挥最大程度满足更大数量的人的需要的功能。此外，激进经济学往往有追求改变的具体蓝图设计，或者有具体的追求新的经济秩序的程序和步骤。

马丁·布郎芬布伦纳在论述激进经济学的著名论文《美国激进政治经济学：1970年代的概述》中表明，对激进经济学进行精确定义的困难在于"确定激进政治经济学干些什么，较之确定什么是激进政治经济学要容易得多"。因此，很多时候，研究者会从广义和狭义两个角度对激进经济学进行界定。广义激进经济学把凯恩斯左派或后凯恩斯主义、新制度经济学、斯拉法主义或新李嘉图主义、马克思主义经济学都囊括在内。理由在于：他们都以"左"的姿态批判正统经济学，揭露现行资本主义经济制度的弊端和不良现象。狭义的激进经济学专指20世纪60年代西方国家和第三世界国家，自称运用马克思主义和社会主义观点批判正统经济学和资本主义制度并代之以社会主义的经济思潮。此外，在区分广义的激进政治经济学和狭义的激进政治经济学时，最重要的是把资产阶级政治经济学的"激进一翼"同"左派激进"相区别。

在激进经济学批判现行秩序和它的意识形态的基础上，激进经济学会分析现行社会秩序过渡到作为替代现象秩序的社会秩序的过程，证明通过何种方式，未来的更加合理的社会秩序可以在现有的秩序的基础上产生。尽管激进经济学包含的内容十分丰富，但是从它们把主流或正统经济学作为共同的批判对象的意义上，可以对激进经济学研究方法的共同特征进行提炼和概括。

弗莱厄蒂认为，激进经济学的方法有三个重要的特征：强调历史的重要性；强调个体选择是嵌入制度环境中的；强调在理解资本主义制度时冲突概念的中心性。这种方法方面的重点的形成，在一定程度上也决定了激进经济学的研究内容和理论重点。激进经济学通常认为以一种具有强烈现实感的方式客观地辨识、展现、解释，进而纠正现行资本主义体制中存在的剥削、异化和不平等，是一项十分重要的理论任务。

在对历史重要性的强调中，真实的含义是想表明，对现行制度的局部调整或专业修补难以从根本上解决现行体制中存在的各种弊病。过去通过对最初的条件的继承塑造了当前的状态，所有当前时期的选择都受到历史强加的限制。所以，不从根本上改变现有的制度框架，只是一种头痛医头脚痛医脚的拖延式维持，而不是彻底的更新和创造。个体的选择嵌入在制度环境中，意味着各种行为规范、人们的偏好在很大程度上都是内生形成的。因此，激进理论致力于揭露隐蔽的控制和习惯性的服从，并作为一项重要的任务，正是在这种意义上，理论的批判和现实的批判既是激进经济学的重要任务，也是它的标准工具。此外，激进经济学家把冲突的历史分析放在重要的地位，区别于主流经济学把无效率或低效率的根源归于市场的失灵、信息不对称问题、偶然错误等，而是认为资本主义所特有的各种类型的冲突才是长期无效率的根源。比如，工作空间中劳资双方的冲突是无法充分实现最大化产出的原因。在宏观层面，分配领域的冲突意味着经济的长期稳定和持续增长是缺乏现实基础的。从社会发展的角度看，某些类型冲突的急剧恶化，会带来经济危机和社会动荡，造成更大程度的社会损失。

激进经济学研究在重点概念的选择上也有着独特的特征。主流经济学的核心框架是一系列命题——如稀缺性、均衡、理性、偏好、方法论个人主义和由此产生的信念、词汇、符号和寓言，而激进经济学是处于这些完全不容置疑的核心之外的。激进经济学的思想基础源于强调国家财富、积累、公平，基于阶级、性别、种族的社会关系，充分就业，经济和社会再生产的传统,从这个角度来看,激进经济学关注的,不是经济预测本身,而是解释社会满足社会活动参与者需要的商品和服务流动的实际过程,以及探索什么样的社会形态能够更好地满足社会活动参与者的需要,通过什么样的方式实现这种合意的新的社会形态的过程。

斯蒂芬·雷斯尼克和理查德·沃尔夫(Stephen Resnick and Richard Wolff,1992)以一个典型的例子分析了激进经济学的核心概念和理论特征。他们指出,激进经济学非常关注的一个问题是对资本家和工人之间关系的解释。对这种关系以及其他群体和社会行为主体(如土地拥有者、货币借贷人、商人、经理、政府官员等)之间相互作用的分析,可以有很多不同的概念切入点。斯蒂芬·雷斯尼克和理查德·沃尔夫认为,一些概念的切入点把人们的注意力影响的社会的一面基本上是经济意义上的,另外一些则强调的是政治和文化维度的。阶级、技术和积累明显是经济性的,而意识和权威分别是文化和政治性的。产权则是一个可以用不同方式加以思考的概念。此外,尽管可以用不同的方式对经济和非经济的面向,经济基础和上层建筑的维度进行区分和认知,但是对于整体意义的社会分析而言,始终存在一个问题:这些不同的社会维度是如何相互联系在一起的?而为了回答这个问题,不同的激进分析选择了不同的逻辑,并且往往会具有跨学科综合的特征。这表明激进经济学在研究概念、切入点和具体方法上和主流经济学存在很大的区别。比如,从方法论的角度看,激进经济学坚持跨学科的方法,并坚持历史的、演化的和制度的分析;它关注冲突而不是和谐,权力差别而不是理论假设的平等,阶级而不是个人理性行为;激进经济学的研究主要是动态的而不是静态的,强调根本性的变化而不是边际的最优调整。

虽然从激进经济学与异端经济学的区别和联系,以及激进经济学的概念重点和方法特征上可以对其作初步的认知,但是一个更重要的问题是,激进经济学是在解决内部和外部争论的过程中不断向前发展的。重要的激进经济学流派都遇到过重大的挑战,以马克思主义经济学为例,阶级分析有着悠久的历史和重大的意义,但是无论是激进经济学内部还是外部,都存在着批判阶级分析的声音,分析的马克思主义者忙着为马克思主义经济学提供一个更加合理的微观基础,而且是通过转向主流的方法论个人主义寻求解决个体和阶级分析之间存在的矛盾的。同时,主流经济学一直对阶级分析充满批评,主流经济学家认为用具有不同偏好类型的个体分析足以解决马克思主义经济学所关心的问题,况且阶级的意识、阶级的集体行动在激进经济学那里并没有得到很好的解释。比如"搭便车"问题如何与阶级的集体行动相协调?

再比如剥削问题，对马克思的价值理论和转形问题的批判声从来就没有消失过，而如果没有了劳动价值论，那么建立在马克思主义经济学基础上的危机理论也就遇到重大的挑战。因此，弗莱厄蒂指出，对激进理论进行"理论大修"，以提供一种真正意义上的融合了历史、制度和冲突分析的框架是激进理论的批判者一直敦促激进经济学家做的一项工作。

激进经济学除了在理论层面受到内外部的批判外，还需要面对一个重大的问题。那就是现实的资本主义的变化。资本主义的现实变化推动激进学者对自己的理论进行改进。来自内部和外部的批判者指出，资本主义的现实变化以及逐步地改进是否意味着激进理论只是一群对主流经济学存在不满的，带有某种先入为主的偏见从事自己的工作的不主流的经济学在干的事情呢？比如，现实资本主义社会中阶级的概念到底还有多大程度的现实性？难道不是各种社会地位、偏好和成长经历、所处背景不同的小群体或阶层在发挥更大的作用吗？利益集团的概念是否比阶级的概念更加实用和科学吗？现行的资本主义经济从一次又一次的危机中复苏，除了在一定程度上表明危机是资本主义体制自身的基本矛盾造成的，是否也意味着资本主义体制具有强有力的自我修复能力？

除了激进经济学中的大多数分支在强调自己的发展与最初的理论来源之间的紧密联系之外，它也在应对内外部批判的同时不断地推动着自身的继续发展。比如，除了对资本主义中处于最核心的不公平——剥削的关注外，开始关注性别、种族、家庭内部等超越了生产领域和阶级的更广泛范围的不公平，再如，对个人和结构的分析涌现了许多新的研究成果。另外，激进经济学对资本主义的现实问题表现出更大程度的关注，更多地关注资本主义在中等长度的历史时期的发展，而不是单纯地预言它的最终走向。比如，在全球化时代，对世界资本主义体系的研究，对跨国的阶级关系的研究等。总之，激进经济学仍然是一个丰富的思想体系，尽管不同分支的激进经济学在具体方法上存在很大的差异，激进经济学在自我批评和外部批判的推动下，仍然在不断地取得丰硕的成果。

参考文献：

顾海良、张雷声：《20世纪国外马克思主义经济思想史》，经济科学出版社2006年版。

颜鹏飞：《激进政治经济学》，武汉出版社1996年版。

Daniel R. Fusfeld, Types of Radicalism in American Economics, *The American*

Economic Review, Vol. 63, No. 2, May, 1973.

Resnick, S. and R. Wolff, Radical Economics: A Tradition of theoretical Differences. In Roberts, B. and Deiner, S. eds, *Radical Economics*, Boston: Klumer, 1992.

Lee, F. S. and Keen, S., The Incoherent Emperor: A Heterodox Critique of Neoclassical Microeconomic Theory, *Review of Social Economics*, 62, 2004.

（常庆欣）

形式主义
Formalism

在经济学领域，形式主义有各种各样的含义，比如在非正式的情况下，人们讨论经济学问题时，会说"你能否给个正式的说明？"事实上，这句话的含义是："你能够用方程或方程组对你的观点进行说明吗？"比如，《牛津哲学手册》（*Oxford Companion to Philosophy*）只在数学的含义上定义了形式主义。尽管存在各种各样的形式主义，一般认为，形式主义是自成体系的规则遵循，根据这种规则构建出独立于内容的正式的语言和演绎体系。对经济学的数学化或形式主义化作出重大贡献的一般均衡理论采取的就是这种方法。

形式主义本身有着丰富的含义，比如形式一词本身至少包含下述含义，首先是肉眼可见的或外部的形体，其次是"形塑原则"（Shaping Principle），也就是说能将复杂模糊的事物化为明确、特定的事物，正是在第二种含义上，形式主义才具有了更明确的方法论的含义。从上面两种含义不难理解，形式这个词本身在演化的过程中，在一定程度上包含了极化的含义：从外部、表面的意涵到内在、明确的意涵。此外，人们还容易把形式（Form）和内容（Content）之间的关系理解为一种简单的对立关系。随着历史的发展，"形式主义"这个词汇本身往往具有负面的意涵。马克思主义主张把"形式"视为"内容"的单纯表现或"外在表现"，因而反对形式主义。比如人们在日常生活中经常会说"无用的形式主义"、"形式主义的弊端"、"少搞些形式主义"等。

巴克豪斯（Roger E. Backhouse, 1998）对经济学中的形式主义作了清晰的说明。他认为形式主义这个术语主要包含三层含义：公理化（Axiomatisation）、数学化（Mathematisation）和方法的形式化（Methodological Formalisation）。公理化是相对容易理解的术语，它指把一个知识体系简化为一系列独立的公理，所有的命题都是通过使用良好定义的逻辑规则从这些公理推导出来的。更常见的是数学化，如使用数学技术（几何学、代数、集合论、拓扑学等）进行经济论证，这也是在一般意义上的形式主义的含义。方法的形式化指的是使用一套约定的方法去解决特定类型的问题。在20世纪中期，经济学在许多方面在方法论上变得越来越形式化，最明显的例子是有关个体行为的最优化模型。巴克豪斯认为，经济学中的形式主义包含的三层含义是非常不同的，它们的共同之处在于：都能够把一个复杂的推理链分解为一系列可以明确表述的步骤，而且每一步骤都足够简单，因为已有规范化的分析的程序。

经济学的形式化或数学化存在许多优点，这是不能否认的。第二次世界大战后受到逻辑实证主义思潮的影响，经济学的形式化与数学化不断加强。科学哲学家萨普斯（Suppes）认为，学科的形式化是必要的，因为它有很多优点：明确（Explicitness），可以用一种清晰的方式表述概念的含义，有助于概念的厘清与逻辑基础的建立；标准化（Standardization），有助于研究术语与方法的标准化；一般化（Generality），形式化提供了一种"只见森林不见树木"的方式，在不考虑无关紧要的细节的情况下，形式化有助于理论的一般化；客观性（Objectivity），形式化提供了一种在不适用这种形式化的方法时所无法达到的更高程度的客观性；自足的假设（Self-contained Assumptions），形式化能够提供一种摆脱隐含假设的泥沼和与之相关的混乱；最少的假设（Minimal Assumptions），理论的形式化有助于确定精确的条件假设，对分析陈述能提供最少的假设。巴克豪斯指出的形式方法的优点：精确、清晰和确定性的证明。这些优点使得某些学者认为形式方法成了一种唯一的能够满足严格性和避免错误的方法。德布鲁指出，"严格化的努力不仅用正确的推理和结论代替不正确的推理和结论，而且有助于对问题更为深刻的理解"，"坚持严格性使分析具有公理的形式"（Debreu，1959）。温特劳布（Weintraub）认为，人们是通过创造心灵结构理解经济世界的，而数学的运用就是用最纯粹的方式创造心灵结构，因此数学在经济学分析中当然是重要的（Weintraub，1985）。

一般认为，科学的成功、科学的进步、科学知识的增长，关键在于掌握了科学的方法。但是，形式主义的批评者一般认为，任何方法都是具体的、历史负载或理论负载的，是否存在普遍有效的方法是一个需要探讨的重大问题。或者说，只有针对特定的研究对象才有效的方法，而没有普遍适用的经济学研究方法。比如费耶阿本德（Feyerabend）对方法的批判，一般认为他

形式主义

是方法论无政府主义者,但事实上,费耶阿本德反对方法的独裁。一般认为,在任一研究领域,方法的独裁会造成不良的影响。随着经济学中形式主义倾向的逐步强化,越来越多的形式主义批评者把经济学研究中存在的问题和经济学中的形式主义联系起来。但是无论从何种角度对形式主义提出质疑,人们不是反对经济学中存在形式主义,而是"过多的形式主义"或者说"形式主义的支配"。

一些评论者,比如布劳格(Blaug,2002)和霍奇森(Hutchison,2000)一直对过度形式主义进行严厉的批判,他们认为经济学中形式主义的发展已经到了一个开始显现出阻碍作用的阶段,过度地形式主义使得经济学学科和从事现实世界的经济问题研究分离开来。布劳格和霍奇森都不算是主流经济学家认为的"异端经济学家",他们的不满和反对的根源于经济学学科中日益强化的形式化的支配作用。布劳格就指出:"现代经济学病了!经济学越来越多地变成一种为了其自身,而不是为了实用,为了理解经济世界而进行的智力游戏。经济学家已经把这个学科转变为某种类型的社会数学,在其中分析上的严格性意味着一切,而它的实际意义则什么都不是。"(Blaug,1997)另外一些对形式主义提出严厉批判的是经济学方法论专家,他们更为关注经济学的方法论基础。比如以劳森(Tony Lawson)为代表的批判实在论者。他们把分析的中心放在本体论以及对经济理论和经济模型的构建,以及本体论所具有的重大意义上,他们对演绎主义或者某种特定类型的演绎主义进行了严厉的批判。批判实在论者主张,研究方法和研究对象之间应当存在一定的对应性,有时候他们并不反对数学在经济学中的使用,但是他们反对在不对研究对象做严格的认知和区分的情况下,以某种数学方法为主要的研究方法。劳森认为,社会实在(Social Reality)是一个开放的系统,一般说来在这个开放系统中没有"事件之间的必然联系"。相反地,无论是在严格的还是随机的意义上,正式的模型都会有以"如果 x,那么 y"形式表达的规则性。这种"事件之间的规则性联系"在社会领域是非常有限的。如果经济学要想取得进步,必须把形式化的模型构筑方法限制于存在这种规则性的情形中,但是这种情形相当的少(Lawson,2003)。

在经济学的数学化的意义上的形式主义,受到了下述一些具体的批评。克莱夫·比德(Clive Beed)和欧文·凯恩(Owen Kane)对此进行了概述:第一,数理经济学的公理和现实世界的行为不符合;第二,与数理经济学分析的量相比,数理经济学分析提出的能够进行实证检验的假说数量非常少;第三,很多经济学问题本质上不是一个量的层面的问题,因此不适合进行数理解释；第四，把对经济过程的自然语言（如英语）的描述转变为数学语言的描述是天真的和不合理的；第五，不存在客观的标准可以用来衡量数理经济学是否比更少使用数理分析的经济学更加精确；第六，并不存在一种"最优"的数学逻辑体系；第七，由于上述问题的存在，数学对于有关现实世界的经济发现而言只是一种不必要的装饰，而且服务于其他目标（Clive Beed and Owen Kane，1991）。

　　毫无疑问，比德和凯恩总结的上述批判，每一个都是一个极具争议性的问题。对于第一个而言，批评者一般认为建立于数理经济学上的公理，在描述上是可疑的，在经验上是无效的。但是这种认识又会引发两个新的问题：首先，数理经济学公理在多大程度上是不真实的？其次，即使这种公理是不真实的，但是对于经济分析而言它真的是重要的吗？至少对于后一个问题，弗里德曼（Friedman，1953）给出了自己的意见，理论假设描述的不真实性对理论的价值而言无关紧要。这条批评在有关理性（最大化）假设在描述上的真实性的争论从来未曾得出广泛接受的结论上表现得最明显。批评第二和第一有一定的联系，如果经济现象的数学表达建立在不现实的假设之上，那就不大可能得出经验上的重要预测。或者说，不现实的假设经常会得出错误的预测。因此，尽管大量的数理经济学研究展示了模型的正式特征，但是它们对能否得出经得住实证检验的预测却不怎么感兴趣。批判实在论者就指出了计量经济学家一旦被要求说明他们的计量分析对应的经济政策含义，或者被要求给出政策建议时，他们就只会对经济现象进行批评。对于第三种批评，最典型的是萨缪尔森，他认为经济学自然是"定量"的（Samuelson，1952）。与萨缪尔森对应的观点认为，数学使人们的注意力从经济学中的质性的问题上转移出去。这种观点指出，在数理经济学中存在一种扭曲信息集的倾向，即把那些不便于进行量化分析或不便于包含在数理模型狭窄框架中的重要问题做了简化。比如，如果政策模型是在新古典理论的基础上建立，那么这种政策模型不会考虑公平和政策过渡期存在的困难。对于第四没有人会反对数学是一种语言，但是话语表达和数学表达之间是否存在直接的对等性呢？或者说，形式主义的批评者认为，数学并不是一种自然语言。

　　此外，在对经济过程的数学表达中，可能会把一些它并不包含的行为内容加入到模型中。例如，丹尼斯（Dennis，1982）指出，建立在因果关系考察基础上的符号表述看起来似乎表达的只是与数学等式或不等式相关的命题，以及那些关系之间的条件关系，但是对这些相同的数学式似乎是在表达与人类行为和倾向完全不同的命题。换一种说法，数学等式或不等式需要描述出人类的动机：强迫、希望、必须，也就是说，人类的"信念、能力、承诺、动机和意图"等。丹尼斯的疑问是："这些相对简单的等式或不等式如何能够一下子包含这么多的内容呢？"另外，有时候数理经济学分析在表达数字现象之间的概念联系时，展现的反而是一种因果联系。对于第五点，很多支持形式主义分析的学者指出了数学工具的优点：清晰、准确、简明。但是，存在精确的客观标准吗？劳森（Lawson，1987）在对科学的哲学和社会学进行再评价时指出，不存在中立、客观的分析程序，即使在作出"最好的"努力去探寻人类意识之外的真理时，每一种程序也都受到人类判断（不同的人之间存在很大的差异）的"污染"。科学家们（以及每个人）在诸如"精确"、"简洁"、"简单"、"精致"、"科学"、"严谨"、"有效"、"真实"等术语的含义以及它们的适用性上会产生很大的争议。自从20世纪30年代开始，人们逐渐认识到，数学并不是一种完整的和封闭的逻辑体系。不同的数学流派强调不同的逻辑的概念化。在这种意义上，第六种的批评意味着，在缺乏"绝对真理"的情况下，不同的分析和发现方法只能以实用为标准进行选择。如果前面六点批评在一定程度上成立，那么必须为经济学中数学化的支配地位，或者说形式主义的盛行找到其他的解释，有观点认为，形式主义为经济学的科学地位作出了很大的贡献。

参考文献：

Suppes, P., The Desirability of Formalization in Science, *Journal of Philosophy*, Vol. 65, Oct, 1968.

Weintraub, E., *General Equilibrium Analysis*: *Studies in Appraisal*, Cambridge: Cambridge University Press, 1985.

Clive Beed and Owen Kane, What is the Critique of the Mathematical Economics? *Kyklos*, Vol. 44, 1991.

Blaug, Mark, Ugly Currents in Modern Economics, *Options Politiques*, 18（17），September, 1997.

Tony Lawson, *Reorienting Economics*, London and New York: Routledge, 2003.

K. G. Dennis, Economic Theory and the Problem of Translation, *Journal of Economic Issues*, Vol. 16, 1982.

Ted Honderich, The Oxford Companion to Philosophy, Oxford University Press, 2005.

Roger E. Backhouse, If Mathematics is Informal, Then Perhaps We Should Accept That Economics Must be Informal Too, *The Economic Journal*, Vol. 108, No. 451, 1998.

（孙丽丽）

自由主义
Liberalism

  自由主义本身是一个政治学的概念，其原意是指政府将权力最大限度地让渡于人民，使人民在政治活动中拥有最大可能的自主权。这一概念在经济学中的含义就是主张限制政府对经济事务的干预，让市场机制这只"看不见的手"发挥调节资源的作用。该思想最初由法国路易十五的外交大臣达让逊提出，经约翰·洛克、大卫·休谟等对经济学有重要影响的思想家宣传，最终通过亚当·斯密的《国富论》而被人们广泛接受。由于自由主义的思想在英国、美国的广泛传播，且这两国在18、19世纪经济获得了巨大的发展，因此自由主义的经济思想在西方世界获得了广泛认同，成为长期指导西方世界经济政策的思想主张。

  20世纪30年代，由于大萧条的发生，完全自由放任的经济受到了广泛质疑，凯恩斯式的国家干预主义取代了经济自由主义而占据西方世界经济政策的统治地位。然而，到了70年代，当西方世界普遍面对"滞涨"束手无策的形势下，资本主义世界又纷纷兴起了新的经济自由主义（"新自由主义"）思潮。新自由主义主要以哈耶克、弗里德曼为代表，货币主义等芝加哥学派的学说以及供给学派、公共选择学派都可以被视作是新自由主义的成员。新自由主义认为市场是合理配置经济资源的最重要甚至唯一的力量，因此崇信自由市场经济，反对任何形式的国家对经济活动的干预，同时在行政、司法方面为妨碍市场化的政策松绑。（当然不同的学派对经济自由的主张程度有所不同）由于新自由主义的政策建议很大程度上解决了西方世界70年代的经济问题，新自由主义的主张在80年代逐渐成为了西方国家的主导型政策。1989年，西方主要国家领导人还达成了"华盛顿共识"——通过国际货币基金组织、世界银行以及其他一些国际机构，对脆弱的依附性国家进行"结构调整"，迫使它们接受企业私有化、价格市场化和贸易自由化的原则。世界从而被纳入到了自由主义的大体系之中。

  需要说明的是，尽管都可以被称为是"自由主义"，但经济自由与贸易自由是两个不同的概念。经济自由主义是指在国内政策中采用放任的政策，而贸易自由则指贸易各国之间彼此采取降低甚至取消贸易壁垒的措施。这两种"自由"可以并存，也可以只实行一种自由但保持另一种非自由，如美国在20世纪之前的经济自由但贸易高度保护。除此之外，"自由主义"在政治领域还是一个高频词汇，在不同地方有着不同的用法，不过一般都有与"保守"相对，具有变革的含义。

2008年爆发的经济危机，"新自由主义"可谓是一大元凶。正是因为新自由主义鼓励市场放任的思想，美国政府才疏于对金融市场和金融衍生产品开发的监管，从而酿成了本次经济危机，其中教训值得深思。

参考文献：
[英] 约翰·洛克：《政府论》，中国社会科学出版社2009年版。
[英] 亚当·斯密：《国民财富的性质和原因的研究》，商务印书馆2004年版。
[美] 弗里德曼：《自由选择》，机械工业出版社2013年版。
[英] 弗里德里希·奥古斯特·哈耶克：《通往奴役之路》，中国社会科学出版社1998年版。

（逯建）

方法论整体主义
Methodological Holism

方法论整体主义的定义和功能同方法论个人主义一样复杂。常见的分析中，一般是用典型的例证分析方法论整体主义的，比如一般认为在马克思主义中，在涂尔干的社会学中，能够发现明显的方法论整体主义的特征。

以马克思主义为例，一般认为，马克思的经济分析应当被视为是一种方法论整体主义。支持这种观点的学者往往会引用马克思的一些经典著作中的段落，比如马克思和恩格斯说过："占统治地位的思想不过是占统治地位的物质关系在观念上的表现。"资本主义"生产方式的主要当事人，资本家和雇佣工人，本身不过是资本和雇佣劳动的体现者、人格化，是由社会生产过程加在个人身上的一定的社会性质，是这些一定的社会生产关系的产物"。马克思著作中诸如此类的表述，一般被认为表现出个体的思想和意志只不过是社会结构的物质关系的表现。

尽管判断马克思是否为整体论者存在疑问，但是仍然可以通过许多西方学者对所谓的马克思的整体主义方法的批判来理解他们眼中的方法论整体主义的特征。认为马克思是整体论者的观点非常常见，《马克思主义与总体》的作者杰伊就指出："所有的西方马克思主义者（但不是所有的马克思学家）都赞同马克思的确是一位整体论思想家。'总体'（Totality）一词，或其他的诸如'整体'（The Whole）之类的同义词作为正面用语经常出现在他的著作之中。"

另外，在西方马克思主义经济学研究领域影响很大的分析的马克思主义学派一般都强调，马克思采用的是方法论整体主义，并坚持为了增加马克思主义经济分析的科学性，澄清马克思使用的某些概念，应当把方法论个人主义作为马克思主义经济分析的基础。比如，埃尔斯特认为，"马克思主义的三宗罪是方法论整体主义、功能主义解释和辩证演绎"，"方法论整体主义——作为一种目的自身——假定，在解释的次序中，存在着各种先于个体的超个体实体。解释从自我调节的规律或较大实体的发展规律出发，而个体的活动则源自聚合模式。人们在论证客观利益为（整体地生成的）行动提供了充分的解释时，经常采用一种功能性解释的形式"。埃尔斯特认为，在马克思那里，"方法论整体主义和受黑格尔启发的其它两个方法（功能性解释和辩证演绎）密切相关。尽管在逻辑上并不相互承载，但这些方法在导致一种灾难性的科学实践中往往是联系在一起并相互强化的。在我看来，马克思和后来的马克思主义者的很多失败在很大程度上源自这种使人误入歧途的框架"。

罗默也认为，在马克思的阶级分析中，使用的是方法论整体主义，因此，需要为马克思主义提供微观基础。但是，他在这种判断上，表现得不像埃尔斯特那样激进，而是相当的谨慎，他给出的理由是"认为个体是作为阶级成员而不仅仅是个体在行动，应该是马克思主义经济学的一个定理而不是公理性假定。马克思的观点是，尽管资本家有着作为一个个人的典型特质，但他或她都会因制度的力量被驱使着作为资本自我扩张的代理人来行动。……在每一个场合中，马克思都会断言，虽然人们在生理形态上是以个体的方式存在的，但我们仍能推断他们是作为阶级的成员在行动。从这个意义上讲，阶级行为是马克思主义理论的一个推理结果而非公理性假定"。

通过上述分析不难理解，方法论整体主义遇到的主要挑战在于它强调了超个人的实体的存在，尤其是一些相对极端的方法论整体主义者，完全用结构、文化或制度解释社会现象，而看不到个体在社会现象的发展变化中发挥的作用。对方法论整体主义的批判主要集中在，方法论整体主义使得"个体成为社会力量的傀儡"。此外，方法论整体主义的批判者还认为，整体主义不仅弱化了个体，而且也没有充分地关注个体是如何发生根本性改变的过程与机制。用霍奇森的话说，就是"把个体合并到结构中不仅忽视了个体，而且忽视了社会力量的机制和影响是如何重塑个体的目标和偏好的"。

尽管人们都认识到方法论个人主义和方法论整体主义存在的不足，也意识到了考察两者相互影响关系的重要性。但是，认为"大多数经济学家明确强调关注行动——结构关系的研究，事实上只是滑向了个人主义或整体主义的一极，并不是夸大其词"。

参考文献：

《马克思恩格斯全集》第25卷，人民出版社1974年版。

《马克思恩格斯全集》第3卷，人民出版社1960年版。

［美］约翰·罗默：《马克思主义经济理论的分析基础》，上海人民出版社2007年版。

Jon Elster, *Making Sense of Marx*, Cambridge University Press, 1994.

Martin Jay, *Marxism and Totality*: *the Adventures of a Concept from Lukács to Habermas*, University of California Press, 1984.

Jon Elster, One Hundred Years of Marxist Social Science, *London Review of Books*, 16 June-6, 1983.

Tony Lawson, *Economics and Reality*, Routledge, 1997.

Geoffrey M. Hodgson, Institutions and Individuals: Interaction and Evolution, *Organization Studies* 2007.

（常庆欣）

多元论方法论
Methodological Pluralism

就现代经济学研究而言，尽管被人们称为"主流经济学"的新古典主义经济学自身也一直在缓慢地变化，但是演绎主义的数学模型方法始终是它最典型的特征。这些方法上的特征是以实证主义科学哲学为基础的。但是经济学研究中的实证主义自身也一直招致批评，考德威尔早在20世纪80年代晚期就呼吁经济学研究要追求"一个更加多元的时代"。

从经济学知识的生产和需求两个方面看，经济学研究中多元主义呼声的日渐高涨有着客观的理论和现实原因。

首先，经济学研究中的主流垄断对经济学研究和教育造成了不良的影响，异端学者和学习经济学的学生深切体会到经济学研究中一元主义取向给经济分析带来的弊端，所以主流经济学批判和反思是多元主义兴起的基本出发点。

其次，持多元主义取向的经济学一般赞同对主流取向的各种理论基础展开科学的公开辩论。另外，如何更加科学地发展经济学研究，或者说提高经济学研究的社会价值，即发展更加全面、健康的经济学是多元主义的根本目标取向。

最后，多元主义者认为，与主流方法和理论取向具有竞争关系的取向，都是理解经济现象的工具，理当接受相同程度的批判辩论。判断理论优劣的标准不是哪一种方法自身所能决定的，而是取决于不同的研究取向是否能够提供具有意义的洞见，能够帮助人们理解和把握经济生活。无论是哪一种理论取向，只要不肯承认多元主义的取向，就会造成理论观点自身的自我强化，不容异端，而最终则是自我衰败。

多元主义不是个体为了追求自己的学术地位发出的哀嚎，也不是无力从事主流经济学研究的学者寻找逃避的借口，更不是特定事件引发的心血来潮。经济学中多元主义的取向是一种连续的思想潮流，它源自对经济学研究现状的不满，以经济学研究的繁荣发展为基本的目标取向。

在对多元主义取向的考察中，第一个值得深入探讨的问题是多元主义不存在一个单一的定义。梅基对这种情况有过清晰的说明："在那些对目前经济学现状不满的人当中，'多元主义'（Pluralism）是一种流行的标签。与许多其他类似的标签一样，多元主义的含义十分模糊。当一个人说他拥护经济学中的多元主义时，他的意思并不明确。人们不仅很少意识到多元主义会适当地表现为不同的种类和不同的程度，而且也容易把它与更简单的多样性概念相混淆。"

根据梅基的观点，可以知道多样性不同于多元主义。多样性描述了一种事态，而多元主义描述了一种取向。在事态的含义上，经济学家们描述了多元主义后果的特征，比如，经济学中不只存在新古典经济学；存在多种多样的异端理论；在本体论、认识论、方法、理论和伦理的层面存在多样化的理论；不同经济学学派之间存在对话；不同理论流派之间的趋同；对综合分析的应用；不存在单一的理论评价原则；理论之间的争论等。与上述多元主义结构的特征对应，经济学家们也对多元主义行为进行了讨论，比如，避免相信某种立场是最优的；认为不同经济思想流派之间是互补的而不是替代的；采用诸如综合分析之类的方法；鼓励多样性；容忍各种不同的经济学观点存在；避免不同流派之间的对抗等。

因此，可以认为，"多样性的陈述是对特征的描述，而多元主义则有着规范的内涵"，"多元主义涉及有关多样性的论据或理由"。有时候人们又会把多样性等同于多元主义，比如摩根和拉瑟福德就认为，"多元主义意味着多样性，多样性在信念、意识形态、方法和政策建议中表现得非常明显。"

经济学中的多元主义仍然是一个模糊的概念。我们关注多元主义，在于它是一种态度或取向，是在区别于单纯的多样性的意义上进行的。虽然对多元主义的定义存在一定的认识差异，但是对支持多元主义的基本原因的分析上，经济学家们的共识远大于争议。在支持多元主义的理由中，一些是本体论层面的，一些是认识论层面的，还有一些是基于教育的价值支持多元主义。

支持多元主义的本体论层面的论点强调经济系统的开放性、碎片化和复杂性。一般来说，科学是建立在对世界或结构认知的基础之上，这种认知一般假设存在一个统一的客体或结构，比如梅基所说的"一个世界"，这个客体或结构能够通过科学研究认知。但是这种假设并不排斥理论多元主义。还有一些学者质疑自然的统一性，认为实体的多样性可能是存在的。这种多样性意味着实在可能是由很多物质构成的，比如精神和物质。与复杂性相联系的是开放性的概念，它在批判实在科学哲学的发展中体现的最清晰。比如，开放系统是不存在"如果 X，那么 Y"这种类型的事件规则性的系统。开放系统包括多重机制之间的互相作用。开放系统会穿透、模糊和改变系统的边界。开放系统会因为投入和产出的流动而改变系统的内在结构。开放系统通常也是复杂的系统。这种开放系统的观念产生了一些重要的含义，比如在开放系统中对"封闭条件"的抽象和强加这种条件给它是不可能的。但是，对科学研究而言这种抽象封闭在部分程度上又是必需的，因此，任何理论体系只能在一定程度上应用于开放系统，任何模型都是不完整的。没有任何一个单一模型或对单一机制的抽象，甚至是对一系列机制的抽象，能够在实际上把握对一个现象进行完整解释的所有要素。

支持经济学多元主义还有认识论层面的理由。从认识论的角度看，不可能得到单一的理论。比如，波普尔式的最终检验和证伪是错误的，因为证实和反驳是有局限的，每一个理论检验都受到一些理论可能被证实或反驳的决策规则、假设和数据的制约，严格意义上的检验是不存在的。因此，检验并不是理论选择的普遍标准。此外，事实的"理论负载"意味着实证检验不可能是决定性的。从而，根据库恩的观点，好的理论并不总是能够被筛选出来，也就是说理论选择的过程是不完美的，另外，根据波普尔的观点，找到最优的、最终的理论的选择过程是不完全的。因此，用制度经济学的术语说，理论的路径依赖或锁定在某种具体理论中，可能造成科学的退步，可能是无效率的，因为"好的"理论可能被预先排除掉了。

支持经济学多元主义的另一个重要理由来自对教育的价值的思考。不加批判或鉴别地传授某种类型的知识与"自由主义"教育的信念存在冲突，这种信念坚持教育的内在价值，认为教育的目标是为了培养分析、批判和比较思维，为的是发展出开放的观念和灵活的思想。但是严格说来，即使是自由主义教育的内在价值在一定程度上也是可能通过教授单一的内容实现的。

此外，经济学的政治性是一些经济学支持多元主义的另一个强有力的理由。经济学作为一个学科，本质上具有政治的一面。在现代经济学教育实践中，新古典经济学和经济自由主义是紧密地结合在一起的，这种经济自由主义体现的是方法论个人主义，认为自利是经济的主要驱动力，对国家在经济中能够发挥的作用持非常谨慎的态度。这种认识经济的方式和凯恩斯主义形成了对比，凯恩斯主义更为强调国家作为一种改善或提高社会福利水平的工具。此外，马克思主义的价值和马克思主义经济学中的假设也会对人们看待事物的方式和进行经济思考的方式产生重要的影响，尤其是，和经济政策分析交织在一起通常就是不同的意识形态和利益。因此，在这种情况下，一元主义的单一经济分析的支配会造成很多不良的后果。比如，考虑正统经济学的支配地位，通常与新自由主义的政治实践结合在一起，在这种情况下支持多元会明显有助于左派政治的发展。同时，提倡经济学研究和教学的多元主义，也为反对主流经济学霸权奠定了基础，为挑战新自由主义意识形态和政策提供理论的支持。这也是为什么鲍尔斯等会主张："我们支持用一个（老的）术语描述我们的方法，因为人们不可能很好地理解当前的社会，除非把政治、经济、心理和其他社会科学学科解释在一起研究现代生活的复杂性。另一种描述政治经济学方法的方式是把它说成是跨学科的。"

尽管不同类型的学者提出了支持多元主义的各种理由。但是有一个根本的目标是一致的，多元主义既是作为一种科学的经济学自身的不充分性所必然要求的，也是提高和改善经济学分析的质量的一种选择。

参考文献：

Bruce J. Caldwell, The Trend of Methodological Thinking, *Ricerche Economiche*,

43(1-2), 1989.

Lawson, T., *Reorienting Economics*, London: Routledge, 2003.

Mary S Morgan and Malcolm Rutherford edited, *From Interwar Pluralism to Postwar Neoclassicism*, Duke University Press, 1998.

Uskali Mäki, The one World and the Many Theories, in Andrea Salanti and Ernesto Screpanti edited, *Pluralism in Economics: New Perspectives in History and Methodology*, Edward Elgar.

Bowles, S., Edwards, M. and Roosevelt, F., *Understanding Capitalism: Competition, Command and Change*, New York: Oxford University Press, 2005.

（孙丽丽）

经济学的分析方法

阶级分析
Class Analysis

"阶级"这个词语源于拉丁文"Classis"，在这个词的用法中含有依据财富细分人口的意思。重农主义学派广泛地运用这个词语，比如魁奈（Quesnay）用"阶级"解释社会经济功能。魁奈的《经济表》把农民称为"生产阶级"，把地主称为"土地所有者阶级"，把商人称为"不生产阶级"。

"阶级"作为社会集合体的含义于1817年被明确地提出来，李嘉图将"阶级"这个术语确立为政治经济学的核心概念，他在《政治经济学及赋税原理》开篇的序言里写道："土地产品——即将劳动、机器和资本联合运用在地面上所取得的一切产品——要在土地所有者、耕种所需的资本的所有者以及进行耕种工作的劳动者这三个社会阶级之间进行分配。但在不同的社会阶段中，全部土地产品在地租、利润和工资的名义下分配给各个阶级的比例是极不相同的……确立支配这种分配的法则，乃是政治经济学的主要问题。"在李嘉图之后，拉文斯通（Ravenstone）和霍奇金（Hodsgkin）根据李嘉图的著作论证认为，在劳动阶级与资产阶级之间存在一种内在的矛盾。霍奇金宣称，这种矛盾只能靠工人的集体行动来解决。

阶级分析方法被马克思和恩格斯继承并加以大大地扩展。在马克思和恩格斯生活的年代，社会进步的观念，通过逐步展开的思想意识的矛盾（运动）实现社会变革的思想，从经济上界定社会发展阶段的思想，按照经济上定义的阶级解释政治运动等思想是较为流行的。马克思和恩格斯将涉及阶级分析中的诸多要素结合起来，提出了自己的阶级概念和阶级分析方法。

阶级和阶级斗争分析自诞生之日起就与政治经济学存在着密切的联系。肯定各种阶级如何存在、如何相互作用、如何改造社会的主张，一直与否认阶级重要性甚至是阶级的存在的观点相斗争。比如在20世纪，社会主义阵营的国家和资本主义阵营的国家都坚持认为它们自己的社会已经"克服了阶级分裂"，而对方则没有。马克思主义政治经济学把自己的论点建立在阶级概念的基础之上，而新古典主义经济学家则没有在理论分析中给阶级留下位置。

现实中人们从不同的角度定义阶级。阶级的财产观是最为常见的，许多政治经济学家都赞同阶级是关于财富和收入的概念。按照拥有或得到的财富与收入数量，人们被划分成各种阶级，富人与穷人、有产者与无产者。这些阶级之间的关系和斗争改变着社会并推动着历史的发展。基于财产的阶级概念曾出现在世界上的各种社会类型中。阶级就是财产的思想深深地影响着人们的行动，影响着社会的文化、政治和经济。与基于财产的阶级概念相比，基于权力的阶级概念是另一种常见的阶级概念。在这种阶级概念中，阶级是发号施令的群体与接受命令的群体之间的对立，是统治者与被统治者之间的对立。这种情况下，阶级概念取决于权力的分配而不是财产的分布。但是对于用哪种权力（政治的、文化的、经济的或混合的）来划定阶级界限，理论家们则很难达成统一。同样的，基于权力的阶级观念也深深地影响着人们的行为方式。但是基于财产的理论家和基于权力的理论家们之间关注的重点也存在重要的差异。基于财产的阶级分析，强调资本主义政治经济学是如何以生产性财产的所有权为起点，从而从财产的意义上定义阶级结构，财产关系决定了资本主义的经济面貌：价格、利润、资本积累和危机等。而基于权力的阶级分析比较关注工作空间的权力冲突（制定秩序的人和遵守秩序的人之间的冲突）和其他场合的权力冲突（国家与公民、男人与女人、白人和黑人等）。

马克思和恩格斯对财产和权力的分配问题极为关注，但是他们对阶级的定义却采取了不同于上述两种定义的方式。马克思和恩格斯认为，在所有社会，无论它们如何分配财产和权力，都表现为剩余劳动的生产、占有和分配的特殊组织形式。对马克思和恩格斯而言，阶级被定义为一个人同生产资料之间的关系。一个人控制生产要素或者不控制生产要素，在第一种情况下，他属于地主或资本家阶级，在第二种情况下，他除了自己的劳动能力，没有什么可以提供，他属于无产阶级。马克思和恩格斯认为，"整个社会日益分裂为两大敌对的阵营，分裂为两大相互直接对立的阶级：资产阶级和无产阶级"，"现代的国家政权不过是管理整个资产阶级的共同事务的委员会罢了"。资产阶级和无产阶级之间存在着明显的阶级利益的矛盾。政治和经济只是一种零和博弈。

对马克思和恩格斯而言，阶级斗争是人类历史的动力。他们认为，生产能力的不断发展需要剩余劳动的存在。从历史上看，在一系列社会制度中，剩余劳动是通过剥削获得的。每一种社会制度都以不同的财产关系形式为标志，并通过社会统治阶级从直接生产者身上榨取剩余劳动的明确方式加以区分。用《共产党宣言》中的话说，"至今一切社会的历史都是阶级斗争的历史。"《共产党宣言》主张，资本主义社会的不公平和不公正只能由新的革命阶级通过集体力量去克服。在资本主义条件下，这个革命的阶级就是工人阶级。对于建立在剩余劳动基础上的阶级分析而言，由资本主义向共产主义的转变，需要从剥削的阶级结构（在这种结构中剩余的生产者不是剩余劳动的占有者与分配者）转变为共产主义社会结构（在这种结构中，生产者集体占有和分配剩余劳动）。

马克思和恩格斯的阶级分析具有一些典型的特征：第一，在一系列历史地规定的生产关系中按照集体的立场解释阶级；第二，阶级关系理解为剥削关系，而且是通过运用国家权力强制地维持；第三，社会进步是辩证的，是由自身矛盾推动的。社会进入每一个新的阶段都要通过集体的、自觉的阶级斗争实现，新的革命阶级摧毁旧的国家权力，建立自己的国家权力，国家是现存生产关系的产物，不是一个具有自身理智的、伦理的和自由意志的独立实体。在马克思和恩格斯的阶级分析中，马克思在1852年致魏德迈的信中说，"资产阶级经济学家也已经对各个阶级作过经济上的分析。我所加上的新内容就是证明了下列几点：第一，阶级的存在仅仅同生产发展的一定历史阶段相联系；第二，阶级斗争必然导致无产阶级专政；第三，这个专政不过是达到消灭一切阶级和进入无产阶级社会的过渡。"也就是说，在马克思和恩格斯那里，阶级分析实际上把生产关系、国家权力和阶级斗争辩证地联系在一起。

在阶级分析中，韦伯对阶级和等级的区别具有重要的意义。韦伯说："同纯粹由经济决定的'阶级状况'相反，我们想把人的生活命运中任何典型的、由一种特殊的——不管积极的还是消极的——受与很多人的某种共同特点相联系的'荣誉'的社会评价所制约的因素，称之为'等级的状况'。""'阶级'是根据同货物的生产和获得的关系来划分的；'等级'则是根据其货物消费的原则来划分的，表现为'生活方式'的特殊形式"。韦伯的范畴主张经济、社会和政治领域的分离，他只是以一种很自然的方式根据市场地位定义阶级。由于韦伯的阶级和等级的范畴都涉及在市场状况下所发生的经济资源分配。因此，它和经典的用法不同，后者是指由社会生产关系决定的地位和按照榨取剩余劳动的特定方法划分社会制度的范畴。

马克思之后的马克思主义者对大量的阶级概念或理论进行了阐述，他们各自使用不同的阶级概念或理论分析了不同类型的社会状况。比较典型的有，斯威齐使用的是有关财产的阶级概念；厄尼斯特·拉克劳（Ernesto Laclau）和鲍勃·杰索普（Bob Jessop）使用的是有关权力的阶级概念；尼科斯·普兰查斯（Nicos Poulantzas）提出了多元决定的阶级概念，把权力、意识形态和剥削纳入一个复杂整体中定义多样化的阶级。普兰查斯在《政治权利与社会阶级》中指出："社会阶级是这样一个概念，它表示结构的整体，表示一种生产方式或一种社会形态的模式对承担者——他们构成社会阶级的支持者——所产生的影响：这个概念指出社会关系领域内全部结构所产生的影响。"另外，普兰查斯指出：在马克思主义的社会阶级决定中，"在一种生产方式或社会形态中，经济方面的确起着决定性的作用，然而政治方面和意识形态（上层建筑）方面有同样的作用。事实上，当马克思、恩格斯、列宁、毛泽东在分析社会阶级时，他们并只不局限于经济的标准，他们明确地提到了政治和意识形态的标准"。E. P. 汤普森（Edward Palmer Thompson）主要从"觉悟（Consciousness）"的角度突出阶级的定义。"阶级是一种历史现象，它把一批彼此相异、看来完全不相干的事结合在一起，它既包括在原始的经历中，又包括在思想觉悟里。我强调阶级是一种历史现象，而不把它看成一种'结构'，更不是一个'范畴'，我把它看成是在人与人的相互关系中确实发生（而且可以证明已经发生）的某种东西。……当一批人从共同的经历中得出结论（不管这种经历是从前辈那里得来还是亲身体验的），感到并明确说出他们之间有共同利益，他们的利益与其他人不同（而且常常对立）时，阶级就产生了"。

在新近的研究中，怀特对阶级分析的重要类型进行了概括，一般说来常见的阶级分析包括以下三种类型（见图1）：

Ⅰ.简单的等级式阶级分析

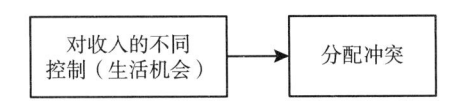

对收入的不同控制（生活机会） → 分配冲突

Ⅱ.韦伯主义的阶级分析

与经济资产的关系 → 交换关系中的市场能力 → 对收入的不同控制（生活机会） → 分配冲突

Ⅲ.马克思主义的阶级分析

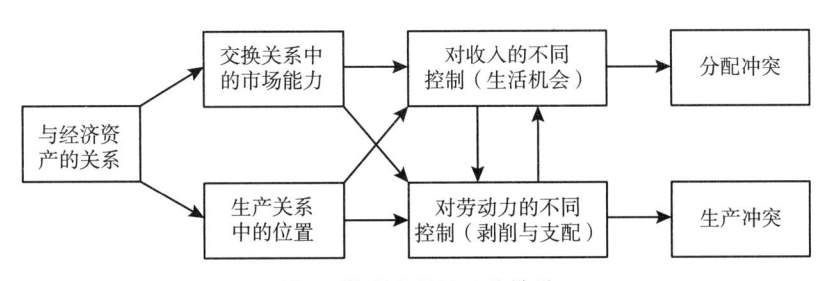

图1 阶级分析的三种模型

参考文献：

［英］李嘉图：《政治经济学及赋税原理》，商务印书馆1962年版。

［希腊］尼科斯·普兰查斯：《政治权利与社会阶级》，中国社会科学出版社1982年版。

［德］马克斯·韦伯：《经济与社会》下卷，商务印书馆1997年版。

P. Sweezy, *The American Ruling Class*, in the Present as History, New York：Monthly Review，1953.

Poulantzas, *Classes in Contemporary Capitalism*, London：New Left Books, 1978.

Edward Palmer Thompson, *The Making of the English Working Class*, New York：Vintage，1963，Preface.

（张元鹏）

定性与定量分析
Qualitative and Quantitative Analysis

定性与定量分析是一种研究方法,广泛应用于各个学科。定性分析是对事物的性质特征,及事物之间本质联系的认识;而定量分析是对事物数量方面的研究和分析。

在经济学中,定性分析主要运用归纳和演绎、历史和逻辑相统一的方法,通常定性分析会受研究主体和研究所处历史阶段的影响。定性分析将研究的注意力集中在经济现象的本质上,归纳出影响经济机制运行的主要因素,然后通过对主要因素的分析和综合,演绎出经济发展的一般规律,回答各主要因素对经济运行的影响,各主要因素之间的逻辑关系,以及对未来发展的影响等问题。比如经济体制或者某项方针、政策的改变对经济现状的影响,经济体制的变化是很难用具体的数量关系变换来表示,即使有也很难找到准确适合的模型分析整个市场错综复杂的关系,这时候就需要找到本质联系,简化问题,做出定性的推断。定性分析通常是通过对经济变量之间关系的研究,判断一种变量或者参数的改变对所研究的经济变量的影响,而这种影响只是一种定性的判断,变大、变小或者不变,并不能够得出确切的数量关系。

在进行定性分析时,所利用的材料可以是只包含符号特征的,也可以是包含数量信息的。前者是纯定性分析体系,后者是混合定量—定性分析体系。定性分析在经济学中的应用通常是关于两类经济模型的,一种是形如 $Ax=b$ 的比较静态模型,一种是形如 $\dot{X}=Ax$ 的线性动态模型。其中 A 为 $n\times n$ 的矩阵,x 和 b 是 $n\times 1$ 的向量。在比较静态模型中,问题是给定 A 和 b 的符号,判断 x 的符号是正、负还是零。在线性动态模型中,问题是给定 A 的符号,判断何时出现极限稳定值使得 $\lim x(t)=0$。

自人们开始研究经济现象,定性分析就贯穿始终,但是直到20世纪30年代后期才第一次尝试使定性分析正规化,这项工作最早开始于希克斯(Hicks)的竞争性经济的一般均衡模型。萨缪尔森(Samuelson)在1947年发表的《经济分析基础》中,把定性数据、最大化假设和均衡稳定假设统一起来,作为新古典经济学比较静态原理的三个基本源泉。梅茨勒(Metzler, 1945)、莫萨克(Mosak, 1944)和森岛(Morishima, 1952)对希克斯模型中的比较静态特性的分析作出了一定贡献,阿罗(Arrow)、布洛克(Block)和赫维茨(Hurwicz)(1958;1957)以及麦肯齐(McKenzie,

1960）在总量替代条件下，对希克斯模型的稳定性做了证明，并证明它是一种混合的定量—定性体系。萨缪尔森在《经济分析基础》中提出了一种消元法，分析定性的可解性。但在纯定性体系的比较静态模型方面，最正规的工作要归功于兰开斯特（Lancaster，1962；1964；1965），他的方法由戈尔曼（Gorman）作了概括。戈尔曼对定性可解性问题的分析是一种反复方法，涉及一套程序，根据这个程序，在任何分析阶段，这一系列变量被分割成两个无序的非空集合。由于函数关系与这一步骤相联系，则与这些变量相关的函数值的变化范围对一个给定集合的所有变量来说是不完全相同的，并且对其他集合的变量来说是相反的，当且仅当这种嵌套分割能够延续，穷尽所有的函数关系，直到形成单元素集合，则定性可解性就是存在的。

定性分析广泛应用于经济学的各个学科，在微观经济学中，关于供给需求的比较静态分析是定性分析的一个简单例子。模型中有两个经济变量，均衡的需求量 Q，价格 P，一个移动参数 c。包含两个方程，需求函数 D(P, c)，供给函数 S(P, c)。研究供给需求曲线移动参数对均衡价格的影响，也就是判断 dP/dc 的符号。

定性分析在宏观经济中也有广泛应用，比如在分析宏观经济政策时，我们利用相关的经济模型，判断投资、税收、政府支出或者利息、货币供给量对国民生产总值的影响，进而分析对失业、通货膨胀等经济指标的影响。这种分析通常是定性的，只研究这些财政政策或货币政策对社会经济状况有积极或者消极的影响，并不能进行准确的量化分析。

定量分析在经济学中的应用十分广泛，经济学中的价值、价格、成本、收入、利润、税收、利息、投资、国民生产总值等范畴都有数量的表示。定量分析是建立在数学、统计学、计量学、概率论、系统论、控制论、信息论、运筹学和电子学等学科的基础上，运用数字、方程、模型、图表等进行分析研究的。拉格尔斯将经济中的数学分析方法分为三个方面，即数理经济分析、统计经济分析和计量经济分析。但从现代经济学的发展来看，随着计量经济学的不断发展完善，已经将统计经济学一并纳入了计量分析的理论体系。因此，现代经济学的量化分析主要体现在两大领域，一是数理经济学，主要是运用微积分、线性代数、集合论和拓扑学等数学知识通过建立模型来解释经济理论并进行推理和证明；二是计量经济学，即根据经济理论，将经济变量间的相互关系，用联立方程构建数学模型，再根据实际的统计资料，对模型的参数进行估计，最后反过来检验理论的正确与否，并进行经济预测，也包括通过对大量统计资料的分析而归纳出某些经济规律。

数学是一门关于量的学科，一个学科只有成功运用了数学，才能称得上是一门科学，在经济学萌芽阶段，人们往往通过对一些经济现象的观察，利用逻辑推理方法总结出一些经验的结论，但不够准确客观。威廉·配第（William Petty）是政治算术的创始人，也是他第一次将量化分析引入对社会现象的分析中。法国重农学派代表魁奈（Francois Quesnay）在其著作《经济表》中运用数量关系分析了社会总产品的生产、流通和分配。之后，亚当·斯密（Adam Smith），大卫·李嘉图（David Ricardo）等经济学家都利用了一些简单数学知识研究社会经济问题，但这些量化分析都比较简单，经济学还是以定性分析为主。19世纪20年代，随着数学不断引入经济学，量化分析在经济学中的应用越来越广泛，数量经济学随之诞生，德国经济学家杜能（Johann Heinrich von Thünen）在1826年出版的《孤立国》中，最先利用了微积分表达一些经济范畴和经济原理。法国经济学家奥古斯丹·古诺（Antoine Augustin Cournot）在1938年发表的《财富理论的数学原理研究》是经济学发展史上第一部用高等数学研究经济问题的专著。19世纪70年代，英国经济学家威廉·斯坦利·杰文斯（WilliamStanleyJevons）、瑞士经济学家瓦尔拉斯（Walras）和奥地利经济学家门格尔（Anton Menger）几乎同时各自独立地出版了启动"边际革命"的代表性著作。使经济学与数学的结合趋于完善。在这一时期，经济学家开始通过建立数学模型分析经济问题，数量经济学得到进一步发展。20世纪40年代，新应用数学理论的出现，使经济学有了更大的发展，美国数学家冯诺伊曼（John Von Neumann）和经济学家奥斯卡·摩根斯坦（Oskar Morgenstern）在1944年合著的《对策论与经济行为》和纳什（Nash）于1950年发表的《N个人对策中的均衡》，使对策论研究在经济研究中被采用。此外，信息论、控制论、模糊数学等应用数学理论也被大量应用到经济研究中。同时，计算机与数学模型的结合，促进了经济理论的发展完善，也促进了其科学性。

量化分析使得经济学更加简明准确、科学严谨，随着数学理论不断在经济学中得以应用，许多经济学理论得到了更加严格的证明。当我们把一些经济学理论的假设结论用严格的公式表达出来，并进行严格地推理证明时，我们不仅能准确得知道这些理论的确切含义及适用范围，并且能得到我们所要研究的经济变量之间的数量关系，再根据已知经济事实做出合理推测。科斯（Coase）于1960年发表了论文《社会成本问题》引发了很大的反响与讨论，也被广泛应用于各个经济领域，但是科斯在论证时没有使用数学模型和数量关系推理，只是通过举例子和逻辑分析论证自己的观点，得出的结论是只要交易费用为零并且产权明确，则外部效应的水平与产权的划分无关（科斯中性定量）；通过自愿交易与自愿谈判，资源将会得到有效配置（科斯有效性定量）。然而仅使用逻辑推理和语言表述，很难保证其严密性和准确性，因此给科斯定量带来了很大的争议。其实，科斯定量的成立取决于经济环境的界定，为保证论证科斯中性定理的正确，必须满足的条件是消费者的效用是拟线性的，即消费者关于外部性产品的收入效应为零。而在论证科斯有效性定理时，需满足交易者的信息是完全的。阿罗（Arrow，1979）年指出，科斯的自愿谈判假设可以被模型化为合作型博弈，这要求关于经济环境的信息是完全的，否则不能导致资源的有效配置。

定量分析在计量经济学中有着广泛的应用，在利用计量模型研究宏观经济时，我们首先确定要研究的经济变量，利用合理的经济模型建立这些经济变量构成的方程组。利用与这些经济变量相关的经济数据，估计出相关的参数，可以得到消费函数、投资函数、进出口函数和物价模型等，从而建立一个适应当时经济环境的计量模型，利用这些模型可以进行经济分析和经济预测，比如分析一些经济指标之间的相互关系，或分析投资政策、货币政策、财政政策、价格政策等政策变化对经济增长、就业、物价和国际收支等方面的影响。

参考文献：

Allingham, M., Morishima, M., Qualitative Economics and Comparative Statics, M. Morishima et al, *Theory of Demand*, Oxford UP, Oxford, 1973.

Arrow, K. J., Block, H. D., Hurwicz, L., On the Stability of the Competitive Equilibrium, Ⅱ, *Econometrica: Journal of the Econometric Society*, 1959.

Coase, R. H., Problem of Social Cost, The. JL & econ., 3, 1960.

Cournot, A., Researches into the Principles of Wealth, 1963 (English Translation). Irwin Paperback Classics in Economics (Original: Recherches sur les principes mathématiques de la théorie des richesses, 1838), 1938.

Gorman, W. M., More Scope of Qualitative Economics, *Review of Economic Studies* 31, 1964.

Klein, L. R., Klein, L. R., *A Textbook of Econometrics*. (NJ): Prentice-Hall, 1974.

Lady, G. M. & Maybee, J. S., Qualitatively Invertible Matrices, *Mathematical Social Sciences*, 6 (3), 1983.

Lady, G. M., The Structure of Qualitatively Determinate Relationships, *Econometrica: Journal of the Econometric Society*, 1983.

Lancaster, K., The Scope of Qualitative Economics, *The Review of Economic Studies*, 29 (2), 1962.

Lancaster, K., The Theory of Qualitative Linear Systems, *Econometrica: Journal of the Econometric Society*, 1965.

Metzler, L. A., Stability of Multiple Markets: the Hicks Conditions, *Econometrica*, 1945.

Nash, J. F., Equilibrium Points in N-Gerson Games, *Proceedings of the national academy of sciences*, 36 (1), 1950.

Quirk, J. & Ruppert, R., Qualitative Economics and the Stability of Equilibrium, *The Review of Economic Studies*, 32 (4), 1965.

Ritschard, G., Computable Qualitative Comparative Static Techniques, *Econometrica: Journal of the Econometric Society*, 1983.

Royer, D., Ritschard, G., Qualitative Structural Analysis: Game or Science? *In Analysing the Structure of Econometric Models*, Springer Netherlands, 1984.

Sadoulet, E., DeJanvry, A., *Quantitative Development Policy Analysis*, Baltimore: Johns Hopkins University Press, 1995.

Samuelson, P. A., Foundations of Economic Analysis.

Tinbergen, J. (1952), *On the Theory of Economic Policy*, 1947.

Von Neumann, J. & Morgenstern, Theory of Games and Economic Behavior, *Bull. Amer. Math. Soc*, 51, 1945.

（刘洪愧）

静态和动态分析
Static and Dynamic Analysis

静态分析研究某一时间点上的经济状况及经济变量之间的关系，主要关注的问题是经济的均衡状态以及有关经济变量达到均衡状态所需要满足的条件，而不考察时间因素和经济变量的具体变化过程。微观经济学一般采用这种分析方法，如马歇尔的均衡价格论，在这个理论中，没有引入时间因素，消费者偏好、收入及其他商品的价格等静止不变，厂商的数量、生产技术等静止不变。所以需求和供给都是某一时间点上价格的函数，该商品的供求相等决定了产量和价格。凯恩斯理论也运用了静态分析的方法，如在国民收入的决定模型中（静态 IS-LM 模型）：

$$Y = C + I + G.$$
$$C = a + bY$$
$$I = c - dR$$
$$M_d = M_0 + kY - uR$$
$$M_s = M_d$$

其中 G、M_s 分别是政府购买及货币供给，是作为给定的外生参数，a、b、c、k、u、d 和 M_0 是系数。由这三个方程可以得出静态均衡的产出、利率、消费、投资和货币需求。

但是某一时点上相互作用的经济变量是过去经济体系运行的结果，同样也会受到人们对未来经济状况预期的影响。于是我们必须考虑经济变量的过去值和未来预期值，还必须考虑时滞、变化率、累积值等因素对现在经济的影响。而整个经济的过去、现在和将来就联系在一起了，这便需要动态分析。

动态分析研究一段时间内经济的实际变化过程，怎样从一个均衡状态到另一个均衡状态，主要分析有关经济变量在一定时间过程中的变动趋势、速率和变化的大小以及这些经济变量在变动过程中的相互影响和彼此制约的关系。动态分析法的一个重要特点是考虑时间因素的影响，并把经济现象的变化当作一个连续的过程来看待。动态分析假定生产技术、要素禀赋、消费者偏好等因素随时间发生变化的情况下，考察经济活动的发展变化过程。宏观经济理论多采用动态分析方法，如宏观经济增长与周期以及时间序列分析方面的理论。

静态分析与动态分析是两种有着本质区别的分析方法，二者分析的前提条件不同，分析的目标也不同。静态分析着眼于分析经济的均衡状态以及其性质，动态分析着眼于经济从一个均衡到另一个均衡的过程。相对于动态分析，静态分析忽略了更多的现实特征，是一种对现实经济的更高水平的抽象。另外，也可以把静态分析看做是动态分析中把时间设为常数的一个特例。正是因为静态分析和动态分析的这些不同，所以此二者得出的结论常常不一致，甚至常常相反，但是两种方法是互补的，综合两者分析方法，可以对经济有更清醒的认识。此外，静态分析得出的结论不能用动态分析来证实或证伪，反之亦然。

早在 18 世纪，古典经济学家就运用静态和动态两种分析方法来研究社会经济问题。例如，在李嘉图的著作中，既可看到他在生产技术条件不变的假定下，研究商品价值和价格如何形成以及价格永远围绕着价值升降的静态分析，也可看到他关于随着人口增加、农产品涨价、名义工资上涨，而利润率势必趋于下降的动态分析。J. S. 穆勒是第一个在经济学中区别静态和动态概念的经济学家。他的《政治经济学原理，及其在社会哲学中的若干应用》(1848) 一书，就是区分为静态经济与动态经济两部分来加以论述的。

  首先明确提出要用静态与动态的分析方法来研究经济学问题的，则是美国经济学家 J. B. 克拉克。他在《财富的分配》(1899) 一书中提出，静态经济学研究的是在一个静态社会里起作用的经济规律；在这个静态社会里，人口、生产技术、资本数量、生产组织和方法乃至消费者的偏好，都被假设为恒定不变，社会处于"静止状态"。他认为，只有在这个既有完整的组织而又不受社会进步所干扰的静态社会里，一切经济变量（如价格、工资、利息等），才是"自然的"或"标准的"。而动态经济学所研究的，则是现实社会中起作用的经济规律；在现实社会里，一切事物和现象（如人类的欲望、人口、生产技术与设备、生产组织与方法、所生产的财富种类）都在不断变化。克拉克认为，静态的社会只是一种假想，实际上并不存在；动态的社会才是实际的社会。但他强调指出，在静态社会起作用的各种力量，不但在动态社会中起作用，而且是动态社会中最强大的力量；现实生活中的各种经济变量（如价格、工资、利息等），实际上是一系列动态势力与静态势力共同作用的结果。例如，在一个盛行竞争的市场上，虽然总是由动态势力来决定各种经济变量（如价格、工资、利息等）的升降，但也总是由静态势力来驱使着各种经济变量围绕着各自的"自然标准"上下波动，从而使实际生活中的价格、工资、利息经常比较接近于各自的"自然标准"。

  J. A. 熊彼特更明确规定，静态经济学的研究对象是"经济循环"，动态经济学的研究对象是"经济发展"。所谓"经济循环"，意指顺应原有基本条件变动而发生的经济过程，即逼近均衡状态的一定周期。所谓"经济发展"，意指经济内部自发地进行"创新"而呈现的重大变动。所以，发展不是循环运动，而是循环轨道的变更；发展不是趋向均衡状态的运动过程，而是均衡状态自身的移动。

  静态分析（Static Analysis）和动态分析（Dynamic Analysis）最早是挪威经济学家弗瑞希于 1933 年发表《动态经济学中的扩散问题和冲击问题》一文中从计量经济学的角度进行划分的。弗里希认为，如果一个系统的行为在一段时间内由一组包括不同时间点的变量函数方程所决定，则这个经济是动态的。用一组差分方程可以定义这样一个系统。

瑞典经济学家G. 缪尔达尔、E. R. 林达尔、E. 伦德堡等人把时间因素引进经济分析之中，利用时点与时期的分野，对静态理论和动态理论作了进一步的区分。缪尔达尔在《货币均衡论》（1931）一书中认为，传统经济理论所注重的均衡分析，往往只是研究一个时点上的均衡条件，但这种均衡只是一种暂时的、静态的均衡，它将被各种变动所打破，并且会在另一时点上达到新的均衡。例如，商品的供给价格与需求价格可以在某一时点上达到均衡，但供给和需求总是在不断地发生变化，任何变化都将引起价格的调整，然后又会在新的时点上达到暂时的供求均衡。所以，从时期的角度看，均衡总是瞬间的或暂时的，不均衡倒是经常的；均衡总是在时点上发生的，而时期则是两个时点之间的间隔，是一个不断发生变动的动态过程，或者说，是一系列的不均衡。他认为，一个时点上的即时分析可以为进一步进行动态分析提供必要的准备，但如果把全部分析停留在一个时点的静态均衡上，而忽略了时期的、过程的动态分析，那是很危险的。因此，尽管瑞典学派承袭K. 维克塞尔的一般均衡分析，但他们致力于将它发展为一般动态均衡理论，也就是把时点的均衡分析发展为从一个均衡到另一个均衡的过程分析或时期分析。林达尔在其《货币与资本理论的研究》（1939）中提出，传统的静态分析也不是完全不研究变动问题，但这种变动却与时间因素无关而仅是围绕着一个均衡点进行的，或者说是同样经济过程的反复发生；而动态分析所研究的变动则是一定时期内的变动或发展，是均衡移动的过程，或者说，是对各个均衡点之间联系的分析。

缪尔达尔等人还提出事前的和事后的分析方法，强调预期对经济过程的决定性作用，这对动态经济分析的发展起了重大作用。林达尔在这种分析方法的基础上，不仅提出动态经济理论可分为以下三个部分：第一，对现实的社会经济条件的研究；第二，对经济计划的研究；第三，对经济发展和增长的研究，而且还建立了动态序列模型，把经济动态过程划分为若干相继的短时期，进行期间分析。伦德堡在《经济扩展理论研究》（1937）中进一步运用这种期间分析法，具体研究了资本主义经济危机、周期性波动和经济增长问题。

英国经济学家J. R. 希克斯在《价值与资本：对经济理论若干基本原理的研究》（1939）一书中也主张以是否考虑时间因素作为划分静态经济学与动态经济学的分界线，认为经济理论中无须给变量标明日期的那一部分称之为静态经济学，而必须标明时期的那一部分称之为动态经济学。他认为，静态分析只是把经济体系作为一个互相依赖的市场网来考虑，但这不够，还应该采取动态分析,把它同时也作为一个时间过程来考虑。不过,他认为,这并不意味着可以摒弃静态分析方法,因为一个不断发生变动的动态过程中可以包含一系列的暂时均衡,只是新的暂时均衡不同于前一个暂时均衡,所以在动态的领域内仍然能使用均衡分析方法。他认为应该把静止状态看做是动态体系中的一个特殊情况,并试图利用静态均衡分析方法来建立一个包括时间因素在内的动态均衡体系。

第二次世界大战后,英国经济学家 R. F. 哈罗德在《动态经济学导论:经济理论最近的若干发展及其在政策中的应用》(1948)、《动态经济学》(1973)中提出了另一个区分静态经济学和动态经济学的标准。他不同意希克斯把经济变量是否注明时期作为静态分析与动态分析的区分标准,而提出应以变动是否具有连续性作为区分标准。事实上,静态分析固然与休止状态相联系,但静态分析并非完全排除对变动的分析。例如,有些人注重的是决定着均衡状态的某一个或某几个变量发生一次性变化所产生的影响,只关心变化的前后而不分析变化的过程。这种研究一次性变化的分析方法,乃是所谓比较静态分析方法,而与研究连续性变化及其过程的动态经济分析很不相同。

美国经济学家威廉·杰克·鲍莫尔企图把静态经济和动态经济二者综合起来加以解说。他设计了一个三维图(见图1),x 轴表时间,y 轴表数量,z 轴表价格。假设在完全竞争的条件下,供给、需求、价格都随着时间的进行而不断地变动和相互调整,则图中的曲面 $D_1D_2D_3D_4$ 便可代表在每个不同时点和不同价格水平下消费者对该产品的需求量,而图中的另一曲面 $S_1S_2S_3S_4$ 可代表在不同的时间和不同价格水平下生产者可能提供的产品数量。供给与需求在不同时间下处于均衡的过程,也就是在不同时间下导致供给与需求趋于一致的均衡价格的过程,即由不同时点上应有的供求均衡点联成的曲线 EE′来表示;而这条 EE′线也就是需求曲面 $D_1D_2D_3D_4$ 和供给曲面 $S_1S_2S_3S_4$ 相交的曲线。这类将时间因素(时间轴 x)引进到供求关系中来的双曲面的经济分析,可称之为动态经济分析。反之,若将时间因素(时间轴 x)摒除掉,在 x 轴上取一时点 t,并在 t 点上取一个与时间轴 x 垂直的横切面,这个横切面实际上是由价格轴 z 和数量轴 y 组成的平面,平面上得两条曲线:需求曲线 D_2D_3 和供给曲线 S_2S_3。这个平面双曲线图形所呈现的,便是在一特定时点 t 上的静态经济分析。鲍莫尔试图用这个双曲面图形和双曲线图形,来分别说明动态经济分析和静态经济分析的区别以及它们之间的联系。

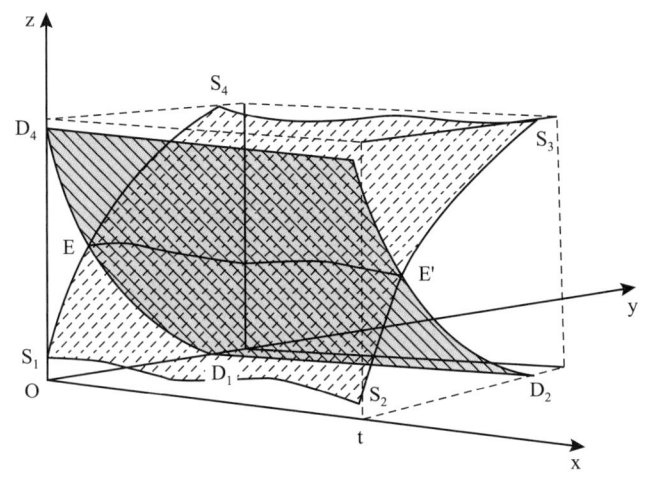

图 1 静态经济和动态经济三维图

参考文献：

Clark, J. B., *The Distribution of Wealth*, New York: Macmillan, 1899.

Dopfer, K. et al., *The Evolutionary Foundations of Economics*, Cambridge University Press, 2005.

Frisch, R., *Propagation Problems and Impulse Problems in Dynamic Economics*, 1933.

Grossack, I. M., Towards an Integration of Static and Dynamic Measures of Industry Concentration, *The Review of Economics and Statistics*, 47 (3), 1965.

Harrod, R., *Towards a Dynamic Economics: Some Recent Developments of Economic Theory and Their Application to Policy*, London: Macmillan, 1948.

Hicks, J., "IS-LM": An Explanation, *Journal of Post Keynesian Economics*, 3 (2), 1980.

Hicks, J. & Hicks, J. R., *Methods of Dynamic Economics*, Oxford University Press, 1985.

J. R. Hicks, *Value and Capital: An Inquiry into Some Fundamental Principles of Economic Theory*, Oxford, 1939.

Klein, B. H., *Dynamic Economics*, Cambridge, Mass: Harvard University Press, 1977.

Kondratieff, N. D., The Static and the Dynamic View of Economics, *The Quarterly Journal of Economics*, 39 (4), 1925.

Koopmans, T. C. et al., *Statistical Inference in Dynamic Economic Models*, Vol. 10, New York: Wiley, 1950.

Kuznets, S., Static and Dynamic Economics, *The American Economic Review*, 1930.

Myrdal, G., *Monetary Equilibrium*, Translated from the Swedish Edition of 1931 and the German Edition of 1933, London: Hodge, 1939.

Reinert, H. & Reinert, E. S., Creative Destruction in Economics: Nietzsche, Sombart, Schumpeter, In Friedrich Nietzsche (1844-1900). Springer US, 2006.

Schumpeter, J. A., The Theory of Economic Development: An Inquiry into Profits, Capital, Credit, Interest, and the Business Cycle, Vol. 55, Transaction Books, 1961.

Schumpeter, J. A., History of Economic Analysis, Routledge, 2013.

（刘洪愧）

短期和长期分析
Short Run and Long Run Analysis

短期指某些经济变量，在微观经济学中主要指个体偏好、厂商技术、资本存量，主要包括生产中所用的机器设备、工厂规模等不随需求而变化，即存在着固定成本的一段时间；在宏观经济学中主要指价格保持不变，不随总供给或总需求的变动作出反应，即价格黏性的一段时间。长期指经济中所有变量，在微观经济中指所有生产要素，如劳动力、固定设备，甚至进入与退出某个行业都能自由调整，即不存在固定成本的时间范围；在宏观经济学中指价格具有完全的伸缩性，能对总供给与总需求变化作出完全调整的时间间隔。但需要指出的是，短期和长期并没有严格的界限。短期与长期的这些不同造成了短期经济状况与长期经济状况的显著不同，例如，在短期中，价格不能迅速调整意味着货币供给的变动会对产出与就业等实际变量造成影响，古典二分法不再成立，意味着经济可能会背离古典模型所说的均衡，产出取决于总需求与总供给的相互作用，总需求的变动会影响产出和就业，即宏观经济会围绕某个均衡水平反复波动；在长期中，产出取决于经济供给产品与服务的能力，这种能力由资本存量、劳动力与已有的生产技术决定，宏观经济主要呈现不断增长的趋势，为了提高经济增长率，经济政策必须提高资本增长率，或提高企业效率。

　　短期与长期的这种不同表现意味着经济学家必须运用不同的方法，建立不同的模型来分析短期与长期经济，分别称之为短期分析与长期分析。长期分析的基本假设在于它认为市场竞争会促使所有经济变量趋向于其自然水平，即自然率假说和货币中性。自然率假说认为总需求的波动只在短期内影响产出、就业，而在长期中这些变量都要回到古典模型的认为的水平。货币中性认为货币供给量的大小并不影响经济中的实际变量。相反，短期分析假设经济中存在着某些变量会暂时地偏离其自然水平。如短期价格黏性，其原因可能是新凯恩斯学派所认为的菜单成本，当然货币供给也会影响实际变量。

　　早期的经济学家一般都用长期分析来研究市场经济中的生产、分配与积累问题，他们假设经济处于充分就业水平，竞争会促使工资等于劳动的边际产出，利率等于资本的边际产出，经济中所有变量都会趋于其自然水平。当然经济有时候会偏离这种自然状态，但这只是偶然的，竞争的力量会把经济拉回到自然状态上来。最早正式提出短期和长期分析概念的是新古典学派的经济学家马歇尔，在其《经济学原理》中，他提出了短期和长期均衡的观点，马歇尔在其著作中考虑到了时间对供给与需求的影响，由供求关系决定的均衡价格会随着时间长短的而不同，于是出现了其所说的暂时均衡、短期均衡与长期均衡。在暂时均衡中，供给量不变，均衡价格由需求决定，某些厂商可能获得超额的利润率；在短期均衡中，可以通过调整劳动力或提高生产要素的使用效率来改变供给，但是固定资本不变，某些厂商仍然可以获得超额的利润率或损失；在长期均衡中，所有生产要素都可以自由调整，不再存在超额利润率，经济利润为零，而且整个经济中会存在一个统一的均衡利润率，即每个行业每个厂商的利润率都相等。

　　到 20 世纪 20 年代末，大萧条使经济学家对新古典经济理论关于经济将处于一个自然水平的观点产生怀疑。凯恩斯在其《通论》中争辩说古典学派的假设只适用于特殊的情况，而不适用于一般情况，且批评了市场经济总是趋向于其充分就业水平的新古典结论。在引言中，批评了古典学派关于就业的理论，他认为奠定就业理论的两本基本假设，即工资等于劳动的边际产出与工资的效用等于劳动的负效用是不正确的。他说明了他所关心的不是暂时性分析和经济的周期性波动，而是探索经济活动中更为基本的支配力量，这种动机促使他发展出一种新的理论古典学派取代长期分析理论，我们现在可以称之为经济波动理论或者凯恩斯的短期分析理论。凯恩斯首先假设固定资本结构是不变的且明确地说明其兴趣在于研究一个特定的时期内就业围绕一个平均的水平波动，但是这个就业水平可能不是充分就业水平。另外在这个时期，价格是黏性的，产出不仅取决于供给，也取决于有效需求。

同时期的经济学家如哈耶克、希克斯也提出了与古典的长期方法不同的方法分析来研究价值、产出和分配，可称之为"后瓦尔拉斯"分析方法。在这个理论中，所有资本品都是给定的，其与古典长期分析方法的区别在于在这个理论中任何对自然水平的偏离并不能自动地回到原来的产出与就业水平。

微观经济学中，短期和长期分析的重点都在于厂商的决策，主要包括利润最大化问题与成本最小化问题，但分析的方法不一样。以厂商成本函数为例，短期分析假设存在至少一种不变要素，即使厂商不生产任何产品，它也必须使用这种生产要素，由于这种不变生产要素的限制，可变要素的边际产出会递减，那么相应的短期边际成本递增。如图1所示。另外同样因为不变要素的限制，规模报酬也会递减。所以随着产量的增加，为了使厂商提供更多的产品，必须支付更高的价格。短期内，价格必须高于最低的短期成本，所以短期平均成本曲线以上的边际成本曲线为厂商的供给曲线。但长期分析假设所有要素都能变化，并且能选择是否继续留在某个行业，所以在长期，厂商会选择一个最优的规模，长期总成本是短期总成本的包络线，长期平均成本是短期平均成本的包络线，如图2和图3所示。另外，因为厂商能够调整所有生产要素，可以认为规模报酬不变。这些导致了短期成本函数和长期成本函数的不同，长期利润和短期利润不同，进而导致短期和长期的供给函数的差异。

宏观经济中，长期分析关注的是国民收入的决定、失业、通货膨胀与经济增长等。短期分析的重点是经济波动。长期分析更着重于经济的长期增长和国民福利的增加。从斯密开始到马歇尔，这一段时期内的经济学家主要是从长期角度研究了一国的产品与服务的生产、交换与分配以及经济政策，目的是怎么最大程度地提高国民的福利。长期分析也为我们提供了许多经济增长方面的模型，主要有索洛模型和拉姆赛模型等。索洛模型假设经济处于充分就业水平，工资等于劳动的边际产出，利率等于资本的边际产出，且规模报酬不变，这是古典经济学的经典假设。在这些假设上，索洛模型说明了经济在长期中怎么沿着一条均衡路径趋向于稳定状态的，并揭示了技术进步是经济增长的源泉，进而为政府提供了一些促进经济增长的政策建议。拉姆赛模型为一个内生增长模型，它弥补了索洛模型中技术进步外生的不足。

图 1 厂商成本函数短期分析

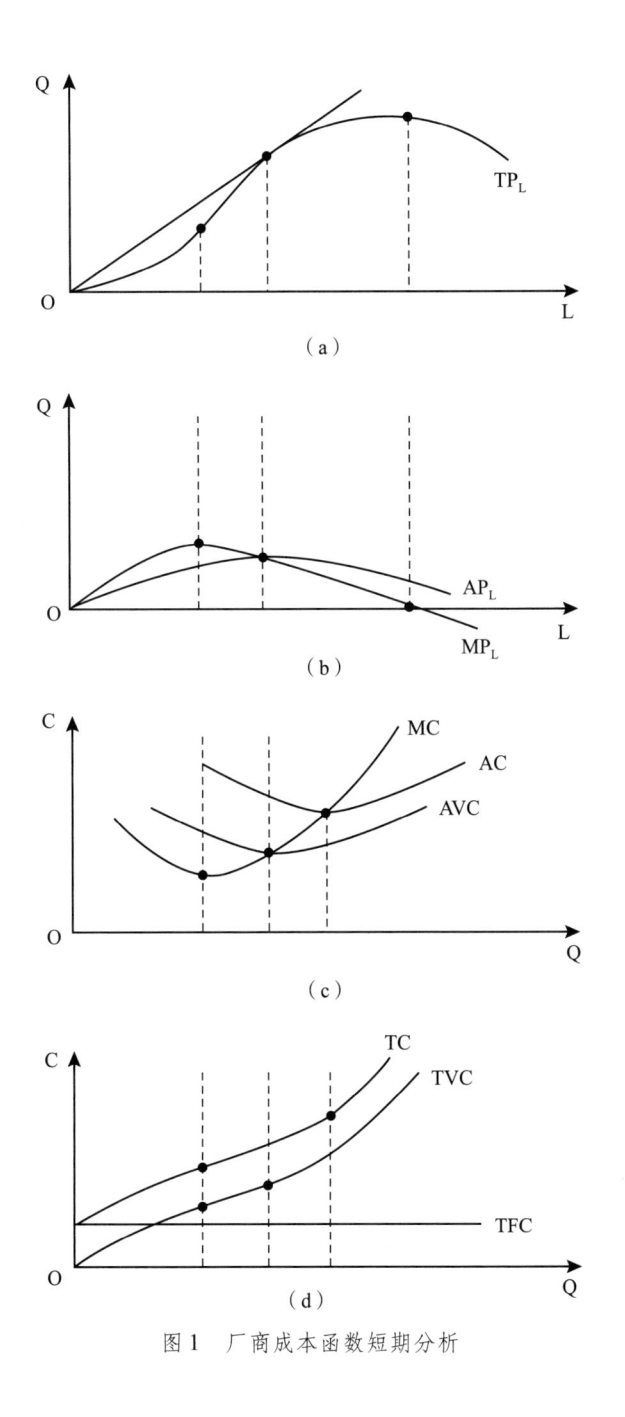

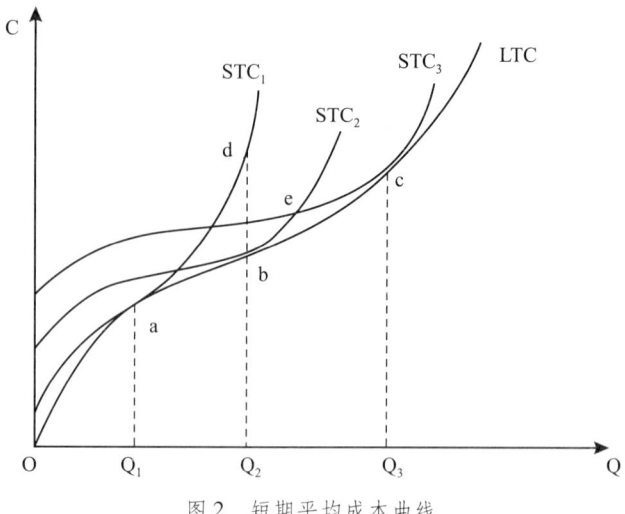

图 2　短期平均成本曲线

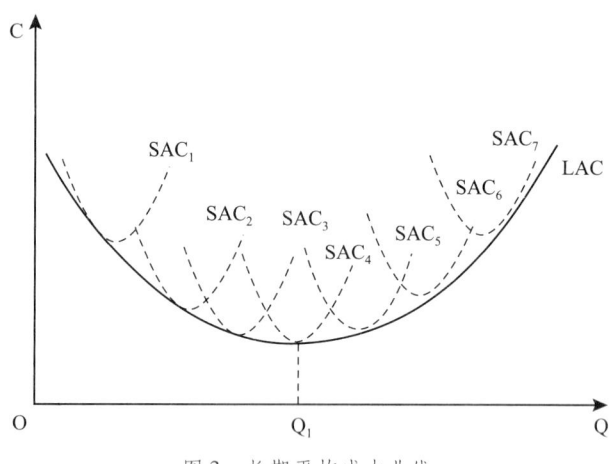

图 3　长期平均成本曲线

自从凯恩斯开始，经济学家开始把注意力转向短期，他们认为短期比长期更重要，但是从理论上来说，短期和长期并不是完全对立的，如果我们认为价格存在一个适应性预期的过程，则长期的货币中性和短期的货币非中性是相容的，短期分析和长期分析可以很好地统一起来。新凯恩斯主义的总需求与总供给模型说明了这个问题。

总需求（Aggregate Demand，AD），表示在任何一种给定的物价水平上经济对产出与服务总需求量，用公式表示为 $Y = C + I + G + NX$，一般认为总需求曲线向右下方倾斜，表示价格水平越高，总需求量越低，货币供给量的增加会使总需求曲线向右移动，货币供给量的减少会使总需求曲线向左移动。另外，对产品与服务需求的外生变动也会引起总需求曲线的移动。总供给（Aggregate Supply，AS）表示的是产品与服务供给量和物价水平之间的关系。由于价格在长期中有伸缩性，但是短期是黏性的，总供给取决于时间范围。以 LRAS 和 SRAS 分别表示长期和短期供给曲线。在长期，总产量即总供给取决于固定资本存量和劳动力，以及技术水平。可表示为：$Y = Y_N$，与物价水平无关。即总供给曲线在长期是垂直的，Y_N 代表了充分就业或自然产出水平。在短期，市场不完善，例如黏性价格、黏性工资、不完全信息等都会导致经济的产出背离自然水平 Y_N 结果会使总供给曲线向右上方倾斜，用公式表示为：$Y = Y_N + \alpha$，P^e 是预期的物价水平，此式说明产出与自然水平的背离和物价水平与预期物价水平的背离正相关。另外，P^e 的变动会导致短期总供给曲线的变动。图 4 说明了总需求变动时经济的短期和长期反应。经济开始时处于长期均衡 A 点，此时总需求出现未预期到的增加，物价水平从 P_1 上升到 P_2，此时的物价水平高于预期的水平，经济沿着短期供给曲线 AD_1 从 A 点变动到 B 点，产出暂时高于自然水平，但是在长期，预期的物价水平会上升，促使短期总供给曲线也上移，经济重新回到自然产出 C 点，只是价格水平更高了。

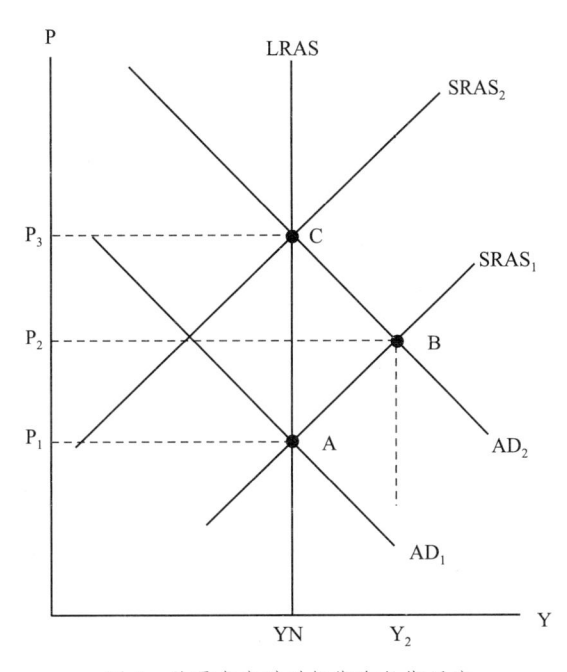

图 4　总需求变动时短期和长期反应

总需求与总供给的这个模型说明了短期分析和长期分析得出的结果有时会完全不同。另外的例子是菲利普斯曲线，短期菲利普斯曲线向右下方倾斜，这告诉我们通货膨胀和失业之间存在短期的取舍关系，但是长期菲利普斯曲线是一条垂直线，这说明古典二分法有效，经济会回到古典学派所认为的自然失业率水平。

图4所表示的经济只是适应性预期学派的观点，理性预期学派可能认为并不存在所谓的短期和长期的区别。理性预期假设消费者是向前看的完全理性的，能够最好地利用所有可以获得的信息，包括政府未来会实施的政策信息来预期未来。如果这种假设成立的话，那么预期价格和实际价格总会一致，经济的调整过程不是必需的，也即意味着古典学派的自然率假说总是成立。另外，理性预期有着重要的政策意义，假设政府想通过提高通货膨胀率来提高就业，它的策略是提高货币供给，但是人们在作出决策的时候会考虑到通货膨胀率的提高，从而提高他们的价格预期，通货膨胀率与预期价格的同比例增加会使失业率保持不变。这说明菲利普斯曲线所表达的通货膨胀和失业的取舍关系在短期内也不成立。

但是如果经济中存在滞后性，即经济中存在着某些机制，可以通过改变自然率而给经济造成长期影响，那么短期分析会显得尤为重要，因为在这种情况下，短期冲击会对经济产生永久的影响。

参考文献：

Alfred Marshall, *Principles of Economics*, Macmillan, 1890.

Carlo Panico and Fabio Petri, Long Run and Short Run, *The New Palgrave Dictionary of Economics*, 2nd Edition, 2008.

J. M. Keynes, *A Tract on Monetary Reform*, Macmillan, 1923.

J. R. Hicks, *Value and Capital*: *An Inquiry into Some Fundamental Principles of Economic Theory*, Oxford, 1939.

John K. Whitaker, "Marshall, Alfred (1842-1924)", Price Determination and Period Analysis, *The New Palgrave Dictionary of Economics*, 2nd Edition, 2008.

John Maynard Keynes, *The General Theory of Employment, Interest and Money*, 1936.

N. Gregory Mankiw, *Macroeconomics*, 5th ed, 2002.

Paul A. Samuelson and William D. Nordhaus, *Economics*, 18*th ed.*, [end] Glossary of Terms,"Long run" and "Short run",2004.

Paul A. Samuelson, *Foundations of Economic Analysis*, Harvard University Press, 1947.

Pigou, A. C., The Laws of Diminishing and Increasing Cost, *The Economic Journal*, 37(146), 1927.

Ramsey, F. P., A Mathematical Theory of Saving, *The Economic Journal*, 38(152), 1928.

Smith, A., *An Inquiry into the Wealth of Nations*, Strahan and Cadell, London, 1776.

Solow, R. M., A Contribution to the Theory of Economic Growth, *The Quarterly Journal of Economics*, 70(1), 1956.

Viner, Jacob, The Short View and the Long in Economic Policy, *American Economic Review*, 30(1), Part 1. Reprinted in Viner, 1958, and R. B. Emmett, ed. 2002, The Chicago Tradition in Economics, 1892-1945, Routledge, v. 6. Review Extract, 1940.

Viner, Jacob, *The Long View and the Short: Studies in Economic Theory and Policy*, Glencoe, Ⅲ.: Free Press, 1958.

（刘洪愧）

一般均衡分析
General Equilibrium Analysis

一般均衡分析的定义。一般均衡分析也称一般均衡理论，是微观经济理论的一个分支，它把所有的市场经济活动视为一个封闭且相互联系的系统来研究，在这个经济系统里，所有的内生经济变量将同时被决定且达到均衡。一般均衡是一组价格体系以及在这组价格体系下的资源配置，在这个配置下，每个消费者在给定的禀赋条件下达到了效用最大化；每个厂商在给定的技术水平下获得了最大化的利润；每个市场的需求等于供给，即市场出清。当经济处于一般均衡时，整个市场处于有秩序的稳定状态中。一般均衡分析是相对局部均衡分析而言的，局部均衡分析假设单个商品市场之间相互独立互不影响，每个商品市场的需求、供给与价格仅由这个市场决定。而一般均衡分析认为一个商品市场的需求、供给和价格会因与之相联系的其他市场的变化而变化。这是很明显的，例如一种商品的需求会因其替代品价格的下降而减少，会因其互补品价格的下降而增加。这样，每一个消费品市场均衡的必要条件是其他市场都处于均衡状态，这也意味着，所有市场的均衡必须同时被决定。影响任何一个市场的外生参数的变化将会引起整个市场均衡的改变。

在一般均衡分析中，假设经济参与者都是价格接受者，消费者在给定的价格水平和禀赋下最大化自己的效用；厂商在给定的价格水平下最大化其利润。在此条件以及其他更加严格的条件下，一般均衡分析研究了一般均衡的性质、存在性、唯一性、稳定性以及一般均衡的计算等。总体来说，一般均衡分析为整个理论经济学提供了一个很好的分析框架。

一般均衡分析的发展阶段。一般认为，最早系统且有效地运用一般均衡方法进行经济分析的是19世纪后半叶瑞士洛桑学派的法国经济学家里昂·瓦尔拉斯（Walras）。在《纯粹政治经济学要义》(1874) 一书中，他提出了一般均衡分析。瓦尔拉斯的灵感来源于路易斯·普安索（Louis Poinsot）的《统计学基础》(1803)，该书从理论上阐述了一个系统中各变量相互依赖以及最终收敛于一种均衡状态，从而各变量都停止在它自己的轨道和相对位置上。瓦尔拉斯决心把这种方法引进到经济研究中，并在经济现象中找出一般均衡。该学派的其他经济学家如戈森（Gossen，1854）、杰文斯（Jevons，1871）、门格尔（Menger，1871）也对一般均衡分析做出了卓有成效的贡献。继瓦尔拉斯之后，帕累托成功地把数学方法应用到了一般均衡分析之中，并研究了均衡的福利性质。再后来的经济学家如冯·诺伊曼、德布鲁（Debreu）、阿罗（Arrow）、帕累托（Pareto）、希克斯（Hicks）、萨缪尔森（Samuelson）及麦肯齐（McKenzie）等改进、完善和发展了一般均衡理论。其中阿罗和德布鲁对一般均衡理论的存在性进行了严格的公理化证明，奠定了一般均衡理论的基础。这些经济学家利用集合论、拓扑学和动力系统等严格的数学方法，在严格的假定条件下证明了一般均衡的存在性且这种均衡可以处于稳定状态，并同时满足经济效率的要求，从而建立了现代一般均衡分析方法。

瓦尔拉斯的模型一般被看做是静态均衡模型，他假设所有资本品的价格相同且数量是给定不变的，但是瓦尔拉斯不能确定一般均衡是否存在，如果存在，均衡是否唯一与稳定。但是瓦尔拉斯认为如果存在一个卖者喊价过程（Tatonnement过程），则均衡可能达到，这实际是一个动态均衡模型。而阿罗和德布鲁建立了一个短期模型中，它假设资本的初始存量给定，但是其价格会随着时间变化且不同资本品的回报率存在差异。

一般均衡分析

纯交换经济一般均衡。没有生产的纯交换经济是最简单的一般均衡模型。在这个模型中，不存在厂商，也就是说没有生产，所有消费者在给定的初始禀赋和价格下最大化其效用，得到其需求函数。市场需求是个体消费者的需求函数之和。当价格使得每个消费品市场的需求等于市场供给，即等于0时，整个经济便处于均衡状态。这就是说，均衡是一组价格和消费品的分配，满足每个消费者的效用最大化和市场出清。

加入生产的一般均衡。更一般的一般均衡模型是存在生产的一般均衡分析。给定所有消费者的偏好，所有厂商的生产技术、初始禀赋和厂商产权分配，均衡是一组价格体系、消费者的需求体系和厂商的供给体系。在这个体系下，消费者最大化了其效用，厂商最大化了其利润，所有市场出清。

带转移支付的一般均衡。最一般的是带转移支付的一般均衡模型。这个模型假设存在一个中央计划者，他的目标上最大化整个社会的福利且可以征收总量税以达到这个目标。给定所有消费者的偏好，所有厂商的生产技术、初始禀赋和厂商产权分配。一组价格体系、需求体系和供给体系是一个均衡，假设存在一组财富分配满足以下三个条件：所有消费者的效用在此财富分配上已经最大化、所有厂商的利润已经最大化以及市场出清。

不确定性下的一般均衡。根据经济环境的确定性与否，一般均衡分析又可以分为确定性下的均衡和不确定性下的均衡。上面所提到的几种均衡即为确定性下的均衡，不确定性下的均衡包括阿罗—德布鲁（Arrow-Debreu）均衡与拉德勒（Radner）均衡。阿罗—德布鲁均衡假设市场存在 S 种状态及相应的 S 种状态依赖的证券，即市场是完备的，全部交易发生在第 0 期，把每种状态依赖的证券看作是一种商品，买卖这些证券以获得各种状态下的消费品。均衡是这些证券的价格以及每个人持有的这些证券的数量，这也决定了每个人的各种状态下的消费，此时每个人都效用最大化了。拉德勒（Radner）均衡假设第 0 期时并不存在这样一个完备的证券市场，代之以假设消费者进行序贯交易，消费者每一期都要做出决策以最大化他的效用。

一般均衡的性质。在完全竞争市场中，一般均衡与经济效率存在着密切的联系，一个分配是帕累托最优的，若经济中不存在其他的可行分配能够使至少一个人的效用得到提高而不使其他任何人的效用减少。福利经济学第一定理说明在一个完全竞争的市场中，任意一个均衡都是帕累托最优的。福利经济学第二定理说明在一个竞争性市场中，当所有交易者的偏好呈凸性时，则存在这样一组价格，在这组价格上，每一个帕累托最优的配置都是在适当的禀赋条件下的一般均衡。这两条定理说明了市场可以通过追求自己效用最大化的个人的分散化决策达到整个社会资源的最优化配置,即经济存在一只亚当·斯密所说的"看不见的手"。

存在性。一般均衡分析的核心在于证明一般均衡解的存在性,瓦尔拉斯的证明方法是假设每一个商品市场决定一个线性方程,运用方程个数和未知量的个数来说明解的存在性,但是这种方法极不严格,因为从数学上来说,方程的个数等于未知数的个数既不是存在解的充分条件也不是必要条件。自从瓦尔拉斯以来,很长一段时间里,经济学家都没能够给出一般均衡存在性的证明,这极大地限制了这个模型的推广与应用。经济学家们一直在试图论证一般均衡的存在性,最初的工作是计算线性系统解的存在性,主要涉及计算方程和未知数的个数以及它们在数量上的相等关系,还不能确定这个线性系统是否有解,对于非线性系统,经济学家们无能为力。对于一般均衡问题解的存在性的第一个解答来自沃尔德(Wald),其 1933~1934 年、1934~1935 年以及 1936 年发表的三篇论文分别研究了生产模型和纯交换模型,并证明这两种模型均衡解的存在性。但是其理论的数学认证在当时被认为过于复杂而没有引起经济学家们的重视,直到 20 年后,即 1950 年以后,对于一般均衡解的存在性问题的研究才又重新开始,主要是受冯·诺伊曼(John Von Neumann)在 30 年代所做工作的影响。这个时期,阿罗(Kenneth Arrow)和德布鲁(Gerard Debreu)以及麦肯齐(Lionel Mckenzie)作出了主要的工作,前两位基于角谷(Kakutani)不动点定理证明了既有生产又有消费的一般均衡模型的解的存在性,他们在 1959 年的论文中给出了完全竞争经济,在消费集和生产集都是闭凸集,每个消费者的偏好满足理性、连续性、局部非饱和性以及凸性,生产集包含原点且可以自由处置,可行的消费与生产分配集合是紧集的假设下,一般均衡存在性的证明。后者的工作主要在国际贸易方面。当然,一般均衡存在性的证明方法并不只有一种,其他的经济学家们,如盖尔(Gale, 1955)、迪尔克(Dierker, 1974)等基于过度需求函数的概念给出了另外一种证明。近年来,对于无穷维商品空间以及非凸性生产集的情况下一般均衡存在性问题的研究已经取得了一些成果,但是在这些情况下,一般均衡的存在性很难保证。

唯一性。如果经济中存在着均衡解,接下来的自然的想法是这种均衡解是唯一的、多重的还是无限重的。同样,均衡的唯一性问题也是由瓦尔拉斯最先提出来的,但是首先对此问题进行系统地深入研究的是沃尔德(Wald, 1936 年)。假设个人偏好满足连续性、严格凸性以及强单调性。生产技术满足不变的规模收益。以 $Z(p)$ 表示总的过度需求函数,如果 $Z(p)$ 满足:

a. 零次齐次性，即对于任意正的 t，Z(tp) = Z(p) 成立；b. 瓦尔拉斯法则成立，即对于任意 p > 0，p·Z(p) = 0；c. 不满足性，即若 p = 0，则 Z(p) = +∞；d. Z(p) 关于 p 可微分。则当 Z(p) = 0 时，p 就是一个均衡体格体系，且由性质 b 和 c 可知 p 是严格正的。另外，如果超额需求满足显示偏好弱定理，即对任意的 p，若 Z(p) ≠ Z(p^1) 且 p·Z(p^1) ≤ 0 可以推出 p^1·Z(p) > 0，或者超额需求满足总替代性质，则均衡是唯一的。当超额需求不满足显示偏好性质和总替代性质时，就有可能存在多重均衡。

稳定性。稳定性指的是如果经济中存在一个价格调整的机制，例如喊价过程（Tatonnement），则这个经济最终会趋向一个唯一的均衡状态，而与这个经济的初始状态无关。如果经济中只存在一个均衡解，则这个经济在满足一定的条件下，随着时间的推移，最终会趋向于这个均衡，即这个经济是稳定的。但是假如这个经济存在多重均衡，则这个经济不可能是稳定的，因为对于可能的外生扰动，经济会偏离已有的均衡而趋向于另外一个均衡，这涉及了比较静态分析。

一般均衡分析的评价。一般均衡分析为现代经济学提供了一个几乎完美的公理分析框架，已经被广泛应用于宏观经济学、金融学等经济学的所有其他分支，对政策制定、资产定价、社会福利分析等具有重要指导作用。但是一般均衡分析也存在一些不足，例如其假设过于严格、过于理论化而缺乏实证检验等。

参考文献：

Arrow, K. J., Hurwicz, L., On the Stability of the Competitive Equilibrium, I. *Econometrica*, 1958.

Arrow, K. J.; Debreu, G., The Existence of an Equilibrium for a Competitive Economy, *Econometrica*, 22 (3), 1954.

Bewley, T. F., Existence of Equilibria in Economies with Infinitely Many Commodities, *Journal of Economic Theory*, 4 (3), 1972.

Debreu, G., Valuation Equilibrium and Pareto Optimum, *Proceedings of the National Academy of Sciences of the United States of America*, 40 (7), 1954.

Debreu, G., *Theory of Value*, New York: Wiley, 1959.

Debreu, G., New Concepts and Techniques for Equilibrium Analysis, *International Economic Review*, 3 (3), 1962.

Eatwell, John, Walras's Theory of Capital, In Eatwell, J., Milgate, M.,

Newman, P., *The New Palgrave: A Dictionary of Economics*, London: Macmillan, 1987.

Gale, D., The Law of Supply and Demand, *Mathematica Scandinavica*, 3, 1955.

Gossen, H. H., Entwicklung der Gesetze der menschlichen Verkehrs und der daraus fliessenden Regeln für menschliches Handeln, Braunschweig, Vieweg, 1854.

Hicks, J. R., *Value and Capital*, 2-ed., Oxford: Clarendon, 1968.

Jevons, W. S., *The Theory of Political Economy*, London, Macmillan (2nd ed.), 1879.

McKenzie, Lionel W., On the Existence of General Equilibrium for a Competitive Economy, *Econometrica*, 27 (1), 1959.

Menger, Carl., Grundsädtze der Volkswirthschaftslehre, Gesammelte Werke, Edited by F. A. Hayek. Vol. 1, 2d ed. Tubingen: Mohr, 1968.

Poinsot, L., Eléments de statique. Mallet-Bachelier, 1861.

Radner, R., Existence of Equilibrium of Plans, Prices, and Price Expectations in a Sequence of Markets, *Econometrica: Journal of the Econometric Society*, 1972.

Robert W. Clower, Non-Clearing Markets in General Equilibrium, in *The New Palgrave Dictionary of Economics*, 2nd Edition, 2008.

Wald, A., über einige Gleichungssysteme der Mathematischen? konomie, *Zeitschrift für Nationalö-konomie*, 7, 1936.

Walras, L., *Elements of Pure Economics or the Theory of Social Wealth translated from the 1926 Definitive Edition by W. Jaffé*, London, G. Allen & Unwin, 1954.

Weintraub, E. R., *General Equilibrium Analysis: Studies in Appraisal*, London: Cambridge University Press, 1985.

（刘洪愧）

局部均衡分析
Partial Equilibrium Analysis

局部均衡分析作为一般均衡分析的对称，又被称作"局部均衡理论"，

局部均衡分析

主要考察经济体系中单独一个消费者、一个商品市场、一家厂商或一个行业等的均衡状态。它是在假定经济体系中其他市场不变的条件下，对个别市场上的供求状况进行均衡分析的方法。在局部均衡分析中，一种商品的价格被视为该商品自身供求相互作用的结果，且其价格和供求均衡可以在一个单独市场上独立决定。即一种商品的价格只受其自身供给与需求状况的影响，与其他商品的供求和价格状况无关，其均衡价格和均衡数量的决定以及均衡状态的实现，也只取决于该商品本身的供求状态。由于它通常把研究的范围局限于某一市场或某一经济单位的某种商品或某种经济活动，并假定这一商品市场或经济单位与其他市场或经济单位互不影响，所以称为局部均衡分析。

该方法是英国经济学家马歇尔建立和发展起来的，马歇尔在其著作《经济学原理》中第一次明确阐述了这个方法。如他的均衡价格论，就是假定某一商品或生产要素的价格只取决于该商品或生产要素本身的供求状况，而不受其他商品价格和供求等因素的影响，这是典型的局部均衡分析。后来美国经济学家张伯伦和英国经济学家罗宾逊提出垄断竞争理论和不完全竞争理论，发展了局部均衡分析方法。

局部均衡分析能够使人们比较容易地对单个商品或市场的均衡问题进行研究，它是微观经济学中的基本分析方法。它广泛地应用于微观经济分析之中，厂商理论和消费者行为理论涉及的每一方面几乎都有局部均衡分析运用。随着经济学的发展，局部均衡分析也逐渐向各个领域伸延。现在不管是微观还是宏观经济分析中，局部均衡分析都必不可少。可以说，局部均衡分析是经济分析中最常用的分析方法，也是经济政策分析和预测的基本分析技术。

按照是否在分析中加入时间因素，可将局部均衡分析分为两种：静态局部均衡分析和动态局部均衡分析。静态均衡分析是研究在某一个时点市场上某种商品的供求状况及价格决定；动态局部均衡分析则研究在一定时期内，某个经济单位中均衡的实现。

由于局部均衡分析都是以"其他情况不变"的假设为基础的，所以它具有一定的局限性。但是西方经济学家认为，在许多情况下，这种假设是必要的，有利于简化分析，在一定的合理假定下，能够简单明了地说明问题。同时，由于涉及的变量较少，可方便地借助图表来辅助分析，能够取得良好的分析效果。另外，局部均衡分析方法着重考察个别经济单位的行为，它使经济分析的对象孤立于经济整体之外，排除整体经济及经济中其他部分变化对它的影响。因此，局部均衡分析能预示一个市场的变化方向，有利于研究特定的市场和具体行为，但不能说明经济整体的活动。在研究整体经济以及各个市场的互相影响时，局部均衡分析是不够的，必须运用一般均衡分析方法。局部均衡分析同一般均衡分析各适用于不同的经济分析的需要，并且还会常常结合起来使用，它们都是经济研究中的重要分析工具。

参考文献：

［美］弗兰克·N·马吉尔：《经济学百科全书》下册，中国人民大学出版社 2009 年版。
陈宪：《经济学方法通览》，中国经济出版社 1995 年版。
胡代光、高鸿业：《现代西方经济学辞典》，中国社会科学出版社 1996 年版。
汪祖杰、杨凤祥：《宏观经济学》，东南大学出版社 2011 年版。

（刘会闯）

非均衡分析
Disequilibrium Analysis

非均衡是与均衡的概念相对而言。在传统的经济学分析中，均衡包含二重意思：一是市场中各个有关变量势均力敌，经济结构处于相对静止的稳定状态，不再有发生变化的趋势。二是指市场出清的瓦尔拉斯一般均衡状态，即各个市场上供给和需求都相等的状态。这里关注的非均衡是相对瓦尔拉斯均衡而言的，它意味着市场上的供求不相等，也就是说在市场不出清的经济状况下，也存在着广义的均衡状态，即非瓦尔拉斯一般均衡状态，故一般也被称为非瓦尔拉斯均衡。相应的，非均衡分析则主要是指在市场非出清状态下对价格与数量决定的研究。

第一，非均衡分析的缘起。传统的均衡理论认为，理性的经济人依靠完备的信息，在市场上追求自身利益的最大化，其结果却总能使得市场达到均衡、资源达到合理配置。在瓦尔拉斯均衡中，价格的调整总能保证每个市场的出清。传统均衡理论所主张的自由竞争市场能够实现资源最优配置的思想成为新古典经济学的信条。但在实际经济活动中，市场交易经常在偏离瓦尔拉斯均衡的价格水平上运行，市场在经济运行中往往并不能形成供求相等的均衡价格和均衡产量，即不能形成瓦尔拉斯均衡。同时，均衡经济理论必须求助于一系列相当抽象的、在现实中很难达到甚至根本不存在的假设，对于像非自愿失业、通货膨胀以及资源非充分利用等现实情况都无法做出令人满意的解释，20世纪30年代初因资本主义经济大萧条而生的"凯恩斯革命"突破了传统均衡观，非均衡分析应运而生并逐步发展成为引人瞩目的经济理论。

第二，非均衡分析的主要理论观点。其一，非均衡理论认为，完全竞争市场的假设条件包括经济主体能够掌握充分的关于市场状况的信息，而在现实经济生活中信息是不完备的，搜集信息是需要花费成本的，获得完全的信息也是几乎不可能实现。因此现实生活中大量存在的是不完全竞争的情况，包括垄断竞争的情况，应将不完全竞争作为研究的重点。

其二，非均衡分析区分了计划数量与实现数量，指出，市场出清达到均衡时只表明有效供给与有效需求相等，但是有效数量与计划数量不一定相等。当市场上供大于求时，有效供给小于计划供给，而计划需求都全部转化为有效需求。反之，当求大于供时，计划需求不能全部实现，而计划供给则可按短边原则全部转化为有效供给。这时达到的均衡是一种配额均衡。

其三，均衡论者认为，价格是市场的唯一调节工具，生产者与消费者也只对价格信号做出反应。市场的均衡基本上都是通过价格调整获得的，而且在均衡达到之前，市场中没有交易。但是非均衡分析认为，在均衡价格实现之前，也会存在非均衡的自愿交易：调节市场交易水平的不仅有价格信号，也有数量信号。市场行为主体不仅依据价格信号而且依据数量信号进行决策，数量调节和价格调节共同发挥作用，而且在短期内，数量调整过程往往要快于价格调整过程。因此，数量信号在非均衡分析中占有相当重要的地位，它不但影响与调整着所在市场的供求状况，而且通过"溢出效应"，将这一影响波及其他市场。

其四，非均衡分析认为在通常情况下，有效需求并不等于有效供给，市场不会出清，经济处于非均衡状态。在非均衡经济中，交易者除了要根据市场价格信息来调整需求量和供给量以外，还有必要以市场的供给数量和需求数量方面的信息来调整自己的供求活动。也就是说，在非均衡经济中，数量调整发挥着重要作用。因此非均衡分析认为供求理论必须作出相当大的修正，把这些数量信号考虑进去，同时价格理论也要进行修补，以把非出清的市场出现的可能性与价格信号出现的情况综合起来。

其五，非均衡分析将存量水平视为一个重要的数量信号。当市场处于非均衡状态时，厂商总是要确定一个正常的存量水平，一旦存量过多，厂商就要减少产量并裁员，这时存量水平的调节作用超过了价格信号的作用。

其六，与传统的竞争性分析相比，非均衡分析更加重视预期的因素，它引入预期的数量信号来补充预期的价格信号。预期在市场出清的模型里只是考虑价格信号，而在非均衡分析中还包括数量信号的预期。

第三，非均衡分析的应用。迄今为止，非均衡分析在以下三个领域取得了较大的发展：

构造各种关于配额均衡或非瓦尔拉斯均衡的概念。这些概念把传统的瓦尔拉斯均衡观念推广到并不是所有的市场都得到出清的场合之中，说明在短期内，由价格—数量调整所混合产生的机制是如何导致新的均衡类型出现。

发展出不少宏观经济的应用模型。在宏观经济应用领域，非均衡模型逐渐占据重要的地位。传统的凯恩斯模型仅仅考虑供给过剩的状态，而新古典模型在所有时候都假定市场是出清的，而非均衡的宏观模型涉及了所有可能的非均衡情形，因此非均衡模型更为一般，成为宏观经济分析中一种相当有用的综合工具。

非均衡模型的广泛应用导致了新的经济计量方法的发展。为了对微观或宏观的非均衡模型进行检验，在近年来，人们已经发展出众多崭新的经济计量技术。

此外，非均衡分析还为价格缺乏弹性的经济如何进行资源配置提供了一个严谨的框架。由于非均衡分析是在价格不易变动和市场面临各种数量制约的前提下研究问题，因而也为分析宏观非均衡条件下的微观行为人的行为规则提供了统一的理论框架，因此被认为是凯恩斯失业理论的微观基础，同时也有许多经济学家运用非均衡分析方法来研究社会主义的短缺经济。

非均衡分析的演变与发展的过程。非均衡思想出现的时间比较早，它最早出现在均衡理论的有关分析中。例如，蛛网理论中的"不稳定条件"就描述了一种非均衡状态。希克斯在《价值与资本》一书中也提到了非均衡情况的存在。

更为确切地说，非均衡分析的鼻祖应当属于英国经济学家凯恩斯，他的《就业、利息和货币通论》的主要贡献之一就是在经济过程中引入了数量调整，而当时的主流"古典"经济学家们则仅仅注视价格调整。凯恩斯在经济分析中引入了收入等数量变量，突破了传统的以价格分析为核心的新古典均衡理论，并指出经济可能在存在失业（即劳动市场的非均衡）的情况下持续运行。在凯恩斯分析中，他所揭示的均衡收入就是一种非均衡状态，因为一般来说这种均衡收入小于潜在收入，是一种小于充分就业的均衡。这实际上提出了一种非均衡理论。

从20世纪50年代起，非均衡研究经过帕廷金、罗伯特·克罗威尔、莱荣霍夫德、巴罗和格罗斯曼等人的努力，基本上形成了比较完善的理论体系。20世纪70年代后，经过美国经济学家巴罗、格罗斯曼，法国经济学家贝纳西等人的发展，形成了非均衡学派。帕廷金、克劳沃、莱荣霍夫德以及巴罗和格罗斯曼等人将非均衡分析系统地引进经济理论中，从而逐渐形成一套完整的理论。其中，帕廷金对劳动市场进行了局部非均衡分析，克劳沃提出了"二元决策假说"，莱荣霍夫德对非均衡状态下价格经常呈刚性的原因进行了颇具说服力的阐述，而巴罗和格罗斯曼则总结前人的研究成果，将局部非均衡分析扩展为一般非均衡分析。后来，贝纳西、马林沃德以及卡丁顿等人将非均衡理论用于研究失业与通货膨胀等宏观经济问题以及开放经济中经济的运行。尤其是贝纳西的微观非均衡分析为非均衡的宏观经济学提供了一个非均衡的微观经济学基础。

此外，非均衡学派不仅用非均衡分析方法研究了西方国家的市场经济运行，同时也对运用非均衡分析方法研究社会主义国家的计划经济运行产生了兴趣。波兹、缪尔鲍尔等人将有关分析方法用于对集中性计划经济中的经济现象进行剖析，并提出相应的政策建议。同时也有许多经济学家运用非均衡分析方法来研究社会主义的短缺经济。匈牙利经济学家科尔奈以短缺代替传统的供求变量从微观角度系统地分析了传统的计划经济体制下的企业行为和家庭行为，并在这一基础上建立了不同于西方经济学家的计划经济宏观非均衡模型。

随着中国的改革开放和经济体制转型，西方"非均衡分析"理论也借助于欧洲转型国家，特别是科尔奈等人的著作在20世纪80年代末和90年代传入中国。例如，厉以宁认为中国在转型阶段处于非均衡状态，他区分了两类不均衡：市场不完善下的不均衡；企业缺乏利益约束和预算约束的非均衡。他认为中国经济改革中首先要解决"企业刚性"所产生的第二类非均衡，然后再解决市场问题导致的第一类非均衡。

非均衡分析的意义。非均衡分析打破了自亚当·斯密以来就统治着经济学界的均衡观。它指出，现实世界中存在着不确定性，时间序列中的经济运行总是相互发生作用的，行为人搜集信息是需要花费成本的，在均衡价格达成之前，交易也是可以实现的。而均衡分析却将上述现实情况通过大量的假定抽象掉，带有浓厚的理想色彩。现实市场经济中大量存在的是非均衡状态，因此非均衡分析具有更强的现实性。

非均衡分析丰富和扩展了经济学的研究方法。以往的均衡理论所采用的多是静态分析和比较静态分析方法，研究的是一个个彼此孤立的均衡状态及其之间的相互联系。而非均衡分析采用动态分析方法所研究的是实现某个均衡的过程以及均衡变动的过程,而在这些过程中所呈现出来的,正是一个个连续的非均衡状态。

非均衡分析增强了经济学对现实经济的解释力。非均衡分析为解释失业与通货膨胀等宏观经济现象提供了一个切合实际的微观分析基础。近些年来,非均衡分析的发展明显地导致了传统的微观经济学和宏观经济学的扩大和综合,它为长期处于分离状态的宏观经济学和微观经济学的有机结合提供了现实的基础。同时,对于那些更具有典型的非均衡特征的计划经济来说,非均衡的分析方法为它们开辟了一条发展和完善经济学体系的新思路。

参考文献:
曹均伟、李凌:《经济学方法论》,高等教育出版社2007年版。
朱成全:《经济学方法论》,东北财经大学出版社2003年版。
蒋自强、史晋川:《当代西方经济学流派》第2版,复旦大学出版社2004年版。
吴易风、丁冰、程恩富等:《当代经济学理论研究》,中国经济出版社2008年版。
梁小民、雎国余、刘伟、杨云龙:《经济学大辞典》,团结出版社1994年版。

(刘会闯)

经济人
Homo Economicus

在当今所有对西方经济学的批评中,"经济人"无疑是受到最多攻击的一个概念。"经济人"是西方经济学的核心概念,包含:第一,每个人都会自动追求利润(或效用)最大化;第二,在经济学中将每个人都视作同质的、理想化的"经济人"。由于这两条的根基并不牢固,只能由经济学假定成为公理,因此其遭到最猛烈批评也就不难理解了。

"经济人"的思想最早来源于亚当·斯密,斯密举例论述了经济行为虽主观为自己但却是客观为他人,这使得他论证了市场可以与道德并行不悖。"经济人"因此更多地被后人理解为道德中立(后人还据此提出了"道德人"的概念)。不过斯密之后的学者更多地仅关注的是利益最大化的那些原则,约翰·穆勒在此基础上总结出"经济人假设",帕累托最后将"经济人"（希腊语 Homo Oeconomicus）这个专有名词引入经济学。

经济人假设认为，每个参与经济活动的个人都是能追求个人效用或利益的最大化，并对各种可能的行动方案的成本与收益分析，从而做出理性选择的行动主体。并且，由于每个人都是如此行为，因此所有人行为的加总也是理性的。不过，这种假设忽视了人是具有有限理性、仅掌握有限信息且每个人的行为具有差异等问题。不难发现，这三个外在条件十分苛刻，对其中任何一条的攻击都能构成对经济人假设的致命颠覆。

不过，尽管经济人假设有如此重大的缺陷，但在经济学中尚未有更好的假设能予以系统地替代。虽然效用理论、实验经济学试图修正经济人假设，并取得了一些很好的成绩，但还不能实现从根本上完全更新的目标。可以想象，经济人的假设还继续会在西方经济学中使用，而对它的批评还会一步步地持续下去。

在管理学中也有一个"经济人"理论。依据美国学者麦格雷戈的 X 理论和 Y 理论，与"社会人假设"相对，"经济人假设"认为人们本性懒惰、厌恶工作，只有以经济报酬来激励他们生产，才能提高产量，带来经济效益。麦格雷戈在这里是将"经济人"当作贬义词来使用，虽然与经济学中所指的"经济人"假说不太相关，但也具有相当大的影响力。

参考文献：

[美] 曼昆：《经济学原理》，北京大学出版社 2009 年版。
[英] 亚当·斯密：《国民财富的性质和原因的研究》，北京大学出版社 2004 年版。
[英] 约翰·穆勒：《政治经济学原理》，商务印书馆 2005 年版。
[美] 麦格雷戈：《企业的人性面》，中国人民大学出版社 2008 年版。

（逯建）

微观基础
Microfoundation

所谓微观基础就是经济中的个体行为，以及个体行为之间的相互作用，包括市场的和非市场的。它们对于理解加总经济现象起着重要作用。对微观基础的研究既有方法论个体主义上的要求，也是经济学理论争论和发展的结果。

早在亚当·斯密的时代，经济学就将个体决策的分析作为经济学研究的核心内容，经过奥地利学派的发展，个体主义成为现代经济学的方法论基础。个体主义将经济中的个体类比于化学中的原子，认为一切经济现象都是个体行为相互作用的结果，因此方法论的个体主义主张对经济现象的解释必须由分析经济中的个体决策出发，这也是微观经济学的逻辑起点。这种想法在经济学中早已根深蒂固。但是由凯恩斯所开创的宏观经济学自诞生开始就与古典经济学理论有着显著的不同。

20世纪50年代中期，经济学存在两种不同的分析方法，一种是以一般均衡理论为基础的微观经济学，另一种是凯恩斯主义的宏观经济学。一般均衡的存在性由阿罗和德布鲁（1954）证明，而宏观经济学采用的分析方法是IS-LM框架（Hick，1937）。这两种理论都被用于解释各种经济现象，但它们的逻辑体系完全不同。微观经济学的核心是价格的瞬时变化和市场出清，宏观经济学则假定价格在短期内是不变的，从而得到非自愿失业和有效需求不足的概念。以萨缪尔森为代表的新古典综合学派将这两种完全不同的理论综合起来，根据它们适用性的不同，凯恩斯主义的宏观经济学被用于短期分析，而长期分析则采用一般均衡理论。

当时的微观经济学和宏观经济学是两套不同的逻辑体系，理论上的不一致和方法论的区别使得微观经济学和宏观经济学就像油和水的关系。凯恩斯主义宏观经济学通过假定短期内名义工资黏性从而得出非自愿失业的结论，但在一般均衡理论当中，这些概念是不存在的。市场被认为是经济中大量分散主体的决策相互作用的结果，因此一般均衡理论被认为是更为基础的理论。另外，IS-LM框架并不需要以个体决策的分析作为基础，例如凯恩斯经济学的消费理论，消费函数具有以下函数形式，$C = \alpha + \beta Y$，消费被假定为只取决于当期的收入，β体现了边际消费倾向的概念，用来描述一单位收入变动将会引起多少单位的消费变动。但这种理论没有回答为什么消费只取决于当期收入而不是未来的收入，并且不能提供判断这种关系的准则。这使得经济学家开始思考从更为基础的理论出发得到消费函数的形式。弗里德曼（1957）的永久消费假说和莫迪利亚尼（Modigliani，1963）的生命周期假说是最早具备微观基础的消费理论。因此，为宏观经济学建立微观基础是经济学家追求理论一致性和彻底性所做的努力。

在实证上，凯恩斯主义宏观经济学对于总体经济现象的解释能力不能令人满意，这也是导致经济学家寻求微观基础的原因。凯恩斯主义宏观经济学的一个核心内容是菲利普斯曲线，值得注意的是，菲利普斯曲线一开始只是

微观基础

作为统计上的经验关系而存在,并没有理论作为支撑。萨缪尔森和索洛(1960)将原始的菲利普斯曲线改造成为一种描述通货膨胀和失业替代关系的理论,并且用于指导经济政策。菲利普斯曲线的出现支持了凯恩斯主义关于相机抉择的政策含义,政府能够并且应该运用经济政策来调节宏观经济的波动。但这种观点遭到了当时货币主义学派的反驳。弗里德曼(1968)发现在长期中并不存在菲利普斯曲线所描述的价格和产出的稳定的替代关系,因此用它来指导经济政策是错误的。菲利普斯曲线对于经济现象解释的失败迫使经济学家开始为凯恩斯主义的宏观经济学寻求更为坚实的微观基础,以便为他们的观点重新找到理论支持。这一方面的努力有很多,例如费尔普斯(Phelps,1970)用微观经济学的理论为工资和失业的短期替代关系提供新的解释。

到了20世纪70年代,以卢卡斯为代表的新古典宏观经济学的出现深刻地改变了宏观经济学的发展。在此之前宏观经济学的争论并没有改变凯恩斯主义的IS-LM框架,争论的结果体现在对IS-LM框架的修正和补充上,但新古典经济学家则彻底地改变了此前宏观经济学的建模方式。他们对微观基础有着强烈的追求,认为没有建立在微观基础上的宏观经济学都是无用的。正如卢卡斯和萨金特(1979)指出的,凯恩斯模型不能对财政政策、货币政策和其他政策提供可靠的指导,部分原因在于这些模型缺乏完备的理论基础或经济基础。另一个重要原因则来自卢卡斯(1976)对当时宏观计量模型的批评。60年代流行的宏观计量模型是根据凯恩斯经济学理论构建的大规模的结构化方程系统,然后利用数据估计出这些结构化的参数,找到描述宏观经济变量之间的数量关系,以此指导宏观经济政策。这类宏观计量模型的一个潜在假定是结构化的参数是稳定不变的,但卢卡斯批评则指出,理性经济行为人会对政策变动造成的未来影响做出预期,从而改变他们当期的行为决策,因此这些参数是依赖于政策的,一旦政策发生改变,结构化的参数也会发生改变,从而不存在结构化方程所描述的稳定的经验关系。卢卡斯认为应该从微观经济主体的最优化行为出发建立结构化的宏观模型。

新古典宏观经济学建立的微观基础可以归纳为三个方面:第一,经济行为人的理性预期假设;第二,将总体经济视为代表性个体(消费者和厂商)跨期决策的结果;第三,假定持续的市场出清,即一般均衡理论。

理性预期假设认为如果假定行为人是理性的,那么应该承认行为人会对未来做出预期,并且这种预期是理性的,意味着经济个体总是最有效地利用公开的信息对一个变量的未来值做出预期,因此理性预期不会犯系统性错误。预期被假定为经济个体根据效用最大化要求理性地形成。理性预期假设最初由穆思（1961）提出，但并没有立刻被宏观经济学家所接受，直到20世纪70年代卢卡斯（1972）等人的工作才将理性预期假设融入宏观经济学。

新古典学派主张将消费、储蓄、劳动供给、投资等宏观经济变量视为是由微观主体跨期最优化内生决定的，卢卡斯和拉平（1969）关于劳动力市场的研究算是第一篇"新古典"的论文，因为他们采取了劳动跨期替代的假定，并且得到失业的均衡性质。这类经济行为人的跨期最优化模型与标准的微观经济理论是一致的。因此卢卡斯（1987）认为我们将只研究一种经济学理论而不是划分为微观经济学和宏观经济学。

由于市场中存在大量分散的经济个体，并且他们是异质的，因此如何从微观个体的决策得到宏观的加总行为需要解决加总问题。新古典学派的代表性个体模型将整个经济视为一个单独的代表性个体，通过研究代表性个体的最优化决策得到宏观的加总行为。新古典学派认为代表性个体模型可以用来作为宏观经济学的微观基础，因为：第一，代表性个体模型避免了卢卡斯批评；第二，代表性个体模型可以帮助建立一般均衡模型。与此同时，代表性个体模型也存在一些问题。代表性个体模型成立的条件是假定消费者的偏好满足戈尔曼（Gorman）形式，假定使得不同消费者之间的收入效应可以被忽略，这是很强的假设。同时代表性个体将加总经济视为一个经济个体的行为，这种做法忽略了经济中广泛存在的个体异质性，以及经济行为人的协调互动，因此一个需要考虑的问题是，加总经济变量在什么程度上表现得跟单独的个体决策相同。此外，方法论的个体主义并不意味着要将宏观经济学视为单独个体的最优化决策问题（Kirman，1992）。

对于微观基础的争论在于如何解释广泛存在的失业现象。从市场出清的角度来看，并不存在所谓的非自愿失业，失业只是因为给定当前的工资价格，一部分个体不想供给劳动，因此所有的失业都是自愿的。如果存在登记失业，那么它们或者是一种短期现象，在长期中将会消失，又或者是自愿的。卢卡斯（1978）认为非自愿失业并不是一个需要被解释的现象，而是凯恩斯引入用来解释失业波动的理论构建。

沿着这样的思路，新古典经济学家开始采用以瓦尔拉斯市场出清为基础的一般均衡理论构建模型，解释诸如失业、通货膨胀等宏观经济现象。实际经济周期（RBC）模型（Kydland and Prescott，1982）提供一种分析经济周期的新的方式。RBC模型通过在新古典增长模型中引入随机的技术冲击，解释经济的波动，由于模型假定了价格的瞬时变动，所以总体经济时刻处在市场出清的状态，经济衰退不需要假定非均衡的存在，经济变量的波动是由外生的技术冲击导致的。

由于传统的凯恩斯主义宏观经济学遭到了实证和理论上的挑战，许多经济学家开始通过建立各种微观基础模型，为凯恩斯主义宏观经济学提供理论上的支持。与新古典学派不同，早期的新凯恩斯主义宏观经济学没有一个统一的理论框架，而是从不完全市场、不完全竞争、不完全信息、劳动力市场的差异等方面为凯恩斯经济学提供不同的微观基础模型。

最早考虑将价格刚性加入到瓦尔拉斯体系的想法来自于克劳夫（Clower，1965）、巴罗和格鲁斯曼（Barro and Grossman，1971），贝纳西（Bénassy，1975）研究了这种固定价格的非均衡模型的存在性和性质。这类模型基于个体决策和均衡的概念，所以具备微观基础。在非均衡的凯恩斯模型里，非自愿失业可以被当作一种均衡的现象，并且存在凯恩斯主义的有效需求和乘数的概念，因此模型提供了需求管理的政策建议。但是非均衡的凯恩斯模型不能令人满意的地方在于没有解释价格刚性。曼昆（Mankiw，1985）为价格刚性提供了一个微观基础的解释，只要存在一个很小的菜单成本，厂商就有激励不去改变价格。

一类新凯恩斯经济学的微观基础模型尝试将不完全竞争融入宏观经济学模型，哈特（Hart，1982）、布兰查德和清泷（Blanchard and Kiyotaki，1987）是这类模型的代表，他们的模型能够解释为什么总产出低于充分就业水平，并且由于劳动力市场的不完全竞争使得经济中存在非自愿失业。另一类微观基础文献解释为什么劳动力市场存在非均衡水平的工资。这类文献强调厂商设定高于竞争均衡的工资水平是为了激励工人更加努力的工作（Solow，1979；Yellen，1984），因此工人可能不愿意降低工资水平。

此外，新凯恩斯经济学还从协调失灵出发建立微观基础模型。这类模型不依赖价格刚性的假设，而是强调经济中个体之间的策略互动。由于市场分散决策的机制，使得经济中的各方无法联合起来选择一种对大家最优的策略，从而经济中存在多重均衡，经济行为人可能发现他们处于"坏"的均衡，这便是协调失灵，一些经济学家（Ball and Romer，1991）认为协调失灵是宏观经济不稳定的原因。

早期的新凯恩斯主义经济学尽管提供了许多不同的微观基础模型，但是认同新古典学派的方法论前提，即，第一，宏观经济学需要微观经济学理论的坚实基础；第二，宏观经济学可以建立在一般均衡的框架体系内。从20世纪80年代后期开始，宏观经济学内部开始出现新的融合趋势，宏观经济学家关于微观基础的方法论和模型达成了许多共识。伍德福德（Woodford, 2009）认为首先的共识是宏观经济学应该建立在跨期一般均衡分析上，并且跨期一般均衡将短期波动和长期增长都纳入了一个一致性的框架里。在方法论上，新古典学派和 RBC 理论成为了主流，但同时新凯恩斯主义关于市场摩擦的许多洞见也被融入动态一般均衡的框架中去，使得这些模型能够包含更加现实的经济传导机制。

参考文献：

Ando, A. and F. Modigliani, The "Life Cycle" Hypothesis of Saving: Aggregate Implications and Tests, *American Economic Review*, 53, 1963.

Arrow, K. J. and G. Debreu, Existence of an Equilibrium for a Competitive Economy, *Econometrica*, 22, 1954.

Ball, L. and D. Romer, Sticky Prices as Coordination Failure, *American Economic Review*, 81, 1991.

Barro, R. and H. Grossman, A General Disequilibrium Model of Income and Employment, *American Economic Review*, 61, 1971.

Bénassy, J.-P., Neo-Keynesian Disequilibrium Theory in a Monetary Economy, *Review of Economic Studies*, 42, 1975.

Blanchard, O. and N. Kiyotaki, Monopolistic Competition and the Effects on Aggregate Demand, *American Economic Review*, 77, 1987.

Clower, R. W., The Keynesian Counterrevolution: A Theoretical Appraisal, in F. Hahn and F. Brechling (eds.), *The Theory of Interest Rates*, London: MacMillan, 1965.

Friedman, M., The Permanent Income Hypothesis, NBER Chapters, in: A Theory of the Consumption Function. 20-37, *National Bureau of Economic Research*, Inc., 1957.

Friedman, M., The Role of Monetary Policy, *American Economic Review*, 58, 1968.

Hart, O., A Model of Imperfect Competition with Keynesian Features, *Quaterly Journal of Economics*, 97, 1982.

Hicks, J., Mr. Keynes and the Classics: A Suggested Interpretation, *Econometrica*, 5, 1937.

Kirman, A., Whom or What Does the Representative Individual Represent?

Journal of Economic Perspectives, 6, 1992.

Kydland, F. and E. Prescott, Time to Build and Aggrgate Fluctuations, *Econometrica*, 50, 1982.

Lucas, R. and L. Rapping, Real Wages, Employment and Inflation, *Journal of Political Economy*, 77, 1969.

Lucas, R., Expectations and the Neutrality of Money, *Journal of Economic Theory*, 4, 1972.

Lucas, R., Econometric Policy Evaluation: A Critique, *Carnegie-Rochester Conference Series on Public Policy*, 1, 1976.

Lucas, R., Unemployment Policy, *American Economic Review*, 68, 1978.

Lucas, R. and T. J. Sargent, After Keynesian Macroeconomics, *Quarterly Review Federal Reserve Bank of Minneapolis*, 1979.

Lucas, R., *Models of Business Cycles*, Oxford: Basil Blackwell, 1987.

Mankiw, N., Small Menu Cost and Large Business Cycles, A Macroeconomic Model of Monopoly, *Quarterly Journal of Economics*, 100, 1985.

Muth, J., Rational Expectations and the Theory of Price Movements, *Econometrica*, 29, 1961.

Phelps, E. S. (ed.), *Microeconomic Foundations of Unemployment and Inflation Theory*, London: MacMillan, 1970.

Samuelson, P. A. and R. M. Solow, Analytical Aspects of Anti-Inflation Policy, *American Economic Review*, 50, 1960.

Solow, R. M., Another Possible Source of Wage Stickiness, *Journal of Macroeconomics*, 1, 1979.

Woodford, M., Convergence in Macroeconomics: Elements of the New Synthesis, *American Economic Journal: Macroeconomics*, 1, 2009.

Yellen, J., Efficiency-Wage Models of Unemployment, *American Economic Review*, 74, 1984.

（林东杰）

实证和规范经济学
Positive and Normative Economics

这是经济学中的一对概念。实证经济学的任务是研究经济的现状"是什么",它一般不以价值判断为依据,因此具有一定的客观性;而规范经济的任务则是研究经济"应该是什么",是一种以价值判断为基础的分析。由于经济学并没有建立在严格的价值基础之上,因此规范的经济判断往往具有主观性和评价结果的差异。而在现实的经济问题分析之中,规范经济学又常常与经济政策混合在一起,成为经济行动的理论基础,从而将问题变成"应该做什么"?

有关"实证"的称谓最早见于奥地利学派的代表人物之一庞巴维克所写的《资本实证论》,他使用的德语词汇"Positiv"成为了英语词汇"Positive"的来源。庞巴维克对"实证"的最早使用就包含有发现的含义。实证经济学真正的大发展当要提到弗里德曼。他的工具主义或证伪主义思想认为经济学理论本身是无法证实或证伪的,但只有对经济问题的实证可以证伪,能够为不同学者的讨论提供事实基础,因此须大力发展。美国50年代经济学的发展趋势也证明了,实证经济学的确获得了充分的发展,为实证提供方法的计量经济学也独立成为一门分支学科。相比较而言,规范经济学的发展就比较缓慢,除福利经济学发现了几个基本定理之外,经济学在"应该是什么"的问题方面显得裹足不前,其薄弱的理论基础经常会引发许多争论。规范经济学还与心理学、经济伦理学、经济法学等学科分支有着交叉。

参考文献:

[美] 曼昆:《经济学原理》,北京大学出版社2009年版。
[美] 弗里德曼:《实证经济方法论》,引自《弗里德曼文萃》,首都经济与贸易大学出版社1991年版。
[奥] 庞巴维克:《资本实证论》,商务印书馆1964年版。

(逯建)

边际主义方法
Methods of Marginalism

新古典经济学的重要分析方法。"边际"(Margin)原意是书的页边,后转而指经济变量中每变动一单位投入、分配的产品等变量后相应的被观察变量变化的大小,又可以用来特指最后一单位变量的变动造成的被观察变量的变动。是实际计算的过程中"边际"也可以有两种形式,一种就是分析每一"剂"(Dose)的变动带来被观察变量多大的变化,这种可以被理解为差分形式的"边际",另一种则是对被观察点附近的变动趋势求导,是导数形式的"边际"。两种计算方式的结果虽有一定的区别,但在经济学的概念上一般都将两者混用。

"边际"的名称最早的叫法来自杰文斯,在《政治经济学理论》中他明确使用了"最后效用"(Final Utility)的概念,并指出"经济学理论是建筑在最后效用程度这一函数上"。这一概念因在杰文斯理论中的重要地位而给人留下了深刻的印象。1884年,年轻的奥地利人维塞尔,在其著作《经济价值的起源和主要规律》中使用了德语的"Grenznutzen"(即英语的 Marginal Utility)的概念,"边际"由此诞生。"边际"这个词汇出现在德语文献中是在威克斯蒂德于1888年写的《经济科学入门》之中,由于威克斯蒂德在英国经济学圈的名声,以及两年之后马歇尔在首版的《经济学原理》多次使用了这一术语,"边际"的称法才最终在经济学中被确定下来。

由于"边际"在新古典经济学的广泛应用,新古典经济学得到了一个"边际的"限定词。而"边际主义"的最早出现,却是在相对较晚的霍布森的《工作与财富》(1914)中。他创造这个名词是为了表达"经济学家接受边际效用和边际生产力两者"。霍布森创造这个词是为了赋予这个词以贬义的色彩,以说明凡事采用"边际"的分析方式必会带来经济政策的错误。对于"边际主义"方法的批评时常可以见诸各种期刊之中,如1946年至1947年,美国的雷斯特(Lester)和马赫卢普(Machlup)就为使用边际的方法来分析最低工资而发生了争论。

由于"边际"本身就是指增量分析,它们完全可以与其他经济学概念联合构成新的概念短语。边际成本、边际收益、边际替代率以及边际消费倾向等被广泛使用到新古典微观经济学、新古典宏观经济学以及新古典经济的价值理论、分配理论之中,使得传统的理论发生了面目全非的变化。

"边际主义方法",在传统的经济学静态分析中引入了动态分析因素。传统的古典政治经济学一般习惯依据经济现象的结果来讨论和寻找原因,边际主义则考虑在达到最后状态之前一段时间的一系列变化。通过多种状态的变化,数学形式被引入到经济学之中,使得新古典经济学被数学化。

"边际主义方法"真正引发争论的导火索,主要是它的"最后一单位"的理论。古典经济学认为是有客观的实在支撑着价值的,因此价值的大小是相对固定不变的,但在新古典经济学看来,价值是由效用决定的,商品价值大小的显现是伴随着最后效用出现的,因此最后效用的大小决定了商品价值的大小。显然,该认识是不正确的,最终效用的确与商品价值大小同时显现，但这并不能说明两者有如此的因果关系。但作为英国边际革命带头人的杰文斯却坚持这种看法，他认为价值产生的过程顺序为：生产费决定供给—供给决定最后效用程度—最后效用程度决定价值。根据这一理论，"最后效用"才是决定价值的最主要因素，其他才是配合它而存在的。

正是因为边际主义者将"最后效用"、"边际效用"作为商品价值的最主要决定因素，边际主义者因此发展出了按边际贡献进行分配的分配理论。以劳动与资本要素对产品的贡献为例，劳动与资本如何获得报酬不是根据它们自身含有的价值，而是根据在生产最后停止时各要素的边际贡献的比例。由于这两种要素在生产的过程中边际贡献发生了不同的变化，因此两种计算报酬的方法肯定会造成很明显的区别。由于在实际中资本的边际贡献下降不多，劳动的边际贡献则下降很多，因此按照边际主义的分配原则劳动获得很少的报酬。在马克思主义学者看来，边际主义的分配方案其实是刻意降低了劳动报酬，为资本家剥削劳动者铺平道路。当然关于分配的问题是很复杂的，边际主义者虽对马克思主义者的批评进行了反驳，但他们所坚持的分配原则明显还是有很多不同之处，需要深入地再讨论。

鉴于边际分析的广泛使用，在边际主义理论中"价值"反而成为了一个可有可无的概念，因此在新古典经济学中，"价值"被巧妙地回避掉了，取而代之的是各种情况下的"价格"。尽管根据许多学者的分析，那种总体的、长期的价格就是"价值"，但新古典经济学者们一直不将其道破。"边际"的分析方法因此成为辅助新古典经济学范式建立的重要方法，它时常被简单看做是区别古典与新古典经济学的重要标志。

"边际主义"者并没有提出一致的政策建议，他们只是使用这种方法对问题进行分析后提出政策建议。虽然这些政策建议是建立在严密的逻辑分析基础之上，且是有见地的，但正如边际主义的分配一样，其理论的原则并不一定就完全正确，还需要仔细地推敲、分析。

参考文献：

[英] 杰弗里·霍奇逊：《演化与制度：论演化经济学和经济学的演化》，中国人民大学出版社 2007 年版。

[美] 理查德·豪伊：《边际效用学派的兴起》，中国社会科学出版社 1999 年版。

[美] R. 布莱克等：《经济学的边际革命》，商务印书馆 1987 年版。

晏智杰：《边际革命和新古典经济学》，北京大学出版社 2004 年版。

［英］斯坦利·杰文斯：《政治经济学理论》，商务印书馆1997年版。
［英］马歇尔：《经济学原理》，商务印书馆2005年版。
［奥］弗·冯·维塞尔：《自然价值》，商务印书馆1982年版。
Richard A. Lester, Shortcomings of Marginal Analysis for Wage-Employment Problems, *The American Economic Review*, March, pp. 63-82, 1946.
Fritz Machlup, Marginal Analysis and Empirical Research, *The American Economic Review*, September, pp. 519-554, 1946.
Richard A. Lester, Marginalism, Minimum Wages, and Labor Markets, *The American Economic Review*, March, pp. 135-148, 1947.

（逯建）

德国历史学派方法
Methods of the German History School

德国历史学派所坚持的历史归纳研究方法。德国历史学派是19世纪末活跃在德意志地区（后合并成为德国）的一个强调各国经济的国民性及发展阶段不同，反对英国古典经济学派古典学派的抽象、演绎的自然主义的方法，而应采用历史和具体实例研究方法的经济学派。该学派一般被分为四代：第一代为先驱，以弗里德里希·李斯特（Friedrich List）为代表；第二代又称老历史学派，以威廉·罗雪尔（Wilhelm Roscher）、布鲁诺·希尔德布兰德（Hildebrand）、卡尔·克尼斯（Karl Knies）为代表；第三代又称新历史学派，以古斯塔夫·施穆勒（Gustav von Schmoller）为代表；第四代则以马克斯·韦伯（Max Weber）和维尔纳·桑巴特（Werner Sombart）为代表。这四代人都在他们所处的时代里产生了巨大影响：

李斯特基于先进英国及落后德国经济的认识，提出了著名的工业优先发展理论和贸易保护理论。他认为只有工业才能使德国的经济获得发展，为此，重视教育，鼓励科技发明，进行制度、政治改革，奖励企业家精神才是工业发展的必然条件。但他同时认为实行贸易保护才是发展工业的最有效的途径，这一点与英国经验得到的贸易自由论并不适用，因为英国是工业最先进国家，贸易自由对它的好处显然比其他国家更多，落后国家若坚持贸易自由只会使自己与最先进国家的差距越来越大。但李斯特也说明贸易保护需与工业发展的时机相协调，若工业无发展的希望则不能采用贸易保护措施。他在《政治经济学的国民体系》中还多处针对其他学派提出的具体案例进行辩驳，使得他深入分析历史的研究方法给人以深刻印象。

罗雪尔是历史学派的创始人，标志是他于1843年出版的《历史方法的国民经济学讲义大纲》，该书被视作"历史学派的宣言"。在该书中他提出了经济研究应该研究国民经济的动态过程，既是历史的解剖学也是历史的生理学。在理论与实际的选择上，他倾向于用历史说明理论，但须注意理论在使用的时候会出现所谓现实的适用性问题。罗雪尔的另一大贡献就是分析了影响经济特别是不同经济体的非经济因素（如伦理、政治、宗教）。他的5卷本著作《国民经济学体系》一直是19世纪德国大学的重要教科书。

希尔德布兰德1842年创办了至今仍在出版的《国民经济学与统计学年鉴》杂志，并于1848年出版了代表作《现在和将来的国民经济学》。在书中他坚持来自历史学与统计学的研究方法，认为"历史研究是刷新经济研究和思想的手段"，而国民经济学的任务应该是研究各国国民经济的发展，而不是一种静态经济的研究。希尔德布兰德还特别强调"信用"在经济发展中的重要作用，只有有了信用，货币和资本才能正常流动，才能使国民摆脱贫困。

克尼斯在他的主要著作《历史方法观的政治经济学》也提出了类似的观点，认为绝对的抽象理论是在一定的时间、空间和特定的国家民族等条件的制约下产生的，同时又随它们的变化而变化。那些所谓绝对的经济学理论本身就是时代的产物，因此只能适用于特定的历史阶段，一旦历史背景发生了变化，这些所谓的理论也就过时了。因此最根本的经济研究要从历史中探求与最终检验，经济学的一般规律不外是历史表现的说明和真理进化的表现。

施穆勒是新历史学派的带头人，他在19世纪末"统制"了德国经济学界达30年之久。他将历史主义方法总结成"历史归纳法"、"历史生理法"和"历史统计法"三类。他认为罗雪尔是"历史生理法"的代表，即试图通过历史来说明经济发展的有机过程，而施穆勒自己则是通过归纳历史和统计资料获得对经济的认识，是一种"历史统计法"。在此认识的指导之下，他创办了被称为"施穆勒年鉴"的《德国立法、行政和经济年鉴》，以刊登基于大量历史资料的研究文章。

随着历史学派成为德国主流的经济学派，施穆勒在德国掌握的权力愈来愈大，他甚至长期握有德国社会科学界教授职位的审批权。但施穆勒的历史主义研究方法遭到了同期的奥匈帝国国民经济学的代表人物门格尔的挑战。1883年门格尔发表了《关于社会科学，特别是政治经济学方法的研究》，批判历史学派不能区别历史研究、现实问题与普遍理论应该相联系的道理，将经济学的研究带向了琐碎的历史问题考证。历史学派又不构建任何理论，使他们的研究很难给人以什么结论。门格尔认为经济学应该像自然科学那样，将抽象的理论推理（逻辑）作为核心，而历史只不过是理论的辅助而已。施穆勒立即在"施穆勒年鉴"上发表了反批判文章《国家科学和社会科学方法论》（1883），对门格尔的观点进行了辩驳，门格尔则在1884年发表了《德国国民经济学中历史主义的谬误》，施穆勒虽不再回答，但他们的弟子却为此争论了20余年，被经济学说称之为"方法论之争"。

在现实的经济政策方面，施穆勒还主张过用政府干预的政策应对1873年的经济危机。在社会保障问题上，施穆勒建立了一个名为"社会政策学会"（又被戏称"讲坛社会主义"）以促使政府出台各种社会保障立法。一系列立法的通过使得德国工人在世界上最早享受了疾病、意外事故和养老保险，也在客观上了拖延了德国工人运动的爆发，使施穆勒获得了改良主义的名声。

新一代历史学派中还有瓦格纳和布伦塔诺比较知名。瓦格纳的主要研究领域是财政学，他根据许多国家财政支出的历史资料得出了当国民收入增长时，财政支出会以更大比例增长的"瓦格纳法则"。他认为国家经费最终都会转移到国民生产总值之中，而实行累进税制和国家救助则成为了一种成功的社会制度。布伦塔诺的知名主张主要表现在工会方面，他认为工人应该通过自我的团结来维护权利，工会的首要任务在于使工人从不幸的境遇中解放出来，保障最低生活费用的工资水平，而不应该成为革命的工具。在拥护资本主义反对社会主义方面他也同其他历史学派学者有着近似的认识。

随着1890年俾斯麦的下台和取消反社会党人法，新历史学派的社会影响被大大削弱，开始进入了衰退解体的过程。

马克斯·韦伯和维尔纳·桑巴特是历史学派解体过程中的出现的两个著名人物，韦伯（重要代表作为《新教伦理与资本主义精神》）对宗教和社会经济关系的系统认识使得他获得了广泛名声。虽然没有明显证据表明韦伯加入了新历史学派的社团组织，但他的研究突出显示了各国宗教、社会组织的差异性及对经济发展的影响，因此也被认为是经济历史学派的一员。桑巴特则将历史主义方法论具体运用于对西欧资本主义发展史的分析，写出了三卷本的《现代资本主义》这一巨著。桑巴特在这本书中试图在历史方法与逻辑推理方法中进行调和，使得两者能相得益彰。

随着施穆勒的去世（1917）、历史学派面对第一次世界大战以后空前的通货膨胀束手无策以及纳粹党的镇压（1935），历史学派最终解体。

纵观历史学派半个多世纪的兴盛历程，坚持历史研究方法、强调各个国家的特殊性是历史学派各个学者的共同特点。虽然他们的主张有一定的道理，但他们完全排斥普遍理论，否定逻辑推理的做法也是不可取的。历史学派的学者们专注于对经济史料的整理分析，但缺少用理论对材料的统领。历史学派在德国被镇压后，世界上就没有名为"历史学派"的组织了。不过，历史学派还是明显影响了美国的老制度学派（代表人物凡勃伦曾在德国留学）和法国的经济社会学（韦伯与桑巴特也可以被算作经济社会学的代表人物），并通过他们影响到了我们这个时代的学说与思想。

参考文献：

［德］弗里德里希·李斯特：《政治经济学的国民体系》，商务印书馆 1983 年版。

［德］威廉·罗雪尔：《历史方法的国民经济学讲义大纲》，商务印书馆 1986 年版。

［奥］卡尔·门格尔：《经济学方法论探究》，新星出版社 2007 年版。

［美］格奥尔格·G·伊格尔斯：《德国的历史观》，译林出版社 2006 年版。

［德］桑巴特：《现代资本主义》第二版序言，商务印书馆 1958 年版。

汤在新：《近代西方经济学史》，上海人民出版社 1990 年版。

互动百科相关词条，网址 http：//www.hudong.com/wiki/。

［英］伊特韦尔等：《新帕尔格雷夫经济学大辞典》，经济科学出版社 1996 年版。

（逯建）

凯恩斯革命方法
Methods of the Keynesian Revolution

凯恩斯及凯恩斯的追随者以西方 20 世纪 30 年代经济危机为背景，创建了以需求管理、政府干预为特征的现代宏观经济学，对西方世界的经济运行模式及西方经济学的发展都产生了深远的影响。其革命的具体表现为：

第一，开创了现代宏观经济分析，从总量上研究总就业量、总生产量和国民总收入之间的关系及变动因素。其实关于宏观总量的定性与定量研究并不是凯恩斯一人首创，美国国家经济研究局（NBER）的开创人库兹涅茨、米契尔就已经对经济的长期增长与经济周期的问题进行过研究。但凯恩斯是第一个使得公众意识到总体的供给与需求、货币的发行与使用是存在深刻而复杂的联系。这种思路有别于他之前由剑桥大学马歇尔教授开创的新古典经济学对单个商品、单个厂商、单个消费家庭的微观个体经济分析。

第二，凯恩斯分别对影响与决定消费、投资、储蓄、货币供给与需求的主要因素进行了分析，提出了诸如边际消费影响、边际储蓄倾向、货币的流动性需求、防范性需求等概念。在经济运行规律的理论中，凯恩斯概括并命名了"供给会自动创造需求"的萨伊定律，并否定了这一定律。凯恩斯认为，之前的经济学之所以会认为"供给能够自动创造需求"，是因为当时的生产力不足，生产出来的产品始终会处于供不应求的局面，但是自20世纪20年代后，生产力的高速发展，使得经济出现了"有效需求不足"的问题。"有效需求不足"导致生产出来的商品无人购买，从而产生经济危机。因此在经济危机时刺激有效需求就是正确选择，扩大政府购买、增发货币、降低利率都是扩张有效需求可以选择的方案。

第三，摒弃了传统经济学市场能够自动调节经济的"看不见的手"理论，认为经济危机时市场的自动调节机制是失效的。如市场信心不足，政府应该肩负起重建市场信心的重要责任。通过政府购买，可以有效地促进生产企业的恢复。传统的降低利率的货币政策并不一定会奏效，若市场信心受到严重伤害，过低的利率会使得经济掉入"流动性陷阱"（低利率导致货币的流行性偏好过高），因此经济体被凯恩斯认为存在无法自我调节的情形的，在经济面临大危机的情况下，采用政府干预对经济危机进行抢救是必要且有效的。

第四，正是因为凯恩斯主张经济危机时政府进行必要的干预，凯恩斯因此也摒弃传统的稳健财政原则。按照之前的经济理论，政府应该努力保持财政预算平衡，政府若在经济危机、税收锐减的情况下还扩大财政开支，势必会使得财政无法平衡。但根据凯恩斯的主张，在关键时候政府可以保持一定的财政赤字。该原则后被滥用，成为导致政府债务无限制增长的肇事者。

凯恩斯的经济学，因其开创了宏观经济学领域和为政府干预学说而在经济学及相关学科中具有广泛的影响，对凯恩斯的理解也成为了经济学各学派争论的一个重要的话题。希克斯爵士、汉森使用数学化的方法将凯恩斯的理论凝练概括成了"IS-LM曲线"及"总需求—总供给模型"等。美国的萨缪尔森、托宾、索洛等人通过将宏观经济学与新古典经济学的综合而为凯恩斯的理论寻找到了一个比较坚实的基础。英国的琼·罗宾逊夫人则通过交叉的历史视角及与马克思主义的交叉而使凯恩斯主义拥有了左派的特色（争论内容详见"后凯恩斯主义方法"、"剑桥争论"等词条)。不论如何,凯恩斯的学说至今仍占据着宏观经济学教科书的核心内容,对他的这场革命的理解与争论也成为推动当今宏观经济学发展的重要动力。

参考文献:

［英］约翰·梅纳德·凯恩斯:《就业、利息与货币通论》(重译本),商务印书馆 2002 年版。

［美］萨缪尔森:《经济分析基础》,东北财经大学出版社 2006 年版。

［英］R. F. 哈罗德:《凯恩斯传》,商务印书馆 1997 年版。

［美］曼昆:《经济学原理》,北京大学出版社 2009 年版。

刘涤源:《凯恩斯经济学说评论》,武汉大学出版社 1997 年版。

Hansen, A. H., *A Guide to Keynes*, New York: McGraw Hill, 1953.

Hicks, J., Mr Keynes and the Classics: A Suggested Interpretation, *Econometriaca*, April, pp. 147-159, 1937.

(逯建)

货币主义方法
Methods of Monetarism

以芝加哥大学教授弗里德曼为代表的货币主义学派所使用的研究方法。该学派强调货币政策的变动是引起经济活动和物价水平发生变动的根本原因,主张施行更宽松、更自由的货币政策以保证经济的平稳运行。

弗里德曼等人首先复活并发展了休谟、费雪等人对货币的研究,系统地提出了货币数量方程,他们的主要理论可以被概括为:第一,货币需求仅是几个自变量(收入、债券预期收益率、预期通胀率等)的函数;第二,货币供应量变化是引起名义国民收入变化的主要原因;第三,货币流通速度一般被看做是常数,但在预期条件变化的情况下流通速度会发生变化;第四,在短期内,货币供应量的变化主要影响产量,部分影响物价,但在长期内,货币供应量只决定物价水平,产出与货币供应量无关。

与其他学派的学者力图从实际生产波动来解释经济周期不同的是,弗里德曼等人认为,正是因为国家反复周期性的货币政策才导致经济周期。货币主义因此被认为是与经济周期的实体解释相对立的另一种解释。货币主义者为避免经济的波动,必须反对国家干预经济。在货币政策方面应该实行一种单一规则的货币政策，即把货币存量作为唯一的政策工具，由政府公开宣布一个在长期内固定不变的货币增长率，从而确保物价水平稳定不变。

货币主义的对市场自由的主张也令它与经济自由主义、芝加哥学派（见相关词条解释）的其他学说有着很深的联系。货币主义者认为资本主义经济体系本质上是稳定的，只要让市场机制充分发挥其调节经济的作用，经济完全能够在一个可以接受的失业水平条件下稳定发展，自由市场和竞争是资源和收入合理分配的最有效方法，是导致个人和社会最大福利的最佳途径，而凯恩斯主义干预经济的财政政策和货币政策才是导致经济不稳定的主因，必须废止。

参考文献：
［美］马克·史库森：《朋友还是对手——奥地利学派与芝加哥学派之争》，上海世纪出版集团2006年版。
蒋自强、史晋川等：《当代西方经济学流派》，复旦大学出版社2006年版。
［美］N. 格里高利·曼昆：《宏观经济学》，中国人民大学出版社2009年版。
［美］本·塞利格曼：《现代经济学主要流派》，华夏出版社2010年版。
王志伟：《现代西方经济学流派》，北京大学出版社2005年版。

（逯建）

奥地利学派方法
Methods of the Austrian School

在当今西方各非主流经济学派之中，奥地利学派可谓是最大的非主流学派。奥地利学派的建立，在很多方面都与主流的新古典以及新古典综合经济学理论有很大相似之处，但它又在主观主义、定性研究以及个体的研究方法方面与主流理论有着很大不同，并在很多问题上与主流经济学存在着分歧。

奥地利学派最初由"边际革命"（见相关词条解释）的代表人物卡尔·门格尔创立，通过《国民经济学原理》一书，门格尔确立了奥地利学派主观、定性的研究风格。尽管他的研究风格没有被马歇尔建立的新古典经济学所吸纳，但该研究思路却被他的两个得力学生——维塞尔和庞巴维克继承了。通过对经济运行和货币规律的系统研究，奥地利学派获得了巨大的名声。熊彼特、米塞斯、哈耶克则是奥地利学派第三代的代表人物。不过由于奥匈帝国在第一次世界大战后解体，以及第二次世界大战后德国的被占领，奥地利的学者先后辗转前往英国、美国，并在美国扎下了根。熊彼特曾出任美国经济学会主席，哈耶克也一度担任芝加哥大学的教授。他们的主张见解对美国的经济学产生了深刻的影响。

奥地利学派方法可以大致概括为以下六个特点：第一，方法论上的主观主义，强调每个人对同一事物的感觉都是不同的；第二，方法论上的个人主义，即强调对每个行为个人的分析，反对使用笼统的理论予以概括；第三，边际主义，这点与其他坚持边际分析的学派认识相同；第四，对主观效用的强调，基于主观主义的认识，奥地利学派认为效用才是物品拥有经济性的重要特征，这一理论后来也成为了新古典经济学的基石；第五，机会成本理论，维塞尔认为成本是为做一件事而牺牲的所有可能收入中的最大的那一个，尽管机会成本无法被准确衡量；第六，时间结构，门格尔提出了经济分析中应考虑时间，庞巴维克在此基础上提出了"时差利息"理论，该理论认为时间也是有价值的，从而为利息的合法性奠定了基础。

奥地利学派还与其他学派产生了争论，最著名就是与德国历史学派的方法论之争和与社会主义者的论战。与历史学派的争论主要集中在方法论上，奥地利学派坚持演绎的推理方法，反对历史学派过多使用历史归纳而忽略逻辑思考。奥地利学派与社会主义者的争论则主要集中于对剩余价值和计划经济核算的可能性之上。庞巴维克从论证时差理性的角度，试图证明剩余价值的很大一部分是资本应有的利得；米塞斯认为计划经济扭曲了要素供给，导致价格无法反映商品的价值，因此计划经济无法进行；哈耶克则指责计划经济是对人性的奴役，从而给奥地利学派打上了极度自由主义的标签。

第二次世界大战后，在美国的奥地利学派学者继续产生着重要学术影响。除米塞斯、哈耶克、熊彼特外，其他较著名的学者有拉克曼、柯兹纳、罗斯巴德等。他们均持反对国家干预经济，主张自由主义，攻击社会主义计划经济的观点，但与主张自由主义的美国另一重要学派——芝加哥学派却存在一定分歧。具体表现为奥地利学派坚持演绎的、主观的、定性的分析方法，反对芝加哥学派的定量研究方法，坚持金本位甚至是私人银行，反对政府借货币政策扰乱经济等。虽然奥地利学派在20世纪五六十年代进入低迷时期，但最近的种种迹象表明该学派及所持观点在美国又呈复燃趋势。

参考文献：

［美］马克·史库森：《朋友还是对手——奥地利学派与芝加哥学派之争》，上海世纪出版集团2006年版。

［奥］卡尔·门格尔：《国民经济学原理》，上海世纪出版集团2005年版。
［美］本·塞利格曼：《现代经济学主要流派》，华夏出版社2010年版。
贾根良等：《西方异端经济学主要流派研究》，中国人民大学出版社2010年版。
Oakley, Allen, *The Foundations of Austrian Economics From Menger to Mises*, Edward Elgar Publishing, 1998.
Endres., A. M., *Neoclassical Microeconomic Theory：The Founding Austrian Version*, The Routledge Press, 1997.

（逯建）

芝加哥学派方法
Methods of the Chicago School

美国芝加哥大学的经济学者所坚持的研究方法。该学派的成员先后包括奈特、西蒙、瓦伊纳、德兰克特、弗里德曼、施蒂格勒、沃利斯、卢卡斯等人。坚持实证研究是他们在经济学研究方法上的共同特点，而坚持经济自由主义和社会达尔文主义，信奉自由市场经济中竞争机制的作用，相信市场力量的自我调节能力，反对凯恩斯主义等学派主张的政府干预则是该学派在经济政策上的最大特点。由于该学派成功解释了20世纪60年代末美国经济出现的"滞涨"问题，以及为里根总统提供政策建议而名声大噪。使该学派成为能与凯恩斯主义比肩的重要学派，其许多成员也因此获得了诺贝尔经济学奖。

该学派在创立之初（20世纪30年代）就坚持自由主义的信仰，奈特与瓦伊纳是当时的带头人。虽然也有坚持市场干预的学者（如兰格）进入过芝加哥大学，但芝加哥学派还是始终保持了坚持市场自由的主张。早期的芝加哥学派，对价格问题一直保有很高的兴趣，价格理论一直是博士学位资格考试的必考内容，弗里德曼也专门写过《价格理论》的书籍。但随着弗里德曼的研究兴趣的转变，他的学术地位的逐渐提高，芝加哥学派逐渐把视角转向了宏观经济学，并从宏观经济的角度继续论证经济自由主义的政策主张。

弗里德曼是芝加哥学派达到顶峰时的代表人物。他坚持工具主义（或"证伪主义"，见相关词条解释）的研究方法，提倡将大量的研究精力转向实证经济学。他认为由于经济学理论往往使用过多的假设，很难证明某个理论是对还是错，但对现实问题的实证却是可以被证明对错，能为不同的学者提供对话的基础。在他的倡导和示范下，大量有关经济学实证的文章开始进入最顶尖的杂志，计量经济学方法也因此获得了长足的发展。

在具体的研究内容方面，以弗里德曼为代表的货币主义学者（见"货币主义方法"词条）从政府的货币政策角度，得出政府的周期性货币政策才是导致经济周期的主要原因。通过对1929年美国大萧条的原因分析以及美国货币史的研究，弗里德曼的这一学说得到了广泛的认同。他们提出为避免宏观形势的大幅度波动，政府（包括货币当局）应该放松对货币市场的干预，同时制定更加稳健、透明的货币政策规则。弗里德曼所提出的持久收入假说为宏观经济学中的消费问题找到了一个微观经济学基础，他还对菲利普斯曲线提出了批评，并提出自然失业率的概念。

卢卡斯的理性预期学说（因该学说影响巨大，它又被称为理性预期学派）则是对凯恩斯主义的理论提出系统的批评。所谓理性预期，是指各经济主体在做出经济决策之前，会根据掌握的各种信息对与当前决策有关的经济变量的未来值进行预测。这种预期会影响经济中所有参与者的行为，并对经济活动产生重大影响。这些结论最终都导致了"卢卡斯批判"——在个人和企业进行理性预期条件下，政府宏观经济政策无效的重要结论。理性预期的理论与20世纪六七十年代经济学知识在美国民众广泛普及的大背景密切相关，随着人民知识水平的提高，会对政府的政策产生不同的解读，从而会抵消掉政府政策的部分效果。根据理性预期，凯恩斯主义对"货币中性"理论的否定就不再正确了，物价变化并不会对实际经济产生影响，长期情况下失业也不会与货币政策发生关系。而这些都为经济自由的政策主张提供了新的理论依据。

在芝加哥学派倡导经济自由并取得巨大成功的同时，该学派的其他学者又将研究对象拓展到了法律、劳动供给、人口、婚姻家庭、人力资本、经济史、社会学等方面。通过对经济学核心分析工具的使用，经济学的思路和方法深入到其他社会科学之中，产生了所谓的"经济学帝国主义"。

参考文献：

［美］约翰·范·奥弗特瓦尔德：《芝加哥学派》，中国社会科学出版社2010年版。

［美］马克·史库森：《朋友还是对手——奥地利学派与芝加哥学派之争》，上海世纪出版集团2006年版。

蒋自强、史晋川等：《当代西方经济学流派》，复旦大学出版社2006年版。

[美] N. 格里高利·曼昆：《宏观经济学》，中国人民大学出版社 2009 年版。
[美] 本·塞利格曼：《现代经济学主要流派》，华夏出版社 2010 年版。
[英] 伊特韦尔等：《新帕尔格雷夫经济学大辞典》，经济科学出版社 1996 年版。

（逯建）

剑桥争论
Cambridge Controversy

又作"两个剑桥之争"，即 20 世纪 50～60 年代发生的以英国剑桥大学经济学家琼·罗宾逊、卡多尔、斯拉法及意大利学者帕西内蒂为代表的新剑桥学派和以美国麻省理工学院（地处美国马萨诸塞州的剑桥市）的教授萨缪尔森、托宾、索洛等人为代表的新古典综合派的争论。他们争论的主要焦点为"资本"的计算问题，同时也涉及经济学的研究内容及研究范式、对凯恩斯主义的理解等问题。

两个剑桥学派争论的焦点是资本的计算问题。从新古典经济学到美国的新古典综合学派，资本存量的计算方式都是采用把企业资本折算成相对应的货币额的方式，然而这种计算方式有着潜在的逻辑问题。在加总过程中，以资金形式保存的资本并不能与以实物形式保存的资本直接加总，实物资本在计算资本量的时候必须通过利率来调整其现存的价值，但根据新古典经济学的理论，利率又是社会生产体系决定的。于是这就产生了一个悖论：利率既是企业生产函数的被决定变量又是决定生产函数的资本变量的一个重要条件，从而形成了循环论证。

如果社会仅有一个生产企业，新古典经济学还勉强可以通过先计算出该企业（和社会）的利润率来估计利率大小，从而可以解决不同资本品加总的问题。但现实中生产企业远不止一个，它们生产的产品也千差万别，如何计算异质的资本品的加总问题就是新古典经济学的一个难题了。1953 年，琼·罗宾逊夫人在《生产函数和资本理论》的论文中首先提出该问题，斯拉法也在 1960 年出版的代表作《用商品生产商品》中指出生产函数一旦用于两个以上的多部门模型就不再成立了。对此，萨缪尔森在 1962 年对此进行了回应，他使用代用生产函数（Surrogate Production Function）来替代均质的资本品概念，但他保留对资本与劳动的比例相同的假定也使得他无法真正解决这一问题。

1969年，索洛提出通过把每一种资本品都当成一种生产要素，可以使用一般均衡理论回避资本品的加总问题。对此新剑桥学派回应道一般均衡理论虽没有采用统一的利润率，从而表面上解决了资本的加总问题，但该方法毕竟只是对经济的静态分析，使用这种方法后不能使用总生产函数，也无法说明利率、储蓄与投资的关系。

新剑桥学派还就"技术再转折"的问题向新古典经济学发出了挑战。根据新古典经济学的理论，社会平均利润率的提高会导致更高技术的出现。这是因为随着利润率的下降，资本密集的技术会替代原来的技术，出现"技术转折"。但这一结论也是有条件才成立的，若工资与利润呈线性关系，则该结论一定成立。但若社会生产的产品是异质的，工资与利润不呈线性关系，且不同技术的工资—利润曲线出现了两次交叉，则又可能会出现"技术再转折"的现象，即随着利润率的下降，原本资本相对不密集的技术会再次替代资本密集的技术，从而产生社会生产水平发生倒退的悖论。

新剑桥学派对新古典经济学的批评无疑是切中要害的。20世纪60~70年代，新剑桥学派学者还将他们对新古典经济学的批评扩展到增长理论和收入分配理论领域。但不久新古典学派的学者也发现异质产品加总的问题在新剑桥学派的理论体系中也同样存在。如他们试图恢复的李嘉图、马克思模型也必须使用单一生产模型而不能推广到多种，萨缪尔森还指出新剑桥增长模型也不能脱离生产函数。通过这种反诘难的方法，新古典综合学派证明了产品的异质性、生产函数中的资本存量是一个不得已而采用的变通方案，在没有更好的理论提出之前，这种方法还是能够被接受的。

除对资本品的异质性和加总问题的争论以外，新剑桥学派还在对生产函数及"凯恩斯主义"的理解上提出了不同的看法。生产函数究竟是一种技术、生产力，还是一种社会生产关系的体现？新剑桥学派指责新古典综合学派过于看重宏观经济变量，忽视了"社会经济关系"（如财产所有权、收入分配）对宏观经济的影响。当然，这些批评在宏观经济学还刚刚起步的年代是很正确的，"社会关系"如何定量地进入生产函数至今也是一个难题。

新剑桥学派认为，萨缪尔森等人自居为凯恩斯的后继者是十分荒谬的，在他们看来新古典综合学派继承的其实是希克斯、汉森以及新古典综合学派用IS-LM分析方法对凯恩斯的经济学说的解读，而数学的方法并不是凯恩斯所采用的。新古典综合学派过于琐碎化、静态化地理解凯恩斯的理论。作为凯恩斯在英国剑桥大学的学生及同事，新剑桥学派有理由认为自己才是凯恩斯的嫡传。为此他们需要为凯恩斯主义正名,由此新剑桥学派又有了"后凯恩斯主义"的称谓(详见"后凯恩斯主义"的词条)。

尽管新剑桥学派在争论中占尽了上风,但没有避免他们提出的质疑被忽视的结果。按照其他学者的解释,随着20世纪80年代新剑桥学派代表人物罗宾逊夫人、斯拉法和卡多尔的相继去世,坚持新剑桥学派主张的声音也就逐渐消失了。但如果认真思考,就会发现新剑桥学派无法对他们发现的难题提出解决方案才是声音消失的主因。诚然,新古典经济学无法解决新剑桥学派提出的问题,但在没有其他更好的替代方案的情况下只能继续保留使用新古典经济学的理论。再者,从各方面来看,新剑桥学派也不是很清楚资本加总悖论的问题出在哪里,他们试图将生产关系的因素加入到经济分析之中,但生产关系与技术之间又有怎样的关系,罗宾逊夫人自己也未弄清楚。将一个比较定性的概念与定量化的分析搅和在一起,只能使这种学说令人摸不着头脑,从而丧失了学说继续发展的空间。

时至今日,有关企业、产品异质性的研究已经在新古典主导的研究中悄然兴起,资本加总的计算方案得到了比较大的更新,有关产权、制度的分析也进入到新古典的定量分析之中,宏观经济学研究不再局限于短期的宏观市场分析而出现了动态宏观理论。新剑桥学派对新古典综合学派的批评在某种程度上已经成为新古典经济学的一部分。不过,新古典经济学仍未完全解决新剑桥学派提出的质疑,从这个角度来说,新剑桥学派至今仍对新古典经济学的发展产生着影响,有关它的复兴也很有可能成为经济学未来的一个发展方向。

参考文献:

[英] 约翰·梅纳德·凯恩斯:《就业、利息与货币通论》(重译本),商务印书馆2002年版。

[美] 萨缪尔森:《经济分析基础》,东北财经大学出版社2006年版。

[英] 斯拉法:《用商品生产商品》,商务印书馆2012年版。

王璐:《"剑桥资本争论"与新古典分配理论的质疑》,载于《当代财经》2004年第8期。

郭全兴:《剑桥资本争论的发展与终结:"悖论"以及一个方法论的解释》,载于《经济思想史评论》第2辑,经济科学出版社2007年版。

Robinson J., The Production Function and the Theory of Capital, *Review of Economic Studies*, 1953.

Samuelson P. A., Parable and Realism in Capital Theory: The Surrogate Production Function, *Review of Economic Studies*, 1962.

(逯建)

公共选择学派方法
Methods of Public Choice School

公共选择是第二次世界大战以后逐渐诞生并成熟的一种以现代经济学分析民主制政府的交叉学科，该学科也可以称政治经济学（注意与古典主义、马克思主义所使用的"政治经济学"相区别）。公共选择理论可以被概括为非市场决策的经济学研究，仿照经济市场，该学派认为在政治市场上活跃着选民、利益集团（消费者）和政治家、官员（供给者），人们通过政治选票来选择能给其带来最大利益的政治家、政策法案和法律制度。公共选择理论研究选民、政治人物以及政府官员们的行为，并假设他们都是出于私利而采取行动的个人，以此研究他们在民主体制或其他类似的社会体制下进行的互动。国家的起源、政府的权利和义务、公共所有权、公共资源、投票规则、投票者行为、政党政治学、官员政治等都是公共选择学派研究的对象。其研究方法也多种多样，包括博弈论、决策论、实验经济学、数据实证、数字模拟及仿真等。

公共选择学派产生了詹姆斯·布坎南的公共选择模型、安东尼·唐斯的官僚经济学、奥尔森的集体行动理论和赖克的政治联盟等著名理论。公共选择学派还提出了"政府失灵"的概念，它指出没有一种理想的机制能够将所有的个人偏好综合为社会选择，当国家干预不能提高经济效率或改善收入分配不公平时会产生政府失灵，另外议员的短视、缺乏严格预算、为竞选提供资金也会导致政府失灵。

参考文献：

[美]肯尼斯·阿罗：《社会选择与个人价值》，上海人民出版社2010年版。
[美]詹姆斯·布坎南、戈登·塔洛克：《同意的计算——立宪民主的逻辑基础》，中国社会科学出版社2000年版。
[美]安东尼·唐斯：《民主的经济理论》，上海人民出版社2010年版。

(逯建)

东欧学派经济学方法
Economics Methods of Eastern Europe School

20世纪50年代，斯大林逝世后，世界社会主义政治经济学研究领域逐渐形成了一个既区别于资本主义国家正统经济学，也区别于苏联的政治经济学，并在一定程度上与苏联的政治经济学分庭抗礼的独特的学派——东欧经济学。东欧经济学是指社会主义经济体制改革过程中形成并发展起来的研究社会主义政治经济学的一门学科。由于这一理论发源于东欧。而且其代表人物大都是东欧经济学家，因此一般被称为东欧经济学派。

东欧经济学类似发达资本主义国家的激进政治经济学，难以用一种特定的方法去识别他们。但是东欧经济学的研究则有一条重要的主线，那就是论证改革、倡导改革、推动改革，认为改革是使社会主义经济运行进入健康、高效发展的必要步骤。东欧经济学以社会主义经济运行为研究资料，以经济改革为理论研究对象，研究者主要是东欧籍的政治经济学家。东欧经济学在研究方法、发展史观、理论体系和政策主张上区别于苏联经济学和西方经济学。

东欧经济学家认为，社会主义政治经济学不应当成为仅仅是解释原理和宣传政策的经济学，而应当成为规范分析和实证分析相统一的经验科学。东欧经济学家直面社会主义社会经济中存在的矛盾，较为客观地描述和解释了社会主义经济关系中各种对抗和摩擦，并积极寻找消除社会主义经济弊病的方法和手段。东欧经济学以对经济改革的研究为重点，认为社会主义经济体制可以有多重实现途径，承认社会主义经济是一个矛盾的实体，而不是一个"无矛盾的乌托邦"。在现实的社会主义经济中，存在通货膨胀、失业、短缺、增长波动、分配不均和官僚主义，在东欧经济学家那里，承认矛盾的存在并不等于否定社会制度自身，承认矛盾的存在恰恰是为了找到根治社会主义经济中存在的各种弊病的方法。

东欧经济学在方法上极具包容性。东欧经济学派从发展伊始就处于苏联政治经济学和资本主义国家正统经济学的包围之中，但是东欧经济学并不是把它们视为竞争对手或纯粹的批判对象，东欧经济学对其他任何类型的经济思想不抱任何道德上的盲目愤懑情绪和简单的敌视心理，它们把重点放在汲取苏联经济学和资本主义国家正统经济学的精华，解决社会主义经济的现实问题上。东欧经济学的一个典型特征是突破传统意识，在坚持马克思主义经济学思想的基础上，结合社会主义经济实践的变化，批判地吸收和借鉴资本主义国家正统经济学的某些观点和分析方法。东欧经济学派在研究方法上并不只拘泥于马克思主义经济学方法，而是把广泛范围的研究方法引入对社会主义经济的分析中来，比如制度分析、数量分析、非均衡分析等。心理偏好、边际效用、市场机制、均衡分析等都作为一种客观的分析方法被引入社会主义经济学的研究范畴。

东欧经济学研究的具体内容非常丰富。对计划与市场的关系、公有制、利益原则、公平和效率、经济增长和发展、宏观经济行为等有自己独到的见解。东欧经济学派的研究对象，包括了社会主义经济理论各方面的内容，比如过渡时期理论、所有制理论、经济运行理论、调节机制理论、再生产理论、经济增长和发展理论等。

东欧经济学派的发展历史可以追溯到20世纪二三十年代。米塞斯1920年发表了《社会主义制度下的经济计算》一文。他的核心命题是：社会主义不可能有合理的经济计算，因而不可能有合理的经济活动。他的论据是：合理的经济行为必须先有合理的成本计算，因此成本因素的价格和标定它们价格的市场是必要的前提。社会主义既然实行计划经济，就不存在这样的市场，也就不可能有合理的生产信号。因此社会主义的中央计划模式既无法最终确定某种产品是否需要，也无法确定生产特定产品过程中所消耗的劳动和原材料。由此他武断地得出结论："社会主义就是对合理经济的放弃。"米塞斯的观点在西方研究"社会主义"的经济学家中引起很大的反响，引发了一场关于社会主义经济制度可行性的争论，推动了对社会主义经济体制的研究。针对米塞斯等人的观点，波兰经济学家兰格在1936年、1937年连续发表后来以《社会主义经济理论》闻名于世的一组论文，第一次系统地探讨了中央计划和竞争性市场相结合的思想，提出了计划模拟市场的竞争性社会主义模式。兰格在论战过程中指出，没有任何理由可以证明，与竞争市场中的方法相似的"试错法"不能在社会主义经济中起作用。这种方法在社会主义经济中似乎确实会或至少能够工作得比竞争性市场中更好。因为中央计划机构对整个经济体系中的信息和知识比任何一个私人企业家能够拥有的要广得多。因此，它可以用一个比竞争市场短得多的相继试验达到正确的均衡价格。计划经济并不一定要排斥市场机制，相反，完全有可能把两者结合起来，实现资源的最优利用。兰格就在方法论上摒弃了把两者截然对立的形而上学的观点，开阔了人们的思路。兰格要求把市场机制的某些功能引入社会主义计划经济，也就从理论上提出了后来主张对苏联传统体制进行改革的人们提出的基本问题，兰格也因此而成为东欧经济学的理论先驱。

东欧国家经济体制改革的尝试，推动了经济理论的研究和发展，特别是推动了有关对传统体制运行机制弊端的揭示和改革目标模式的科学论述的理论研究。20世纪50年代东欧经济学基本形成。接下来的30多年间，随着经济体制改革的深入，东欧经济学获得了很大的发展。其主要代表人物有波兰的卡莱茨基、布鲁斯、南斯拉夫的卡德尔、匈牙利的科尔奈、纳吉和捷克的锡克、科斯塔等。

东欧经济学的理论特色包括：

第一，在经济哲学方面强调社会主义社会的矛盾性、社会主义经济模式的多样性、市场关系与社会主义计划的相容性等内容。社会主义经济模式问题几乎是同苏联社会主义制度一起诞生，并且一直是一个理论经济学未曾解决和有待探索的问题。比如，霍瓦特认为，国家所有制从一开始就不是真正的社会主义所有制。在国家所有制条件下，国有的生产资料实际上由官僚机构控制和掌握。劳动者实际上受雇于国家，劳动者对生产资料的占有只能是抽象的、名义的。

第二，在基本理论方面注重研究多种公有制形式的所有制理论、分权与集权结论的决策理论，肯定物质利益决定作用的动力理论、计划经济中的信息理论、短缺条件下的企业行为理论和重视供给方面的增长理论。比如，捷克经济学家锡克和南斯拉夫经济学家霍瓦特等人在所有制问题上是从批评斯大林教条转入探讨马克思所有制理论的真实含义的，并得到了与布鲁斯等人相似的结论。锡克在其《经济—利益—政治》一书中，批评了斯大林在利益问题上的观点，斯大林只承认社会主义社会劳动人民之间利益上的一致性而否认和抹杀他们在利益上的差别性和矛盾。这就从根本上堵塞了通过分析经济利益的内在矛盾运动来认识社会主义经济现象的道路，因而对许多重要的经济问题无法作出正确的理解，导致社会主义经济理论和实践中的一系列失误。

在经济发展理论方面，卡莱茨基的增长理论成为社会主义经济发展的一个主要理论基础，他认为社会主义从总体上是供给约束型经济。他公开批判流行的生产资料优先增长的规律，反对把生产资料生产优先增长绝对化。而科尔奈的短缺分析则影响了众多的社会主义国家，并强调了和谐增长的重要性。

在分析方法上实证研究与规范研究相结合，把控制论、信息论和系统论引入经济分析。比如，科尔奈对社会主义经济理论的发展作出了重要的贡献，特别是他对传统社会主义经济运行所作的系统而深入的理论描述和解释具有十分重要的科学价值，他运用由他独立建立的"非瓦尔拉斯均衡论"的理论成果和非瓦尔拉斯均衡分析方法，抓住了传统社会主义经济中的普遍现象——短缺，对传统社会主义经济的特征作了细致的研究和分析。他所提出的一些重要概念和范畴已为各国经济学界所普遍接受。东欧和苏联一些经济学家创造性地把数学上的最新成就，例如线性规划、经济控制论和系统论运用于经济分析。苏联数理经济学派的主要经济学家发表了重要的著作，如《资源最优利用的经济计算》、《最优计划的数学问题》、《经济数学方法和模型》等，这些著作深入探讨了最优计划的编制、近期和远景计划最优统计和动态模型、资源最优利用、投资和消费的最佳比例、资金利用的最优模式，以及价格形成、折旧理论等重大经济问题。这对社会主义经济理论的发展起了重大的推进作用。数理经济学在其他社会主义国家也得到了很大的发展，如兰格曾先后发表了《经济计量学导论》、《经济控制导论》、《最优决策》等著作；卡莱茨基出版了《动态经济学研究》、《社会主义和混合经济增长论文集》等，切牙利的科尔奈写了《投资的数学规划》、《结构决策的数学计划》等。这些经济学家都是运用以统计经验为特征的数学方法来研究社会主义经济运行过程的。

在政策方面坚持计划与市场结合、发展战略与体制改革结合、经济体制改革与政治体制改革相协调等。南斯拉夫、卡德尔、马克西莫维奇、霍瓦特研究的重心是所有制特别是国有制的改革。基本改革主张是变国有制为社会所有制。布鲁斯的研究重心是经济运行模式，基本改革主张是变集权模式为分权模式，并在计划调节中引入有调节的市场机制。锡克和考斯塔分析了社会主义条件下的经济利益关系和商品货币关系。主张充分发挥竞争性市场机制对生产的调节作用，计划调节的主要形式为宏观收入分配计划对需求总量和结构的调节。

东欧经济学和传统的社会主义经济学不同，他们把对社会主义经济学的研究推进到新的层次。他们不局限于只考察社会主义经济的本质关系，而是更加关注社会主义经济运行和发展问题；他们不满足于单纯地论述社会主义经济关系的优越性，而是更加关注实现理论论断中主张的社会主义经济优越性的途径；他们不满足于通过抽象的逻辑推理论证社会主义经济学的规律，而是更加关注对社会主义经济关系进行实证分析，特别注意到了社会主义经济现行经济体制的弊病和矛盾。

参考文献：

洪银兴等：《当代东欧经济学流派》，中国经济出版社 1988 年版。
程恩富等：《经济改革思维——东欧俄罗斯经济学》，当代中国出版社 2002 年版。

（吴昊航）

新古典宏观经济学方法
Neoclassical Macroeconomics Methods

　　宏观经济学是研究国民经济活动中各经济变量的总量是如何决定及其相互关系的学科。经济如何发展，国民收入如何决定，政府的货币政策、财政政策，经济周期的规律及如何应对等均是宏观经济学的方法。有关国家富裕、国民经济管理的方法古已有之。"政治经济学"的名称就体现了一种以政治的宏观角度来讨论经济运作的宏观思想，而以《国富论》为代表的关于国家致富的研究著作也是对"政治经济学"研究对象的一种继承。在同时期德意志地区出现的"官房经济学"、"国民经济学"也是这种思路的体系。事实上，只要是从国家统治者的角度，对可以成为一种总体指标的经济变量进行分析的理论，都能够被称为是宏观经济学。宏观经济学与微观经济学相区别的第二个特点是，宏观经济学不需要将自己的理论建立在微观经济学那种严密的逻辑论证之上，宏观经济学习惯研究一个变量与另一变量的相关关系（小数据的统计描述分析，大数据的回归实证分析等），但它们两者究竟有何种因果关系宏观经济学并不关心，只有在涉及确实难以解释的问题时宏观经济学才会对微观经济学理论进行探寻。

　　宏观经济学的真正建立，是在凯恩斯革命以后。凯恩斯开创了对实体变量与虚体变量进行同时研究的先河，使得宏观经济学真正成为了一门严肃的学科。虽然依照政策指向分，凯恩斯及其追随者们都主张政府干预，与古典、新古典的政策观点截然对立，但它们对于新古典经济学分析问题的方法，也不是一概否定。总供给与总需求分析，就是对新古典微观经济学"供—需—均衡"方法（见"新古典微观经济学"的词条）的借用。尽管凯恩斯在《就业、利息与货币通论》中的语焉不详，使他人有很多解读，但不难发现他人的解读也大多是按照"供—需—均衡"的方法进行的。如将总供给看做是短期不变而将总需求看做是短期可变的，在总需求分析中综合考虑实体经济与虚体经济，对两种经济的市场均衡的再均衡采用 IS-LM 分析。显然，没有新古典微观的均衡分析，这些内容都是无法存在的。

新古典的均衡分析方法还拓展到就业、通货膨胀的分析之中。就业市场的供给与需求、就业与经济增长、就业与通货膨胀的可替代关系等都有"供—需—均衡"的影子。而在宏观经济学对其理论基础的微观探讨过程中，宏观经济学与新古典微观经济学的更多内容发生了联系，如生命周期理论、劳动供给理论、存货投资理论等。宏观经济学还因新古典微观经济学而变得十分数学化，自希克斯、汉森提出 IS-LM 分析框架以来，萨缪尔森、哈罗德、弗里德曼、萨金特等人都将宏观经济学变得越来越数学化。宏观经济学拥有了如此繁杂的数学外表，以至于当今的学者若是不太掌握数学工具，想从原理上掌握并进行宏观经济学分析应该是很难的了。

因凯恩斯主张政府干预，宏观经济学在政策层面上与新古典经济学完全不能混为一谈，萨缪尔森等人开创的"新古典综合"经济学，也仅是如上文所述将凯恩斯的基本思想放置在新古典的分析框架之上。真正的"新古典宏观"经济学，还应该被认为是来自芝加哥（见"芝加哥学派方法"词条）的货币主义（见相关词条）学派和理性预期学派。这两个学派坚持货币在长期和短期都是中性的，因市场能够自动形成理性预期，因此凯恩斯主义的积极干预政策是有害的。新古典宏观经济学因此认为私人经济能够实现比政府干预情况更好的自我稳定。

新古典宏观经济学，特别是理性预期学说，从微观的层面上提出了一个民众可以对经济政策进行适应的问题。由于民众掌握了经济知识，因此政府的政策往往会因没有达到民众的心理预期而失效（甚至收入相反）。这种思想在某种程度上可以被理解成是对之前政府外在的经济政策的制约平衡，经济政策因此也拥有了一个"供"（政府提供）与"需"（民众需求）的市场，是另一种供给与需求的平衡。所以新古典经济学对凯恩斯式的宏观经济学是一种重要的颠覆。当然凯恩斯经济学也提出了一些反批评意见，两种宏观经济学的争辩大大促进了当代宏观经济学的发展。

参考文献：

［英］约翰·梅纳德·凯恩斯：《就业、利息与货币通论（重译本）》，商务印书馆2002年版。

［英］罗伊·哈罗德：《动态经济学》，商务印书馆1981年版。

［美］萨缪尔森：《经济分析基础》，东北财经大学出版社2006年版。

［美］曼昆：《经济学原理》，北京大学出版社2009年版。

[美]米尔顿·弗里德曼:《价格理论》,华夏出版社2011年版。

杨奎斯特、萨金特:《递归宏观经济理论》,中国人民大学出版社2005年版。

[美]弗里德曼:《实证经济方法论》,引自《弗里德曼文萃》,首都经济与贸易大学出版社1991年版。

Robert Lucas, Jr., Expectations and the Neutrality of Money, *Journal of Economic Theory*, April, pp. 103-124, 1972.

(逯建)

新古典微观经济学方法
Neoclassical Microeconomics Methods

经济学自"边际革命"之后产生的分析方法,该方法最终由马歇尔的《经济学原理》确定,是当今世界上主流的分析方法。该分析法首先应用于对消费者个人、厂商或其他微观个体的经济分析上,因此被冠以微观经济学的名称,以示与借"新古典"之名的宏观经济学相区别。

一提到"新古典",经济学教材总是将其与"边际"、"效用"(或被古典经济学称"主观价值")、"边际效用"、"均衡"等概念相联系。但如果对新古典经济学诞生的过程进行细致的考察,就会发现这些概念还是有很大距离的,并且它们被发现的过程还有很大的时间差距。"边际"的方法有着很长的历史渊源,它实际上就是一种动态差异的比较静态方法,与数学方法及数学思维习惯有着十分密切的联系。(法国的学者对此贡献颇多,详见"边际主义方法"词条)而"效用"则是生产发展以后人们对经济现象更加自信的体现。"效用"代表着价值决定因素中的需求那一侧,因此也常常与商品的"稀缺性"发生联系。该概念最初被德国人戈森使用,但除了留下两个定律以外戈森几乎完全被人忽视。1870年前后奥地利人门格尔和英国人杰文斯共同明确提出了"效用"(或称"快乐"、"幸福"),并将其作为他们论著体系的基石。而马歇尔则在综合了"边际"与"效用"的方法,并提出了"供给—需求—均衡"的分析方法。这种方法首先,可以综合各种供、需两方面的思路,把作为生产方的"价值"与作为需求方的"效用"放在一起;其次,可以通过供需来建立一组相反作用的力,使经济保持一种平衡;最后,由于这种平衡随时都可能发生变化,因此"边际"的方法也能派得上用场。因此马歇尔的均衡分析才是新古典诞生的核心标志,有学者也使用"马歇尔交叉"(Marshallian Cross)、"马歇尔剪刀"(Marshallian

Scissors）予以称呼。

除核心的"均衡"分析外，新古典微观经济学还蕴含以下一些特点方法。首先是采用从经验现象高度抽象成理论的思维方式，注重演绎逻辑（有的学者甚至直接期望建立一种类似物理学那样定律定理体系），经验的东西能够纠正理论但不能成为理论体系的主体。第二，新古典微观经济学使用比较静态（见相关词条解释）的分析方式，为此就必须将一个整体的事物分解成若干孤立的部分，进行分头研究，而与研究对象不相关的主题则被简化处理。第三，为使个体的研究能够顺利展开，新古典微观经济学自我地创造了一个"经济人"（见相关词条解释）和"代表性企业"进行分析，"经济人"与"代表性企业"都具有理性决策者的特征（即能想方设法最大化自己的效用与利润），因此新古典微观经济学试图希望代表绝大多数企业，但具体的消费者与生产企业毕竟是复杂的，要想对它们进行深入讨论，还必须辟出专门的分支进行研究。

马歇尔在他的著作中还提出了许多概念，但那些概念并不是根本性的，一些概念如弹性、规模经济、完全竞争的假设虽也很重要，但被后来经济学者予以拓展或更正。只有"供—需—均衡"的方法成为所有分析无法绕开的框架。马歇尔的均衡分析的巧妙之处，是它并没有规定使用的范围，因此长期的和短期的、局部的与整体的（一般的）都可以套用这一概念。长期与短期的分析已经成为当下经济学教科书的基本内容，而在研究局部均衡问题时可以仿照马歇尔的方法进行分析，若预见一些特殊情况（如吉芬商品）会通过考虑其他商品价格对本商品销量的影响进行迂回，而真正对一般均衡的讨论也可以通过若干市场的供给与需求方程的联立共同求解，只不过因市场过多无法再用图形表示。

一般均衡虽是研究尽可能多的市场的供给与需求，但它毕竟不是影响经济所有因素的总和，真正的总体研究还需要依靠宏观经济学。宏观经济学最初是与微观经济学并行发展的，但在经历数十年之后宏观经济学同样也使用马歇尔开创的微观经济学分析方法。货币、劳动力市场、外汇市场的供给与需求，总供给与总需求分析都是"供—需—均衡"分析方法延续，而那颇具争议的 IS-LM 分析其实也有该分析的影子。当然"边际"分析、"效用"分析自然而然就不在话下了。

与宏观经济学相比，微观经济学不具备从各个指标直接找到联系的手段，微观经济学只能根据最基本的前提假设，从逻辑体系中论证出几个指标有什么道理上的联系。微观经济学当然有实证检验，不过那只是对已有的理论进行检验或试图对其进行修正。微观经济学理论性要强于宏观经济学。

由于新古典微观经济学的研究方法是当前世界经济学主流方法，因此它也受到了多方面的批评，这些批评刚好可以被用来理解新古典微观还有哪些特征。

首先，其他学派的学者认为新古典微观经济学建立在一个软地基上。这个软地基就是"效用"的概念。新古典学者自己都承认，只能比较两个"效用"的大小，但不能说出"效用"的单位，不同人从同一件事中获得的效用不一样，而且观察者也无法知晓他人获得了多大效用。因此"效用"无法成为衡量一个事物含有多大经济价值的最终标准，经济价值的衡量还需借助"边际"来完成。

其次，新古典微观经济学过多地使用数学也招致奥地利、历史、制度等学派的批评。本来数学仅是一种描述事物的语言，但由于数学方法附带的分析方式，使得新古典经济学带上了一些可以招致批评的成分。新古典经济学试图把一个有机的整体拆卸成若干部分，然后通过比较静态分析得出每部分的关系，最后再把这些部分重新装在一起。它使用过于简化的模型，试图寻求放之四海而皆准的理论，但却忽视了一些小的细节可能会对问题造成多大的影响。奥地利学派还批评新古典经济学过多地使用了"连续"的观念，事实上很多经济现象都是分散进行的。

再其次，新古典经济学忽视了时间因素的重要影响。以均衡为例，由于供给与需求都是时时刻刻在变化中，因此理论上的均衡状态是不可能真正达到的。由于是静态分析，新古典微观经济学也不可能考虑经济变量的动态变化，只能机械地分部分地得到一个理想状态。

最后，由于"效用"的概念不坚实，无法找到各要素在产生"价值"中（新古典微观经济学中索性将这一概念取消了）所做的贡献，因此新古典微观经济学也无明确的分配理论。对要素如何进行分配，马歇尔并没有给出原则，不过奥地利学派的维塞尔却提出了"边际分配理论"，根据"边际分配理论"，各要素所获得的报酬应该根据生产在最后停止时那一边际大小关系比例来确定。如此的分配理论明显是与古典政治经济学的分配理论相冲突的，并且它回避了剩余问题和阶级分析，因此遭到了其他学派学者的猛烈批判。由于新古典微观学研究对象的限制，它并没有涉及生产体系周期性变化的问题，因此经济周期（经济危机）不在它的研究范畴之内。

新古典微观经济学是否坚持自由放任的政策主张？应该说该话题不是微观经济学的主要问题，尽管马歇尔等人曾对这个问题进行过讨论，但这并不意味着新古典微观经济学在自由放任与政府干预的争论中有何理论贡献。新古典经济学基本继承了古典政治经济学市场自身就有一只"看不见的手"的认识，因此倾向于政府应该自由放任。

还有一些内容当初确实是马歇尔本人的主张，但在流传的过程中被逐渐忽视了。演化的思想就是一例，马歇尔曾多次有过经济体更像是生物体而不是机器的思想，但新古典微观经济学还是最终演变成了类似于一台生产机器的说明书。又如企业家管理（企业家精神），马歇尔明确将其与土地、资本、劳动等要素并列在一起，但在之后的经济学教科书中这一要素被忽视了。直到企业家精神被熊彼特重新提出，该要素仍未成为解释经济的主要概念。

参考文献：

[英] 杰弗里·霍奇逊：《演化与制度：论演化经济学和经济学的演化》，中国人民大学出版社2007年版。
晏智杰：《边际革命和新古典经济学》，北京大学出版社2004年版。
[美] 理查德·豪伊：《边际效用学派的兴起》，中国社会科学出版社1999年版。
[英] 斯坦利·杰文斯：《政治经济学理论》，商务印书馆1997年版。
[英] 马歇尔：《经济学原理》，商务印书馆2005年版。
[奥] 卡尔·门格尔：《国民经济学原理》，上海世纪出版集团2005年版。
[奥] 弗·冯·维塞尔：《自然价值》，商务印书馆1982年版。
逯建、乔洪武：《奥地利经济学与新古典经济学》，载于《求索》2008年第10期。

（逯建）

后凯恩斯主义方法
Post Keynesian Methods

"后凯恩斯"这个名词所指原本比较宽泛，可以泛指所有从凯恩斯的经济学发展而来的经济学说。但因出现了"剑桥争论"（见相关词条），学术界用"后凯恩斯"（Post Keynesian）来专指英国剑桥大学的"新剑桥学派"。而将美国马萨诸塞州剑桥，以美国经济学家萨缪尔森、托宾、索洛等为代表人物的学派称为"后凯恩斯主流学派"（该学派又被称为"美国凯恩斯学派"、"新古典综合学派"等)。

"后凯恩斯"学派之所以又有"新剑桥学派"的称呼，是因为该学派有意要与剑桥大学之前的新古典传统相区别。马歇尔所创的新古典经济学主要使用的是短期的静态均衡分析方法，而新剑桥学派认为这种理论太过于微观和短期，无法说明经济成长的长期情况，因此有必要使用更长更广泛的研究方法。新剑桥学派同样也不赞同希克斯、汉森以及新古典综合学派使用 IS-LM 分析方法对凯恩斯的经济学说的解读，同样认为正是这种方法才导致了凯恩斯理论的琐碎化、静态化，因此需要为凯恩斯主义正名，由此产生了"后凯恩斯主义"的名称。

虽然后凯恩斯主义的研究者拥有重塑凯恩斯主义的共同研究目的，但该学派也没有形成统一的研究纲领，在具体研究问题及政策主张方面也没有形成统一的主张。后凯恩斯学派最早同时也是最知名的成员有琼·罗宾逊夫人、卡多尔、斯拉法、卡莱茨基、帕西内蒂、伊特韦尔等。一般说来，除主张使用长期动态的研究方法以外，该学派还有以下一些基本主张：

第一，从不完全竞争、不确定性、积累、增长与经济周期等角度解释经济。琼·罗宾逊夫人早年曾写了著作《不完全竞争》，卡莱茨基发表重要代表作《商业循环理论大纲》，使得这种思路变得十分清晰。卡莱茨基还发表了《经济周期理论概要》(1935)、《国民收入分配的决定》(1938)、《经济动态理论》(1954)等论文、著作。这些研究贯穿了卡莱茨基多部门、多时期、多角度研究经济的思路。卡多尔也从分配的变动对经济的影响讨论经济的变化，他认为正是分配的变动才导致了经济发生了内在变动，从而导致了经济的不稳定甚至经济周期。

第二，关注阶级、社会权力及社会冲突。后凯恩斯学派的成员基本都试图将马克思主义的学说嫁接到他们的学说之中。罗宾逊夫人、卡莱茨基等人认为马歇尔与凯恩斯的分析框架忽视了社会阶级分析，而在经济长期发展的背景下，资本回报（利润）的增长要高于工资回报（工资）的增长，由此导致了不同阶层收入的不平等。这种收入不平等又使得经济增长乏力，有效需求不足，从而导致经济危机及社会冲突。

第三，尝试用客观的价值体系来解释经济。由于基于效用的主观价值论缺乏坚实的理论基础，斯拉法等试图从李嘉图的学说中找到客观的价值标准（他的学说又被称为"新李嘉图主义"，见相关词条解释）。由于有了更客观的价值标准，方便了后凯恩斯主义的其他学者对经济价值与收入分配问题的研究。斯拉法在他的研究中还提醒其他学者注意投入—产出和联合生产等问题。

后凯恩斯学派还在两个基本问题上不同意新古典综合学派对凯恩斯学说的理解。按照新古典综合学派的意见，凯恩斯是反对供给自动创造需求的"萨伊定律"，不过如果政府进行适当干预，需求最终能够适应投资也就是供给。但琼·罗宾逊夫人认为即使存在政府干预，也不可能完全恢复供给自动创造需求的情况，因此萨伊定律在现代的任何时候都不可能成立。同样，新古典综合学派认为，只要政府采用足够的投资来吸收储蓄，经济就能恢复充分就业，后凯恩斯学派认为这也是不可能的，因为凯恩斯认为"投资支配储蓄"，而在此情况下失业是不可避免的。

后凯恩斯学派的许多学术观点，都得到了琼·罗宾逊夫人的融合归纳。作为一名女性，她一直是剑桥大学的学术领袖。她试图将有效需求运用到长期的经济增长分析，否定生产函数中的"资本"概念，将详细的阶级分析纳入到经济增长的分析之中，同时承认制度因素对经济增长的影响。她对收入与分配的研究使得她获得了广泛的声誉，而她对马克思主义的议论也使她获得了"西方经济学左派"的名声。更重要的是，罗宾逊夫人作为"新剑桥"的学术领袖与萨缪尔森等人发生了长时期的争论，在经济政策层面她也与弗里德曼的领导芝加哥学派有过许多讨论与交流。

除对凯恩斯理论的接受和对新古典经济学的批评以外，后凯恩斯主义经济学还综合了当时流行的其他多种学说。后凯恩斯主义者与马克思主义者的交往就很密切，罗宾逊夫人多次使用并讨论了马克思主义，意大利人斯拉法与共产党人葛兰西的私交很好，他对李嘉图客观价值论的发展也可以看做是对马克思主义的一种维护，卡莱茨基是波兰人，他在第二次世纪大战以后还回到了社会主义波兰，并写作了《社会主义和混合经济的经济增长论文选》（1972）等著作。为了研究各个国家经济发展的特殊性，后凯恩斯学派还借鉴了新老制度学派的学说。这方面的代表人物主要为阿瑞思蒂斯（Arisesis）、瑞纳德斯（Reynolds）等。

后凯恩斯学派还在货币金融、财政学、20世纪70年代发生的滞涨问题上发出过自己的声音。卡多尔提出了"银行贷款是货币增长的主要源泉"的水平主义方法，他认为中央银行只能控制银行利率而非货币的供应量，从这个方面说流动性偏好的假设也是不必要的，是凯恩斯思想的倒退。在财政学方面，卡多尔提倡以消费税为基础课税，提倡设置增值税。在通胀的原因分析方面，部门间的结构差异、经济发展的不确定性，以及政治活动对经济的影响都是可能造成通胀的原因。后凯恩斯主义者因此提出了稳定的财政政策，对失业者进行帮助并逐步实现私有企业国有化的政策建议。

在以罗宾逊夫人为代表的第一代后凯恩斯主义者之后，该学派至少又经历了两代学者的发展。帕西内蒂、哈考特、温特劳布、戴维森、明斯基是第二代，其中帕西内蒂又是第二代学者的领袖，而阿瑞思蒂斯、道、拉瓦耶、金、沃瑞是该学派的第三代中的代表人物。同时，后凯恩斯主义现在也已在美国广泛流传，成为美国主流经济学的众多批评者的一员。

参考文献：
胡寄窗：《1870年以来的西方经济学说》，经济科学出版社1988年版。
贾根良：《西方异端经济学主要流派研究》，中国人民大学出版社2010年版。
蒋自强、史晋川：《当代西方经济学流派》第二版，复旦大学出版社2006年版。
[意]阿莱桑德罗·隆卡吉里亚：《皮埃罗·斯拉法》，华夏出版社2010年版。
[墨]胡里奥·洛配斯、[法]迈克尔·阿祖兹：《米哈尔·卡莱茨基》，华夏出版社2011年版。
[英]伊特韦尔等：《新帕尔格雷夫经济学大辞典》，经济科学出版社1996年版。
[英]琼·罗宾逊、约翰·伊特韦尔：《现代经济学导论》，商务印书馆1982年版。
[英]斯拉法：《用商品生产商品》，商务印书馆2012年版。

（逯建）

新李嘉图主义方法
Neo-Ricardian Methods

"新李嘉图主义"是20世纪70年代出现的一个名称，用以概括皮埃罗·斯拉法（Piero Sraffa）在《用商品生产商品》中展现出的那种回到李嘉图的研究思路和方法。

斯拉法，意大利人，早年曾接触过一些马克思主义学说，也对一些货币问题进行过研究。1926年他在《经济学杂志》（*Economic Journal*）上发表了一篇《竞争条件下的报酬定律》的论文，引起了剑桥大学学者的重视。1927年，凯恩斯邀请他到剑桥大学任教，并长期主持马歇尔图书馆的工作。他一生的主要时间花费在对李嘉图的著作与通信的整理之上，所著论著极少。但他因对古典经济学、马歇尔和凯恩斯学派的理解而备受剑桥大学其他成员的重视,成为他们的讨论小组的重要成员(该小组也被称为新剑桥学派,其成员及观点见"后凯恩斯主义方法"的词条)。1960年,斯拉法在经历了长达二十多年的沉寂之后写出了一本只有96页的代表作《用商品生产商品》,引发了学界的高度重视。

古典经济学曾经一直遵循所有商品均有客观价值的立场,但究竟以什么为客观价值的标准却众说不一。李嘉图在总结古典经济学的学说观点之后提出了劳动价值论,对概括古典经济学,提升人在经济活动中的核心地位有着十分重要的意义。然而,他所提出的劳动价值论还存在无法说明商品生产循环中价值如何转化的缺陷。由于商品的生产循环需要众多商品的参与,因此各商品彼此间的影响往往会导致商品价格并不一定表现价值,因此需要使用一种更加全面的办法对商品价值进行重新定义或重新分析。

正是基于此种考虑,斯拉法在《用商品生产商品》中对商品生产循环过程中的价值问题进行了讨论,并提出了一种新的客观价值标准。为使问题能更加明确,他的体系中没有考虑货币,没有考虑技术与产量的变化,当然也不存在新古典经济学那样的供需均衡分析。他仅考虑商品到商品的生产模式,并在著作开篇的很长一大部分考虑生产单一商品且不存在生产规模的扩大(或称产品的积累)。通过对生产系统的数理化的定义描述,及一系列方程的并列求解,斯拉法得到产业的利润率独立于生产体系或货币利率。通过设定工资率的比率,斯拉法还可以计算出利润率的大小。

斯拉法从一系列方程组中得到可用做价值尺度的"标准商品",与劳动价值论不同,这种标准商品是从那种由商品到商品的生产体系中计算出来的,因此不可能表现为一种单一商品(如劳动、又如土地、资本或其他),并且如果生产体系不确定下来,"标准商品"也无从计算出来。斯拉法还论证,这种"标准商品"是唯一的,即若要存在其他的"标准商品",则一定会使某一商品的价格变为不合道理的负数。也就是说若生产体系确定,指导生产的价值体系就被确定下来了。

斯拉法的价值理论,当然还是与新古典经济学有明显区别的。新古典经济学取消了价值概念,将商品的价格理解为主观效用的表现。但不幸的是这种主观效用却没有统一的外在表现形式,使得主观效用实际上缺乏了一个坚实的基础。斯拉法的"标准商品"学说建立在商品而不是效用理论之上,是相对确定的,因此与主观价值理论有着更明显的区别。虽然与其他客观价值理论有一定的差距,但他的学说仍应被看作是对客观价值论的维护,是客观价值理论的一种发展或有益探索。

斯拉法把从投入到产出的产品数量的扩大理解成为产生利润的原因，通过各产品投入资本的自动调整，社会能达到一种统一的利润率水平。在斯拉法体系中，工资并不是"维持最低生活水平的产品"，而是可以参与剩余的分配，剩余也有一部分能被工人获得，其余则成为真正的资本所有者的利润。斯拉法认为工资是独立于生产体系之外的自变量，它与最高利润率共同决定利润率的大小。若将生产费用还原成有时期的劳动量，利润率和生产时期的变化还会使得表示生产费用的劳动量发生较大幅度的变动。

斯拉法的价值理论更大的影响表现在对新古典经济学的"边际分配"理论的颠覆。边际分配理论是根据生产最终稳定时各要素投入的最后一边际的大小予以确定分配给要素的比例关系。但在斯拉法体系中，由于生产是日复一日，生产的投入较少发生变动，因此无法根据投入品的边际变动判定商品该如何分配。斯拉法根据商品的生产体系中各产品的交换关系及它们与"标准商品"的关系来指导分配，商品的投入能对应获得的收益（即它所能分得的报酬）是根据它们在生产体系中的作用。可以想象，即使生产规模发生了扩大，商品投入也发生了变动，斯拉法的分配理论仍有很大的适用性，能够对边际分配理论构成挑战。

除几种商品共同生产一种产品的生产外，斯拉法还研究了几种商品共同生产多种产品的联合生产情况。这是之前的古典经济学理论未予考虑的。当然，通过转换商品的投入比例，作为投入品的几种商品还有可能产出其他的多种产品。斯拉法证明，在联合生产情况时他的"标准商品"计算方案仍然存在。他还对固定资本以及土地使用的问题进行了讨论。在著作的最后，斯拉法还略微讨论了生产方法转变后可能会造成的哪些变化。不过这些变化是很简单的，完全可以在此基础上进行更深入的研究，或许可以发展出一种在生产技术持续变化的背景下的客观价值理论。

对于斯拉法学说的评价，不同学派评价并不一致。许多新凯恩斯学派（见相关词条）的学者认为斯拉法应该是继承了李嘉图的方法，马克思主义的价值理论被斯拉法认为是李嘉图的一个批判性的发展而不是完整的继承（Medio，1972），因此斯拉法对李嘉图的解读并不是马克思主义的延续，他的理论被贴上了"新李嘉图主义"的标签，以示与马克思主义剩余理论的区别。但斯拉法对这个称呼并不同意，他情愿别人称呼它斯拉法的经济学。而美国的新古典综合学派并不十分看重斯拉法的贡献，尽管他们的带头人萨缪尔森曾经也写过一些关于价值转型问题的论文。

在斯拉法之后，人们主要沿着三条思路对斯拉法的工作进行拓展：帕西内蒂，对斯拉法的工作进行了"李嘉图主义"式的重建；斯梯德曼对斯拉法进行了"马克思主义"式的重建，写作了《按斯拉法思想研究马克思》的著作；拉比尼对斯拉法进行了"斯密主义"式的重建。由于斯拉法与古典经济学的这三种学说均有很密切的联系，因此这三种重建都可以看做是斯拉法主义的解释与发展。不论如何，斯拉法长期对李嘉图著作的整理和深入研究、对古典经济学的继承以及对现代经济学（不论西方经济学还是马克思主义）的影响，都应受到后人的敬仰。

参考文献：

［英］斯拉法：《用商品生产商品》，商务印书馆2012年版。

［英］斯梯德曼：《按照斯拉法思想研究马克思》，商务印书馆1991年版。

胡寄窗：《1870年以来的西方经济学说》，经济学科出版社1988年版。

巫宝三：《〈用商品生产商品〉序言》，商务印书馆2012年版。

郭熙保：《斯拉法价格理论初探》，载于《经济研究》1986年第5期。

胡坚：《评斯拉法对李嘉图"不变价值尺度"难题的解答》，载于《经济科学》1993年第1期。

丁堡骏：《评斯拉法的价格理论》，载于《政治经济学评论》2003年第2卷。

魏埙：《当代一种独具奇特的价格理论体系——斯拉法〈用商品生产商品〉》介评，载于《南开学报》2001年第6期。

Medio, A., Profits and Surplus Value: Appearance and Reality in Capitalist Production, In *A Critique of Economic Theory*, ed. E. K. Hunt and J. G. Schwartz, Harmondsworth: Penguin, 1972.

Sraffa, P., *Production of Commodities by Means of Commodities*, Cambridge: Cambridge University Press, 1960.

（逯建）

事前与事后
Ex Ante and Ex Post

20世纪20年代，在埃里克·林达尔和贡纳尔·默达尔（Erik Lindahl and Gunnar Myrdal）的论文中最早出现了"事前"与"事后"的思想。1924年，林达尔的一篇论文中，强调了时间对宏观经济分析的重要性和意义,在探讨"只有事后才认识的负投资"时,提出了"对未来的主观计算"的思想和"事后"的概念。1927 年,"斯德哥尔摩学派"创始人之一——经济学家默达尔在他的博士论文"经济变化中的价格形成问题"中(原文为德文),对"事前"和"事后"的思想做了更加详细的阐述。在论文中,默达尔探讨了被经济主体所预期的经济变化如何影响当前的价格形成过程,以及这种影响与企业行为等变化之间的关系。他明确区分了"完全预期的变化"和"未预期的变化"。他认为,如果需求或者技术的变化完全被企业所预期到并在决策时加以考虑,那么当这种变化实际发生时就不会影响企业的利润;与之相反,完全未预期的变化会引起未预期的价格变化,从而影响企业的成本、资本价值和利润;而在现实世界中,这两种情况都普遍存在。"完全预期的变化"与"未预期的变化"的区分是"事前"与"事后"思想的雏形。因为"事前"与"事后"的区分,实际上是对"预期得到的"和"预期不到的"的差异的认可,这个思想最先是由弗兰克·奈特(Frank Knight)在 1921 年提出来的。

1933 年,默达尔在论文"货币均衡"(原文为德文)中,构建了一个动态宏观经济分析的框架。在探讨投资和储蓄时,他明确区分了资本的"预期回报"与"实际回报",并基于此讨论了"预期回报"的变化如何影响与资本成本有关的资本价值,从而影响投资决策和计划。这篇论文对"事前"与"事后"的思想作了详细具体的阐述,并将其引入了动态宏观经济分析中,特别是对投资—储蓄关系的分析。从此,这些概念便开始被广泛应用于动态宏观经济分析中。如 Erik Lindal 在论文"利率与价格水平"(1939)中,开始将"事前"与"事后"的思想应用于更多宏观经济问题的分析。

1937 年,俄林在两篇论文"对斯德哥尔摩学派储蓄与投资理论的一些评论 I II"中,综述了"斯德哥尔摩"学派的思想,详细阐述和系统分析了维克塞尔(Wicksell)、默达尔和林达尔等经济学家的宏观经济学观点。这两篇论文使得"事前"与"事后"的概念得到学术界的广泛认可和应用。

如今,"事前"和"事后"的术语在经济学和商学中被广泛应用。"事前"是指对特定行为的结果的事先预测,"事后"是指实际结果。如在金融学中,"事前回报"是指投资组合的预期回报。事先实际利率仅在实际通货膨胀与预期的通货膨胀有差异时才会与事后实际利率不同。

参考文献:

Knight, F. H., *Risk, Uncertainty, and Profit*, Chicago: University of Chicago Press, 1971.

Lindahl, E., *Penningpolinkens mal och model*, Del Lund. Gleerup; Malmo: Forsakringsaktiebolaget, 1924.

Lindahl, E., *Penningpolitikens medel*, Lund. Gleerup: Malmo. Forsakringsaktiebolaget: Enlarged version of 1st edn, 1929: Revised version trans. as Lindal (1939a), 1930.

Lindahl, E., *A Note on the Dynamic Pricing Problem. Mimeo*, Gothenburg, 13: Quoted from the Corrected Version Published in Steiger (1971), 1934.

Lindahl, E., *The Rate of Interest and Price Level*, In Lindal (1939c), Revised Version of Lindahl (1930).

Lindahl, E., Algebraic Discussion of the Relations Between some Fundamental Concepts, In Lindahl (1939c).

Lindahl, E., *Studies in the Theory of Money and Capital*, London: Allen & Unwin, 1939c.

Myrdal, Prisbildningsproblemet och foranderligheten. English translation: The Problem of Price Formation under Economic Change, 1927.

Gunnar Myrdal, Der Gleichgewichtsbegriff als Instrument der geldtheoretische Analyse. In Beitrage zur Geldtheorie. Ed. F. A. Hayck. Wienna: J. Springer. Is: revised version of Myrdal (132): 2nd revised version trans. As Myrdal (1939) English translation: Money equilibrium, 1933.

Keynes, J. M., Ex post and ex ante. Notes from the 1937 lectures. In the General Theory and After, Part II: Defence and Development, Vol. XIV of *The Collected Writings of Jone Maynard Keynes*, ed. D. Moggridge. London: Macmillan, 1973.

Gunnar Myrdal, *Monetary Equilibrium*, London: Hodge: Revised Version of Myrdal (1933), 1939.

Ohlin, B., Some Notes on the Stockholm Theory of Savings and Investment I II, *Economic Journal*, 47, 1937.

Erik Lundberg, Gunnar Myrdal's Contribution to Economic Theory, *The Swedish Journal of Economics*, Vol. 76, No. 4, 1974.

Hansson. B., *The Stockholm School and the Development of Dynamic Methods*,

London: Croom Helm, 1982.

（付亮）

非理性行为和经济理论
Irrational Behavior and Economic Theory

现代经济学基本上是建立在人是理性的假设之上的，自从亚当·斯密的"经济人"概念的提出，经济学就一直把人当作"理性的"进行分析。这一思想被由功利主义和新古典经济所吸收，经济理论变成了理性人的功利主义计算。理性人的基本假设还被公理化，成为了经济学讨论人类行为的基础。

不过，随着人们对自身行为认识的不断加深，人们开始逐渐认识到人的行为并不那么理性。选择时的随心所欲、盲从、攀比以及其他情感的宣泄都会明显改变选择的结果，从而导致事实与经济学经典理论的严重偏离。非理性经济学的学者经过反复研究，总结出了一些常见的非理性结论：

第一，与能带来正效用的事情相比，人会对能带来负效用的事情更加关注；

第二，人的偏好不一定是一成不变的，事实上人可能就没有一个完全明确的偏好体系；

第三，人在进行选择时，总会从那些难忘的事情中寻找到标准，但它并不一定就是正确的；

第四，人在行为中会对行为与参照标准的差异很敏感，对行为的后果反而不是那么敏感；

第五，人类的行为往往会具有公平与社会动机，也就是说个体的行为会兼顾社会公平。

通过大量研究发现，非理性行为在人的行为中广泛存在，这一结果也吸引了大批优秀的学者对这一领域的问题进行研究。经济学因此产生了实验经济学分支。实验经济学采用组织人们进行实验的方法，将在不同实验设计下的人的选择进行记录分析，从而得出结论。由于是研究人的行为，该学科分支又被称为是行为经济学。行为经学不仅关注每个人的行为，也研究一群人甚至社会的行为选择，宏观经济学中"预期"即是一个例子。社会对经济指标走势的乐观或悲观看法，在很大程度并不与经济走势相关，事实上还有一些莫名其妙的想法会使得经济出现意外的波动。虽然芝加哥学派出现了理性预期的理论，但预期往往不是理性的，需要非理性的经济理论予以解释。

行为经济学在金融学领域有更大的用武之地。由于很多金融现象与人的行为密切相关，因此金融特别需要使用非理性分析，该学科分支又被称为"行为金融"。除此之外，理性预期在公共品选择、政党选举等问题上有很大的使用价值。由于大量学者富有创造力的贡献，2002 年的诺贝尔经济学奖被授予了美国经济学家弗农·史密斯和以色列经济学家丹尼尔·卡恩曼，自那以后行为经济学获得了更大的发展，实验和行为经济学也被中国学者广泛接受，诞生了大量颇具价值的研究成果。

参考文献：

孙绍荣、宗利永、鲁虹：《理性行为与非理性行为》，上海财经大学出版社 2007 年版。

黄祖辉、胡豹：《经济学的新分支：行为经济学研究综述》，载于《浙江社会科学》2003 年第 2 期。

张峥、徐信忠：《行为金融学研究综述》，载于《管理世界》2006 年第 9 期。

（逯建）

博弈论
Game Theory

博弈论也称"对策论"或"交互决策理论"。博弈论现在被广泛应用于经济学、政治学、演化生物学、国际关系和军事战略分析等诸多领域。博弈论现已成为经济学的标准分析工具之一，被应用于拍卖理论、竞价理论、产业组织理论、机制设计理论等。

博弈论最初主要是指二人零和博弈，即博弈一方的收益等于另一方的损失。如传统的扑克、象棋等。人们对于博弈只是以经验为主，没有理论化的研究。

1713 年，詹姆斯·瓦尔德格雷夫（James Waldegrave）在一封信中，给出了二人博弈的最小最大混合策略解。1838 年，安托万·奥古斯丁·古诺（Antoine Augustin Cournot）在《财富理论的数学原理研究》中，考虑了双头垄断的特殊情形，提出了均衡的概率，这是后来提出来的"纳什均衡"在该特殊情形中的表现。1881 年，弗朗西斯·埃奇沃思（Francis Edgeworth）在研究个体之间的交易的结果时，提出了"契约曲线"的概念。在两种商品和两种类型消费者的模型中，随着每一种类型的消费者的数量趋于无穷大时，契约曲线退化为竞争均衡的集合。"核"的概念则是"契约曲线"的一般化。

近代对于博弈论的研究，开始于策墨洛（Zermelo）、波雷尔（Borel）及冯·诺伊曼（von Neumann）。1913 年，策墨洛在一篇论文中提出了博弈论的第一个定理。这个定理现在被称为"策墨洛定理"，后来被德奈什·柯尼希和拉斯洛·卡尔马尔（Denes Konig and Laszlo Kalmar）加以扩展和一般化。1921～1927 年，波雷尔证明了二人对称零和博弈的最小最大化定理。1928 年，诺伊曼在一篇论文中，运用紧凸集上连续映射的布劳沃（Brouwer）不动点定理，证明了二人零和博弈混合策略均衡的存在性。这篇论文同时提出了博弈的扩展形式。

冯·诺伊曼和摩根斯坦的《博弈论与经济行为》（1944）是博弈论领域的重要著作，阐述了"二人零和博弈"的理论，提出了"合作博弈"的概念。这本书奠定了博弈论这一学科的基础和理论体系，并开始将博弈论引入经济学。

1950～1954 年，约翰·纳什发表的四篇论文对"非合作博弈"理论和"讨价还价"理论做出了重要贡献。在"N 人博弈（1950）"和"非合作博弈（1951）"两篇论文中，纳什提出了"纳什均衡"的概念并证明了其存在性。在"讨价还价问题（1950）"和"二人合作博弈（1953）"两篇论文中，纳什对"讨价还价"理论作了公理化的阐述，并证明了"纳什讨价还价"解的存在性。1965 年，赖因哈德·泽尔滕（Reinhard Selten）提出了"子博弈完美均衡"的概念，是对纳什均衡的精炼。1967 年，约翰·海萨尼（John Harsanyi）提出了"完全信息"和"贝叶斯博弈"的概念。

19 世纪 70 年代，由于约翰·梅纳德·史密斯（John Maynard Smith）的工作，博弈论被大量应用于演化生物学中。在这一时期，"相关均衡"、"颤抖的手"、"公共知识"等概念被引入博弈论。1994 年，由于在博弈论理论的杰出贡献，纳什、泽尔滕和海萨尼获得了诺贝尔经济学奖。

2005 年，诺贝尔经济学奖再次颁给了在博弈论领域有重要贡献的托马斯·谢林和罗伯特·奥曼（Thomas Schelling and Robert Aumann）。谢林的工作包括动态博弈模型和演化博弈论。奥曼的贡献很广，包括相关均衡、公共知识等方面。2007 年，由于在"机制设计理论"的基础性贡献，里奥尼德·赫维茨、埃里克·马斯金和罗杰·迈尔森（Leonid Hurwicz, Eric Maskin and Roger Myerson）获得诺贝尔经济学奖。赫维茨提出了"激励相容"的重要概念。马斯金将博弈论引入了机制设计领域。迈尔森提出了

"适当均衡"的概念。

一个博弈是对个体的策略相互影响的情形的正式的描述。即在一个博弈中，每个个体的福利不仅取决于自己的行为，同时也取决于其他个体的行为。

要描述一个博弈，通常需要知道：

规则：每个参与者什么时候行动，每个参与者有哪些行动，参与者行动时拥有什么信息。

结果：对每个可能的策略的组合，博弈的结果是什么。

收益：对每个可能的结果，每个参与者的收益是多少。

一个简单的例子为"硬币配对"。

参与者：参与者1和参与者2。

规则：每个参与者同时各将一枚硬币放下，或者正面朝上或者反面朝上。

结果：如果两枚硬币匹配（都正面朝上或都反面朝上），则参与者1给参与者2一元钱；否则的话，参与者2给参与者1一元钱。

收益：这需要知道每一个参与者的偏好。我们一般通过效用函数来刻画参与者的偏好，并将效用函数当作收益函数。通常假设效用函数具有期望效用函数的形式，从而可以用来分析结果是不确定的博弈。

一般地，合作博弈通过特征函数形式来表示，而非合作博弈通过正常或者扩展形式来表示。

正规形式（Normal form）

博弈的正规（策略）形式通常通过博弈矩阵来描述。博弈矩阵包括了博弈的参与者及其策略和收益。更一般地，正规（策略）形式可以通过一系列函数来描述，对应每个参与者的函数将所有可能的策略的结合映射到该参与者的收益。

在表1表述的博弈中，有两个参与者，每个参与者有两个策略。每一个小方格中的数字对表示该方格对应的策略组合的收益，第一个数字是行参与者（即参与者1）的收益，第二个数字是列参与者（即参与者2）的收益。如果参与者1选择"上"且参与者2选择"左"，则参与者1和参与者2的收益分别为2，1。

当一个博弈通过正规形式来描述时，潜在的假设为所有参与者同时行动或者每个参与者在行动时不知道其他参与者的行动。当参与者在行动时拥有其他参与者行动的信息时，博弈一般通过扩展形式来描述。

表1　　　　　　　　　　博弈矩阵

参与者1 \ 参与者2	左	右
上	2, 1	−1, −1
下	0, 0	1, 2

扩展形式（Extensive form）

博弈的扩展形式一般通过"博弈树"来描述。每一个节点（或顶点）表示参与者的行动点。从节点分出的每一条线表示在该节点行动的参与者的可能的行动。博弈树底端的数字对表示该博弈的收益（或者结果）。

在图1的博弈中，有两个参与者。参与者1首先行动，可以选择F或者U。参与者2观察到参与者1的选择后行动，可以选择A或者R。如果参与者1选择U且参与者2选择A，则参与者1和参与者2的收益分别为8和2。

博弈的扩展形式都可以转化为正规形式，但是这种转化可能导致矩阵规模的指数化增长。

博弈的扩展形式可以用来描述同时行动博弈或者不完全信息博弈。

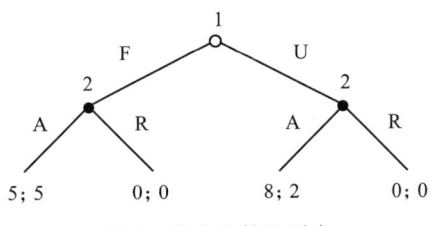

图1　博弈的扩展形式

博弈的特征函数形式最早由冯·诺伊曼和奥斯卡·摩根斯坦（John von Neumann and Oskar Morgenstern）在《博弈论与经济行为》一书中提出，他们认为，当一个联盟C形成时，这个联盟（C）与剩下的参与者的集合（N/C）竞争类似两个个体之间的博弈。

特征函数通过（N, v）来描述，其中N表示参与者的集合，$v: 2^N \to R$ 表示效用函数。

特征函数可以用来描述没有转移效用的博弈。

合作博弈与非合作博弈

如果参与者能够形成有约束力的承诺，一个博弈被称为合作博弈否则被

145

称为非合作博弈。

在合作博弈中，通常假定参与者可以进行沟通；而在非合作博弈中，则不能。

非合作博弈可以描述具体的情形，并得到准确的结果，但合作博弈只是总体的概述。Nash program 证明了很多合作解可以看做非合作博弈均衡。

零和博弈与非零和博弈

在零和博弈中，对于所有可能的策略组合，所有参与者的收益的和为 0。最简单的例子是扑克游戏，和前面提到的"硬币配对"。

同时博弈与序贯博弈

在同时博弈中，所有参与者同时行动，或者每一个参与者在行动时不知道其他参与者的行动。在序贯博弈中，某个（些）参与者在行动时拥有关于其他参与者行动的信息，信息不一定是完全的，某个参与者可能只是知道另一个参与者没有选择某一个策略，而并不知道该参与者选择了哪个策略。

完美信息博弈与非完美信息博弈

在完美信息博弈中，所有参与者在行动时拥有有关先于其行动的参与者的行动的完全信息。最简单的例子是象棋。

非完美信息博弈是序贯博弈的一个子集，因为在同时博弈中，每一个参与者都不知道其他参与者的行动。

参考文献：

R. J. Aumann, [1987] 2008, "Game Theory", Introduction, *The New Palgrave Dictionary of Economics*, 2nd Edition. Abstract.

R. J. Aumann, "Game Theory", *The New Palgrave Dictionary of Economics*, 2nd Edition. Abstract, 2008.

Ross, Don. "Game Theory". *The Stanford Encyclopedia of Philosophy* (Spring 2008 Edition). Edward N. Zalta (ed.). Retrieved 2008-08-21.

Martin Shubik, Game Theory Models and Methods in Political Economy, in Kenneth Arrow and Michael Intriligator, ed., *Handbook of Mathematical Economics*, v.1, 1981.

R. Aumann and S. Hart, ed., *Handbook of Game Theory with Economic Applications*, v.2, outline links, ch.30: "Voting Procedures" & ch.31: "Social Choice.", 1994.

R. Aumann and S. Hart, ed. (1992, 2002). *Handbook of Game Theory with Eco-

nomic Applications v. 1, scroll to outline links, ch. 3-6 and v. 3, ch. 43.

Drew Fudenberg, Advancing Beyond Advances in Behavioral Economics, *Journal of Economic Literature*, 44 (3), 2006.

David M. Kreps, *Game Theory and Economic Modelling*, Description, 1990.

Robert Aumann and Sergiu Hart, ed. *Handbook of Game Theory with Economic Applications* (scrollable to chapter-outline or abstract links): 1992. v. 1; 1994. v. 2; 2002.

The New Palgrave Dictionary of Economics, 2nd Edition, 2008:

"Game Theory" by Robert J. Aumann. Abstract.

"Game Theory in Economics, Origins of", by Robert Leonard. Abstract.

"Behavioural Economics and Game Theory" by Faruk Gul. Abstract.

Fudenberg, Drew; Tirole, Jean, Game Theory, MIT Press, *ISBN* 978-0-262-06141-4. *Acclaimed reference text*, Description, 1991.

Gibbons, Robert D., Game Theory for Applied Economists, Princeton University Press, ISBN 978-0-691-00395-5. Suitable for Advanced Undergraduates. Published in Europe as Robert Gibbons (2001), *A Primer in Game Theory*, London: Harvester Wheatsheaf, ISBN 978-0-7450-1159-2, 1992.

Green, Jerry R.; Mas-Colell, Andreu; Whinston, Michael D., *Microeconomic Theory*, Oxford University Press, ISBN 978-0-19-507340-9, 1995.

Myerson, Roger B., *Game Theory: Analysis of Conflict*, Harvard University Press, ISBN 978-0-674-34116-6, 1991.

Osborne, Martin J., *An Introduction to Game Theory*, Oxford University Press, ISBN 978-0-19-512895-6. Undergraduate textbook, 2004.

Osborne, Martin J.; Rubinstein, Ariel, *A Course in Game Theory*, MIT Press, ISBN 978-0-262-65040-3. A modern introduction at the graduate level, 1994.

Cournot, A. Augustin, Recherches sur les principles mathematiques de la théorie des richesses, Libraire des sciences politiques et sociales (Paris: M. Rivière & C. ie), 1838.

Nash, John, Equilibrium Points in N-person Games, Proceedings of the National Academy of Sciences of the United States of America 36 (1), 1950.

Shapley, L. S., A Value for n-person Games, In: *Contributions to the Theory of Games volume* II, H. W. Kuhn and A. W. Tucker (eds.), 1953.

Shapley, L. S., Stochastic Games, *Proceedings of National Academy of Science*,

Vol. 39, 1953.

von Neumann, John, "Zur Theorie der Gesellschaftsspiele", Mathematische Annalen 100 (1); English translation: "On the Theory of Games of Strategy", in A. W. Tucker and R. D. Luce, ed. (1959), Contributions to the Theory of Games, v. 4. Princeton University Press, 1928.

von Neumann, John; Morgenstern, Oskar, Theory of Games and Economic Behavior, Princeton University Press, 1944.

Zermelo, Ernst, über eine Anwendung der Mengenlehre auf die Theorie des Schachspiels, Proceedings of the Fifth International Congress of Mathematicians 2, 1913.

Harsanyi, John C., An Equilibrium Point Interpretation of Stable Sets, *Management Science*, 20 (11), 1974.

（付亮）

世界体系分析
World-Systems Analysis

一般认为，世界体系分析是一种研究政治经济学的历史和社会学方法，这种方法强调相互依赖、全球体系结构以及与之相联系的结构过程的重要性。目前主要存在两种类型的世界体系分析。第一种类型强调国际资本主义的方方面面，这种类型的世界体系分析主要以伊曼纽尔·沃勒斯坦（Immanuel Wallerstein）为代表（参见《现代世界体系》、《地缘政治和地缘文化——论变动中的世界体系》等）。这种类型的世界体系分析使用大范围和长时期的框架分析结构、周期和趋势。这种分析强调三种重要的过程：霸权力量的兴起和衰落、逐步的扩张和短时期的变化、中心和外围的劳动分工。第二种类型的世界体系分析着重强调全球政治体系，主要的代表人物是乔治·莫德尔斯基（George Modelski）（参见《世界政治中的长周期》）。

世界体系分析的出现，既有对传统社会科学方法的批评，也有对现代化理论的质疑。

世界体系分析是一种高度政治性地分析第三世界经济发展的方法。随着世界体系分析的发展，它被加以扩展，用来解释西方世界的历史兴起和大多数非西方社会的持续贫困。

世界体系分析是一种自20世纪70年代开始的知识运动。之所以定义为这个年代，沃勒斯坦给出了自己的解释。他认为，在社会科学领域，很少有哪个概念是没有历史先例的。但是只有当这些概念受到了充分的关注和经历了大量的实证检验后，才能认可它们作为一种知识结构被纳入社会科学的范围中。正是在这种严格的意义上，沃勒斯坦认为世界体系分析形成于20世纪70年代。

世界体系分析的重要代表人物沃勒斯坦指出，它是对自19世纪主导了社会科学的分析模式的批判。它主要坚持三点：第一，世界体系（而不是民族国家）是基本的社会分析单位；第二，通则式的和样案式的认识论（Nomothetic and Idiographic Epistemologies）都难以对社会现实进行有用的分析；第三，当前的社会科学中存在的学科划分不再有任何知识上的意义。

沃勒斯坦认为，世界体系分析不是关于社会世界或者其中某一个部分的理论，它是对发端于19世纪中叶的社会科学研究结构的一种抗议。从19世纪晚期开始，支配社会科学的主流观点认为社会科学是由一系列具有人们大致赞同的边界划分的特定学科构成的。一般认为标准的构成包括人类学、经济学、政治学和社会学。当然这种认识是存在争议的，有人会认为历史学也是社会科学，尽管大多数历史学家不这样认为，另外，也有人认为可能需要将心理学包括进来，但事实上心理学和社会科学分析的是不同层面的问题。尽管存在各种争议，但是在1945年之后，这种社会科学构成成为大多数大学的分类标准。这种划分一定程度上未造成知识上的分裂。过去和现在、西方世界和非西方世界，以及假定的三个现代性的领域。历史学家研究过去，经济学家、政治学家和社会学家研究现在。所有四个学科都研究西方世界，人类学家和东方学家研究非西方社会。人类学家研究古代社会，东方学家研究非西方的文明社会。最后，对西方世界当前的研究分为三个领域，市场（经济学）、国家（政治学）和市民社会（社会学）。很多时候这种划分不仅是知识上的，而且也因为各种学术组织的发展而得以加强。这种学科分类有其优点，但是也造成了很多问题。所以世界体系分析对这种发端于19世纪的社会科学的整体结构存在不满，从而提出了构成世界体系分析的三个基本要素：空间、时间和认识论。

在19世纪时，国家成为社会科学分析的单位。人们认为最重要的社会行动领域是国家，国家是一种主权单位，有其历史起源，它们有其自身的经济、政治体制，社会规范、结构以及文化传统，这些问题中的每一个都可以被社会科学家详细地加以说明。把一个国家同另一个国家区分开来的是这些不同的、并行的领域的结合。正是在这种基础上，比较模式和分析模式成为第二次世界大战后非常重要而且明显的研究框架，这些分析强调"发展"和"追赶"。然而，对把国家作为分析单位一直存在不同的声音。其中最重要的也是最具影响力的是布罗代尔（Fernand Braudel），他在《菲利浦二世时代的地中海和地中海世界》明确地反对把国家作为分析单位。他认为16世纪的地中海地区构成了一个经济世界（économie-monde），这并不是整个世界（全球）的经济，而是一种跨越了许多政治边界，并与经济上的相互依存交织在一起的历史结构。

因为对国家作为分析单位的不满，世界体系分析尝试提出自己的分析单位。在世界体系分析的代表人物沃勒斯坦那里，历史体系（Historical Systems）是基本的分析单位。而强调历史的人们基本上不同意或不确定体系的存在，强调体系的人们经常忽略历史的因素。沃勒斯坦认为，事物是历史的就是体系的，是体系的也就是历史的，并把社会的世界看做是复杂的、大规模的、长时期的、实体的连续与共存，这就是沃勒斯坦强调的历史体系。那么用什么尺度来衡量体系呢？沃勒斯坦认为，自然的社会分工只有在相当小的实体（空间和时间都小的）中才会被历史地发现，称其为小体系；或者在相对大规模的、长时期的实体中发现，称之为世界体系。世界体系自身又分为两个主要的结构变量：有单一中心的政治结构变量为世界帝国，没有单一中心的变量为世界经济。

世界体系分析坚持，除了已经基本上不存在的小体系，所有的历史体系都是世界体系（世界指的是大范围，而不必然是全球），历史社会体系是分析的基本单位。社会科学家假定的国家仍然是存在的，但是它们只是世界体系中的结构。现代世界体系并不是独立以一种受到某些限制的方式相互影响的自治的民族国家的集合。它是一个存在轴向劳动分工的多个国家和多种文化构成的整合体系。它是被创造出来的，它有持久的和不断演化的结构。从空间来看，一种历史社会体系是有边界的，但是边界并不是固定不变的。现代世界体系是资本主义世界经济，它的结构导致了它在地理上的持续扩张，因此到了某个时刻资本主义世纪经济会涵盖全球。到那个时候，现代世界体系的问题就不是它如何与体系之外的地区相联系的问题，而是它如何解决在它的地理限度之外没有可供扩张的地带的问题了。

此外，一旦历史体系成为基本的分析单位，时间就变得和空间一样的重要。事实上有些学者开始使用时空（TimeSpace）的概念。世界体系论者注意到，对历史体系而言，存在三个基本的时刻：它形成的时刻；它正常发挥功能，或发展、演化的时刻；它出现结构性危机、分叉和消亡的时刻，这三个时刻的时间长短各不相同。

　　世界体系分析的论点认为，人类群体行为的三个假定领域：经济、政治或社会文化，不是独立的社会行为领域。它们没有独立的逻辑，更为重要的是，约束、选择、决定、规则和理性结合的如此紧密，以至于没有任何的研究模式能够按照政治、经济、社会的分类来孤立地看待这些因素，只处理一个变量，而把其他的当作常量。

　　第二次世界大战后，随着战后欧洲的重建和日本的腾飞，资本主义世界实现了相对稳定和迅速的经济增长，这种稳定的增长又因冷战体系和美、苏两国之间的核威慑而得以处于一个相对稳定的国际环境中。在这种大背景下，尽管仍存在着小的冲突和大规模冲突的可能，但是这基本上是一个比较乐观的时期，人们相信有序的变化而不是急剧的变革，人们认为发展中国家的发展模式将会逐渐接近西方工业化国家的发展模式。这些情绪和认识在现代化理论中表现得最为充分。但是，现代化理论也遇到了很多挑战和批评。比如，这种理论对冲突关注的不够，比如指出导致欧洲和美国出现工业化的条件在第三世界并不存在，个人主义和物质主义在许多非西方的文化传统中并不被普遍接受。而在对现代化理论的批判中，比较重要的一种批评指出，现代化理论假定许多地区欠发达是因为这些地区存在的"传统主义"，而不是它们和富裕国家的关系，或被富裕国家所剥削的结果。在这种对现代化理论的批判的背景下，世界体系分析逐渐成形。世界体系分析认为应当在历史的基础上，考察不同国家的工业化的背景，考虑穷国和富国之间的关系以及冲突和剥削的过程。世界体系分析的发展和兴起借鉴了马克思对资本主义体制的解释，列宁对帝国主义、贸易和殖民剥削的分析。同样地，世界体系分析也借鉴了布罗代尔的有关思想，比如由支配性的中心和削弱的外围构成的国际体系的思想，以及国家的兴衰的历史周期观等。这些相关思想在弗兰克（Frank，1966；1969）和沃勒斯坦（Wallerstein，1974）的著作或文章中得到了充分的体现。

　　世界体系分析表现出对20世纪五六十年代的发展理论的批判。这种发展理论的核心由两部分构成，结构性的和心理上的，两者一道成为现代化理论关注的中心。在现代化理论的结构性的一面，体现出的是一种社会、政治和经济发展单一演化的视角。根据这种视角，所有的社会，一旦开始现代化的进程，必然经历大致相同的阶段。社会——心理版本的现代化理论认为西方人拥有高度的追求成就的感觉和高度的理性。所有版本的现代化理论都是改良性的，现代化理论承认通过外国援助（提供资本和现代知识）、通过心理操控更好地激励个体，改革法律或经济规范，或者把上述因素结合在一起，就可以更好地加速社会变迁。但是现代化理论几乎很少考虑深层次的结构性因素，这可能阻碍经济的进步。世界体系分析强调，认为现代化要经历相同的阶段是荒谬的。

在威廉·R·汤普森编辑出版的《世界体系分析中的不同方法》的导论中，汤普森指出世界体系分析支持三个命题：

第一，世界体系分析代表了一种用各种方法解释国际政治和经济秩序的集体尝试中的一个明确的推进；第二，不只存在一种进行世界体系分析的方法；第三，应避免只坚持用一种占主导地位的方法分析世界体系是如何形成和发展变化的。汤普森认为，各种类型的世界体系分析之间存在一些共同的特征：首先，这种分析一般认为世界体系是存在的，世界体系以或多或少相互依赖的政治、经济和文化的子系统为特征，世界体系大致在15世纪晚期开始成形；其次，世界体系分析假定（而非结论）世界体系中的行为最好用世界体系的结构和有关它的形成和变化中的重要过程来解释；最后，世界体系分析愿意跨越传统的学科界限。

世界体系分析出现的另一个背景是，它有一个根本性的意图，对现代化理论提出异议。在一般的意义上，在社会科学领域有一个广泛流传的观念，认为社会发展要经历若干阶段，这些阶段代表演变所产生的进步。把这种理论应用于第三世界，便出现了现代化理论或发展阶段理论。现代化理论的核心主张相对简单，认为一切社会都经过规定好的一系列阶段最终达到现代性。现代化理论的一个重要局限在于，假定社会发展的一般法则，进而假定一个进步的过程。而且这种观点在政治上还有一种含义，即一个经济上和政治上欠发达的国家最好照搬先进国家的模式，或者说最好遵循这些国家的劝告。

沃勒斯坦总结了世界体系分析工作的几个要点：第一，全球性，世界体系分析非常关注分析单位，认为应以世界体系作为分析单位，而不是以一个社会（国家）为单位。世界体系分析坚持把世界体系的各部分看做"世界"的各部分，即不能孤立地了解或分析各部分。第二，历史性，也就是说体系的历史是了解体系现状的关键要素，要使分析工作摆脱只研究当代资料的局限。第三，统一学科性，统一学科性不同于学科交叉，根据沃勒斯坦的观点，如果说在世界体系中存在历史上出现的和历史上形成的诸过程，那么，是什么理论假设导致了这种结论？沃勒斯坦指出，举证的责任落在那些主张经济、政治和社会文化的领域各不相同的人们身上。

世界体系分析

世界体系分析，如同其他知识视角一样，充满了内部的争论和外部的批判。比如，在对世界体系分析基本视角的定义上，在世界体系分析进行的实证研究上，及其道德和政治的意义上都存在着大量不同的意见。

从基本视角的角度对世界体系分析进行批判的思想流派包括实证主义者、正统马克思主义者、国家自主论者（State Autonomists）等。比如实证主义历史学家反对世界体系分析对历史现象进行的结构化的研究，认为这种研究回避了一般性。另外，实证主义者认为世界体系分析提出的是一种无法被证伪的命题，也不适用于通过数据进行实证研究。正统马克思主义者认为世界体系分析放弃了或者说没有充分强调阶级分析的重要性，从而消除了历史发展阶段的必然性这个前提。另外一些正统马克思主义者和反对一些特殊的命题，比如在资本积累中非雇佣劳动者的重要性、非阶级的社会群体（比如种族、性别、伦理群体等）是重要的解释变量，未能充分地区分生产领域和流通领域等。对国家自主论者而言，一些人反对消除在国家活动和资本主义企业家的活动之间既有的智力划界。他们坚持作为对不同的规则和压力的反应的两个领域的行为人的基本动机，两个领域的故事无法被纳入到一个单一的分析领域中。

对世界体系分析还存在其他类型的具体批评。比如，认为世界体系分析颠倒了因果关系，这种批评是由布伦纳（Robert Brenner）提出的。在1976年的文章中，布伦纳表明在早期现代化阶段，东欧（主要是波兰）的经济落后不是源自"依附"，而正是它的落后最终导致了"依附"的模式。而对英国而言情况恰恰相反，内部的农业转型使迅速的经济发展成为可能，正是因为这样，英国才创建了它的帝国。在1977年，布伦纳用经济史学家经常使用的分析，批评了沃勒斯坦等人的世界体系分析，忽视了对作为经济成功的原因的技术的动态变化的研究，认为他们也没有研究在16世纪和17世纪的英国和荷兰发生的真正新颖的变化。但是在这种批评中，很少有人否定依附模式或发生了巨大变化的资本主义市场的存在，只是大家在依附到底是落后的原因还是结果上产生了争议，而这个问题对于找到解决问题的方法而言是至关重要的。其次，世界体系分析并不像大多数世界体系论者坚持的那样是一个高度综合的分析框架。比如，在对前资本主义社会的分析方面，世界体系分析的研究不多。当然人们不可能渴求一种分析框架解决所有问题。但对世界体系分析而言，这是一个重要的问题，只是把前资本主义国家定义为一种统一的"传统类型"，就很难解释通的确对资本主义冲击的反映有那么大的差异，以至于直到今天在一些重要的方面仍然存在很大的差异。另外，社会主义倾向也是世界体系分析遇到批评的原因之一。大多数著名的世界体系理论家都认为社会主义可能是解决资本主义剥削问题的良方。沃勒斯坦（Wallerstein，1979）为共产主义国家存在的许多问题找到了一个解释，认为很多问题的出现是因为它们不得不在一个资本主义世界体系下运行的结果，因此共产主义国家无法达到它们的理想状态，除非世界资本主义被推翻。对这种理解持批评意见的人指出：这是理解共产主义国家发生的事情的有用途径吗？在世界体系分析中存着一个把马克思的理论移植到国际层面的特征，与这种特征相伴的是这样一种主张，即认为从总体上而言，经济上处于外围的人们会持续地贫困化，这也是为什么最终会发生反对"资产阶级"核心的原因。这引出了一个重要的问题，资本主义的经济发展是一种零和游戏吗？它的发展是以其他地区的不发展为代价的吗？

尽管存在各种批评意见，世界体系分析仍然在不断的扩展和发展中。比如，弗兰克和吉尔（Frank and Gills，1993）分析了世界体系的起源时间，他们的分析认为，如果世界体系的发展早于资本主义时期，那么前资本主义和非资本主义世界体系在理论上也是可能的。弗兰克和吉尔的分析是历史性的，通过地中海文明，把现代世界体系的起源追溯到古代的美索不达米亚。再比如，蔡斯—邓恩和霍尔（Chase-Dunn and Hall）在20世纪80年代和90年代的著作中，把世界体系分析用于比较分析中。他们把世界体系定义为跨社会网络（Intersocietal Networks），他们的分析有三个重要的命题：首先，世界体系是跨社会的，也就是说世界体系把不同社会联系在一起，这源自对现代化理论的政治经济批判，也就是说不同社会不能被孤立地加以研究；其次，社会网络是体系性的，也就是说不同社会具有一般性的发展特征；最后，随着时间的推移，许多世界体系逐渐合并到一起，最后形成一个今天我们看到的单一的整合的资本主义世界体系。此外，蔡斯—邓恩和霍尔还认为，世界体系演化的重要动力不在于正统马克思主义者认为的生产方式，而在于积累模式，他们把积累模式定义为生产、分配、交换和积累的逻辑的深层次结构。

参考文献：

William R. Thompson, Contending Approaches to World System Analysis, Beverly Hills, Sage Publications, 1983.

Frank, A. G., The Development of Underdevelopment, *Monthly Review*, 18, 1966.

Frank, A. G., *Capitalism and Underdevelopment in Latin America*, Harmondsworth: Pelican Books, 1969.

Frank, A. G. and B. K. Gills (eds), *The World System: Five Hundred Years or Five Thousand?* London: Routledge, 1993.

Shannon, T. R., *An Introduction to the World-System Perspective*, Boulder, Colo.: Westview Press, 1989.

Chase-Dunn, C. and T. D. Hall, *Rise and Demise: Comparing World-Systems*, Boulder, Colo.: Westview Press, 1997.

Wallerstein, I., *The Modern World-System* Ⅰ: *Capitalist Agriculture and the Origins of the European World-Economy in the Sixteenth Century*, New York: Academic Press, 1974.

Wallerstein, I., *The Modern World-System* Ⅱ: *Mercantilism and the Consolidation of the European World-Economy*, 1600-1750, New York: Academic Press, 1980.

Wallerstein, I., *The Modern World-System* Ⅲ: *The Second Era of Great Expansion of the Capitalist World-Economy*, 1730-1840s, San Diego: Academic Press, 1989.

（孙丽丽）

多学科结合的方法论

数理经济学
Mathematical Economics

数理经济学是一种经济分析方法，即利用数学符号描述经济问题，运用已知的数学定理进行经济学推理的方法。从广义上说，是指运用数学模型进行经济分析，解释经济学现象的理论。从狭义上说，是特指瓦尔拉斯（Léon Walras）开创的一般均衡理论体系。分析方法上可分为静态分析与动态分析。就分析对象而言，它可以是微观或宏观经济理论，也可以是公共财政、城市经济学或其他经济学科。

第一个把数学用于经济问题的是意大利的 G. 切瓦，他于 1711 年写了一本货币价值的书。但比较系统地运用数学的是 1838 年法国的 A. A. 古诺的《财富理论数学原理的研究》，这本书通常被视为数理经济学的起源，由于当时经济理论权威们不熟悉数学推理而无人问津，直至 40 年后受到英国 W. S. 杰文斯和法国 L. 瓦尔拉斯（Walras）的高度推崇，才知名于世。现在多数人把 19 世纪 70 年代杰文斯和瓦尔拉斯极力提倡并且实行以数学推理为经济理论的唯一方法，作为数理经济学和数理学派的正式形成，而把 20 世纪初英国 F. Y. 埃奇沃思、A. 马歇尔、美国费雪、意大利 V. 帕累托等人在经济学里进一步运用数学推理当作该学科及学派的发展。

古诺没有用过"数理经济学"这个术语，他采用的书名用意不仅在于理论研究，而且在研究中运用数学分析的形式与符号，能使得陈述问题简明扼要。

杰文斯 1862 年发表的论文《略论政治经济学的一般数学理论》是数理经济学的最早名称，到 1879 年他的主要著作《政治经济学理论》一书再版时，附上 1711 年以来的"数学的经济学"的文献目录，相当于公开宣称数理经济学的存在。他认为经济学要成为一门科学必须是一门数学的科学，简单原因就是研究变量之间的复杂数量关系，必须进行数学推理，即使不用代数符号，也不会减少这门科学的数学性质。

瓦尔拉斯在 1874 年出版的《纯粹政治经济学纲要》一书中认为，纯粹经济学实质上就是在假设完全自由竞争制度下关于价格决定的理论。价格，即商品用货币表示的交换价值，具有自然现象的性质，因为它既不取决于一个买者或一个卖者的意志，也不取决于两者的协议，而是因为商品具有数量有限和有用的自然条件，只要有交换就会有交换价值。交换价值是可计量的，可作为数学的研究对象，所以交换价值的理论应该是数学的一个分支；数学方法并不是实验方法而是推理方法，经济学的纯粹理论与"物理—数学"学科类似，从经验的真实概念中抽象出理想的概念作为基础，可以超出经验范围进行推理，然后又从理论回到实践。

费雪在 1897 年为古诺的著作《财富理论数学原理的研究》英译本作序时才正式使用数理经济学（原意数学的经济学）的名称，并且增补杰文斯的文献目录到当时。但是 1927 年译本再版时，费雪认为数学方法在经济和统计研究中的应用如此普遍，其价值已很少受到怀疑，所以未再继续增补目录。实际上数理经济学和经济学并未合成为一体，目前还有人在经济学研究中坚持不用和反对运用数学推理，同时，经济学也还有不能运用数学方法的领域。

数学在西方经济理论中的应用，近半个多世纪以来不断发展，一方面运用数学方法研究的理论领域在扩展；另一方面对前人研究的问题不断运用更深奥的数学方法进行更深入的探讨。前者如英国 J. M. 凯恩斯和各派凯恩斯主义的各种宏观经济模型，个人偏好如何汇总为社会选择及其与社会福利函数的关系，最优增长理论，等等；后者如瓦尔拉斯的一般均衡体系的继续深入研究，瓦尔拉斯在一般均衡体系中只把方程式和未知数个数相等作为得到均衡解的条件，却忽视均衡怎样实现和是否稳定。20 世纪 30 年代起，英国的 J. R. 希克斯和美国的 P. 萨缪尔森就此进行精密的数学分析和求解，但仍以微积分为主要工具，要受连续函数的不切实际假定的限制。随后 J. 冯·诺伊曼、K. J. 阿罗、G. 德布鲁等先后用集合论和线性模型展开新的探索。20 世纪 60 年代以后，数理经济学和微积分、集合论、线性模型结合在一起，同时数学方法的运用几乎遍及资产阶级经济学的每个领域。第二次世界大战以后，电子计算机的发明，促使与数理经济学有关的经济计量学得到迅速发展，它反过来又推动数理经济学继续前进。数理经济学虽然在分析经济事物的数量关系上取得一些成就，但它在一定程度上忽视经济事物的质的方面，特别是忽视对生产关系的研究，因此这种研究方法具有很大的局限性，特别是对揭露社会经济关系的规律和实质的研究缺少了应用价值。

参考文献：

蒋中一：《数理经济学的基本方法》，商务印书馆 2001 年版。

［美］保罗·萨缪尔森：《经济分析基础》，商务印书馆 1992 年版。

Dixit, A. K., *Optimization in Economic Theory*, Oxford: Oxford University Press, 1990.

Avriel, M., *Nonlinear Programming: Analysis and Methods*, Englewood Cliffs: Prentice-Hall, 1976.

Barro, R. J, and X. Sala-I-Martin, *Economic Growth*, New York: McGraw-Hill, 1995.

Bazaraa, M. S., H. D. Sherali, and C. M. Shetty, *Nonlinear Programming: Theory and Algorithms*, New York: John Wiley & Sons, 1979.

Blanchard, M. and S. Fischer, *Lecture on Macroeconomics*, Cambridge: MIT Press, 1989.

Carlson, D. A. A. B. Haurie, and A. Leizarowitz, *Infinite Horizon Optimal Contral*, Berlin: Springer-Verlag, 1991.

（刘伟）

实验经济学
Experimental Economics

实验经济学是一门利用真人实验测试不同经济理论及新市场机制的方法。经济学家挑选一定数量的受试对象，按照一定的游戏规则并给以一定的物质报酬，以仿真方法创造与实际经济相似的一种实验室环境，并不断改变实验参数，对得到的实验数据分析整理加工，用以检验已有的经济理论及其假设前提、发现新的理论，或者为一些决策提供理论分析。

人们在相当长一段时间认为经济理论难以实验，因此，实验经济学独立成为一门经济学科的历史不长。

弗农·史密斯（Vernon Smith）教授敏锐觉察到实验经济理论的作用，并首次付之于实践。他在亚利桑那大学十一个班级进行了长达六年的实验，验证了竞争均衡理论。据此实验所撰写的论文《竞争市场行为的实验研究》在1962年的《政治经济学杂志》发表，标志着实验经济学的诞生。此后，实验经济学开始运用于验证市场理论和博弈理论，并取得了一定进展。例如，弗农·史密斯的"口头双向拍卖市场实验"提出了市场参数完全有可能影响均衡产出收敛性的结论；赫伯特·西蒙根据博弈实验结果分析了存在性理性（Substantive Rationality）和程序性理性（Procedural Rationality）的区别。

20世纪五六十年代的实验经济学主要局限在市场理论和博弈理论领域，原因有两方面：一方面是理论自身的缺陷影响可实验性，研究过程往往是从假设前提出发，然后运用复杂数学推导出相关命题。由于假设前提的高度抽象，无法在实验室里得到证实，因而相关命题也就无法实验；另一方面实验技术的不成熟也制约了经济理论的实验。20世纪70年代以后，经济学的主导理论体系发生了变化。一般均衡理论、工业组织理论、社会选择理论和公共选择理论将经济研究的假设由抽象拉回到现实。行为理论的成熟和合理预期理论的出现为实验技术的发展创造了条件。此外，计算机的广泛运用使得复杂经济现象的实验成为可能。实验方法越来越广泛应用于公共经济学、信息经济学、产业组织理论等诸多经济领域。

目前，实验经济学迅速发展，逐渐科学化和规范化，成为一个独立的经济学分支。越来越多的西方主流经济学杂志不断刊登实验经济学论文，实验经济专刊、专著和论文集陆续出版。实验经济学已从美国传播到法国、英国、德国、荷兰、西班牙、意大利、挪威、瑞典、加拿大、尼日利亚、日本、韩国、印度等许多国家。2002年度诺贝尔经济学奖授予弗农·史密斯，标志着实验经济学作为一个独立的学科已登上主流经济学的舞台。

经济理论的实验与物理、化学实验一样包含实验设计、选择实验设备和实验步骤、分析数据以及报告结果等环节。由于实验对象是社会中的人，需要验证的是行为命题，因此，经济理论的实验运用有别于物理、化学实验。

经济理论的实验不能刻意复制出现实经济的运转过程，而是要模拟出允许不同人类行为存在的环境，以便于实验者能够在这样的环境中观察人们不确定的价值观及其与环境之间的相互作用。查尔斯·普洛特认为："实验室建立的经济与现实经济相比可能特别简单，但是却一样地真实。真实的人被真实的金钱所驱动，因为真实的天赋和真实的局限，做出真实的决策和真实的错误，并为其行为后果而真实地悲喜。"弗农·史密斯采用只有三个网络节点的模型来模拟电力系统，其实验结果基本上能反映现实电力系统运行中发电企业和电力交易商的行为类型和特征。

此外，实验经济学还通过一些仿真技巧来提高实验结果的可信度和可重复性。

一是采取"随机化"方法，被实验者的选取、角色的分配均随机产生；

二是保密实验意图，十分小心地讲解实验，不出现暗示性术语，以防止被实验者在实验前对行为对错已有判断；

三是使用"价值诱导理论"（Induced Value Theory），诱导被实验者发挥被指定角色的特性，使其个人先天的特性尽可能与实验无关。

实验经济学高度重视比较和评估的方法。通过比较和评估，判断实验本身的好坏，分析实验失败的原因，验证理论的真实性。

首先，将"效率"作为比较标准。普洛特和弗农·史密斯将实际付给被实验者的报酬总和与最大可能报酬的比率视作实验的"效率"，并把"效率"作为比较分析相互竞争理论的依据，探讨如何改进理论模型。甚至在没有现成理论的情况下，根据效率来提出和验证新的理论。

其次，方法上采取独立变动自变量。实验关系到两个或两个以上变量时，容易出现变量之间的混合作用。因此实验中应独立地变动每个自变量，获得每个自变量对因变量作用的最确切的数据，为比较和评估提供非偶发事件资料。

最后，评估的结论建立在概率分布基础上。现实生活中的人并不始终处于理性状态，非理性就会使人的行为出现变异，因而经济理论的实验数据呈概率分布状态。所以，评估出的结论不可能按照形式逻辑的模式，只存在真或伪两种结果，而是用结论与其概率密度的乘积来表示。例如，弗农·史密斯在电力市场竞争实验中得出的结论之一是高峰负荷时期电价提高的概率密度较小，而不是一定不提价。

经济理论的实验是把社会中的人作为被实验者，所要验证的是人的行为命题，自然就需要借助行为和心理分析的方法。

一是运用行为理论来完善和改进实验。例如，针对行为人对重复行为有厌烦的心理，在实验设计中运用价值诱导方法，并把实验时间控制在3个小时内。

二是运用行为理论来解释实验结果。许多实验结果与理论预测出现差异，其原因是理论假设行为人是理性的，而被实验者的行为却是理性和非理性的统一。因此只有运用了诸如展望理论、后悔和认知失协理论、心理间隔理论等行为理论，来分析被实验者的非理性行为，才能很好地解释实验结果。

第一，实验经济学的兴起标志着经济学方法论上的重大变革。长期以来，西方经济学模仿自然科学的信念十分坚定，实证方法始终是主流经济学的研究方法，其范式是提出理论假设并试图消除人类行为或经济关系中的不确定因素，然后在理论假设上建立数学模型并推导出主要结论，最后对理论结果进行经验实证并由此展开深入的理论分析。不可否认，这种假说演绎方法有科学合理的方面，但同时也有不少缺陷。例如，理论前提假设和数学推导排斥了人类行为或经济关系中的非理性和不确定因素，又如经验检验具有被动性和不可重复性的缺点。

第二，实验经济学继承了自然科学的实证主义传统，弥补了经济学实证方法的缺陷。首先，实验经济学以可犯错误、有学习能力的行为人取代以往的"理性经济人"假说，用数理统计的方法取代单纯的数学推导，解决以往实证研究的高度抽象和简化与现实世界不一致的问题。其次，实验经济学家可以再造实验和反复验证，用现实数据代替历史数据，克服以往经验检验的不可重复性。最后，在实验室里，可以操纵实验变量和控制实验条件，排除了非关键因素对实验的影响，从而克服了以往经验检验被动性的缺陷。

第三，实验经济学的兴起促进了现代经济理论的发展。首先，实验经济学拓展了经济理论的研究范围，将人类决策行为当作研究对象，把经济运行过程纳入到研究领域，从而发现更符合现实的经济规律。其次，实验经济学还催生出新的经济学科。实验经济学的发展把心理学和经济学有机联系起来形成行为经济学。最后，实验经济学构建了连接宏观经济学和微观经济学的桥梁。宏观经济理论的实验建立在微观行为的基础上，而对微观经济论的实验也常常验证了宏观经济理论。例如查尔斯·普洛特模拟市场机制既验证了市场价格收敛于一般均衡，同时也考察了货币供给增加对产出的真实作用。

实验经济学的发展仅有短短的五十多年。作为一门新兴学科，它还有一些不完善的方面。主要表现为：实验参与者的主观性影响到实验的有效性。实验者在设计方案时无法完全排除个人偏好和主观猜测，被实验者在实验时有可能考虑与实验者的关系而有意识地完成实验期望。这些主观因素对实验的可重复性提出挑战，造成许多相同实验由不同的实验者设计或者由不同被实验者执行就有可能得出不同的研究结论。此外，目前实验经济学取得的主要成果还局限在微观经济理论，如何拓展其运用领域还有待进一步探索。

参考文献：

周星：《发展中的实验经济学》，厦门大学出版社2006年版。

张淑敏：《实验经济学的发展与经济学方法论的创新》，载于《财经问题研究》2004年第2期。

王军、覃俊波：《实验经济学的发展与应用》，载于《前沿》2003年第9期。

杜宁华：《实验经济学》，上海财经大学出版社2008年版。

John Kagel and Alvin Roth, The Handbook of Experimental Economics, Princeton, 1995.

Diane Zak., Programming with Microsoft Visual Basic 6.0, Enhanced Edition, Thompson Learning, 2001.

Smith, V., Experimental Economics: Induced Value Theory, *American Economic Review*, 66, Papers and Proceedings, 1976.

Smith, V., Microeconomic Systems as an Experimental Science, *American Economic Review*, 72, 1982.

Smith, V., Experimental Methods in Economics, *in the New Palgrave: A Dictionary of Economics*, J. Eatwell, et al. (eds.), New York: The Stockton Press, 1987.

Smith, V., Theory, Experiment, and Economics, *Journal of Economic Perspectives*, 3, Winter, 1989.

Smith, V., Method in Experiment: Rhetoric and Reality, *Experimental Economics*, 5, 2002.

Siegel, S. and D. Goldstein, Decision-Making Behavior in a Two-Choice Uncertain Outcome Situation, *Journal of Experimental Psychology*, 57, 1959.

(刘伟)

经济社会学
Economic Sociology

经济社会学，即是采用社会学的方法研究经济现象。由于学科起源的历史背景，经济学和社会学两门学科解释经济现象的角度有相似之处，但也存在重大的分歧。社会学的早期奠基者如马克思、马克斯·韦伯、齐美尔、涂尔干，分别提出对功利主义、边际效益、古典经济学等经济学思想的批判。

马克思对资本主义的分析一方面援引当时政治经济学的思想成果，但他也提出劳动价值理论与阶级生产关系等观点来批判资本主义经济学的理性市场观点。韦伯强调"理性地追求利益"这种"经济人"的理念虽然是理解现代人各种行动的重要社会学工具，但是其他的行为理念型，如传统、习惯、价值理性，也同等重要，在观察分析实际的经济行为与现象时，不能单独地考虑理性利益，而且经济制度以外的社会制度与价值与经济活动总是交互影响。齐美尔在《货币哲学》一书中提出使用货币这一经济行为包含了现代生活主观价值与客观条件的变迁。涂尔干的社会分工论基本上就是在批判功利主义的理性社会契约学说。

经济社会学的理论体系尚无定论，有人将它概括为主要由经济行动论、社会经济结构论、社会经济变迁论、社会经济战略论组成。经济行动是经济因素和非经济因素共同作用的结果，它的主体是社会人而非经济人，行动所追求的目标并非获取最大利润，而是多层次需求的满足。

经济系统是社会系统的一个子系统，社会系统的各个子系统之间互相提供功能满足，使社会的阶级阶层结构与经济发展水平相适应。工业化引起的社会流动和社会结构重组是普遍现象，由此社会从机械团结向有机团结过渡。当代经济社会学关注的重点在社会经济变迁的理论构建上，集中探讨社会经济发展的一般规律、变迁所具备的心理特质、发展的指标体系、发展中的协调与失调等问题。由此产生了后工业社会论、富裕社会论和社会指标运动。社会经济发展战略论是社会经济变迁论的延伸。它从长远的观点研究一国的社会经济发展道路，在摸清资源、认清国力的前提下，提出发展的对策。

经济社会学研究的具体内容，大体可归纳为五个方面：

第一，社会群体对经济活动的影响。群体是经济活动的决定因素，不同类型群体结构对生产、交换、分配和消费起着不同的影响。

第二，影响经济发展的各种社会因素及发生作用的社会条件，如政治、文化、教育、人口等与经济发展的关系。

第三，经济行为与社会行为。研究支配人们经济行为的主要因素。

第四，对经济过程进行社会学分析，包括对生产、分配、交换、消费等过程的社会学分析，各经济集团的经济效益与社会效益等。

第五，研究经济政策实施的社会依据和社会条件。

经济社会学是在经济学与社会学基础上延伸出来的一门交叉学科，它的发展既需要经济学理论基础，又需要社会学的分析方法。

长期以来，经济学家对于社会学家及其所从事的社会学理论研究往往不屑一顾。虽然主流经济学家不关心社会学问题，但在众多的经济学流派当中，我们仍能发现有些经济学家和经济学流派对经济社会学的发展作出了重大贡献。他们是马克思、熊彼特、德国历史学派和美国制度学派。

马克思对经济社会学的贡献是他确立了经济和社会之间的相互关系的经济社会学研究范畴。虽然他的研究方法仍然属于经济学方法，即用经济学观点分析经济现象和社会现象，但强调经济关系在一切社会关系中的决定性作用，研究经济发展对社会发展所产生的深刻影响，这本身也是经济社会学关注的重要领域之一。

在马克思之后，德国的新历史学派在德国盛极一时，并对美国的制度学派和法国的社会学历史研究方法产生了重大影响。新历史学派的罗雪尔、施穆勒和桑巴特等人都对经济制度的研究作出了杰出贡献。许多经济社会学家认为，经济社会学从某种意义上说，就是一门研究经济制度及其对经济发展所产生影响的学科。对经济制度的关注意味着经济学家不再是就经济发展所受的限制条件本身，比如生产、技术、资本等微观条件进行研究，而且还要对经济条件之外的民族思想、社会意识和文化特征等社会条件加以考虑。因此，德国历史学派传递了经济因素和非经济因素综合考察的经济社会学方法论的传统。

以凡勃伦、米契尔和康芒斯为代表的制度学派广泛地讨论了"制度"对人类社会生活所产生的深刻影响。三位代表人物在研究方法和具体观点上各有特色。米契尔是经验统计学派的代表，主张把制度研究建立在经济统计的基础上；康芒斯是法律学派的代表，认为在一切制度因素当中法律制度最重要，法律制度是决定社会经济发展的主要力量；凡勃伦对经济社会学的贡献最直接，因为他是制度学派当中的社会学派的代表，他的成名作《有闲阶级论》可以看做是经济社会学的早期代表作。在这本著作中，凡勃伦把制度划分为两类：一类是满足人类物质生活的生产组织制度，另一类是拥有私有财产或展示人们之间相互关系的社会（阶级）制度。前者满足人们的物质需要或生存需要，受自然人的本能驱使；后者满足人们的精神需要或社会需要，受人的本能驱使。凡勃伦的分析表明，经济生活严重地受制于社会力量，甚至可以认为是社会力量控制了经济的发展方向。比如显示消费、显示有闲成为社会分层的重要动力，同时，能够显示有闲或有条件显示有闲又成为社会分层的重要标志。正是这些社会意识形态和社会阶级结构决定了经济社会发展方向。

20世纪70年代之后，以科斯和威廉姆森为代表的经济学家发展了经济制度分析方法，形成了新制度经济学。新旧制度经济学的主要区别是前者更重视经济学的微观基础，更依赖有限理性假设前提。代理理论、产权理论和合作博弈理论等都是通过交易成本概念和有限理性假设对经济制度和经济社会关系加以科学解释的新制度经济学核心理论。

如果说上述经济学家的贡献仅仅是因其研究内容或研究方法对经济社会学的产生和发展有所裨益的话，那么熊彼特的作用则与众不同，他在《经济分析史》一书中不仅多次强调社会学方法的重要性，而且直接提出并使用"经济社会学"概念作为经济分析工具。熊彼特认为"科学的"经济学家必须拥有四类分析技术或工具，依其重要程度分别为：

第一，经济史。熊彼特认为，经济学所考察的对象，实质上是历史长河中的一个独特过程，如果一个人不了解历史，他就不能理解任何时代的经济现象。同时，历史的叙述不可能是纯经济的，它必然要反映那些不属于经济制度方面的事实，因此历史提供了最好的方法，让我们了解经济与非经济事实怎样联系在一起，以及各种社会科学应该怎样联系在一起。

第二，统计。熊彼特认为统计数字极为重要，这一观点与其说是经济学的传统，不如说是社会学的方法论特点。

第三，理论。从提出假设、推论命题、得出结论到理论应用（实证分析），这一理论构建过程正是经济学发展的固定格式。从经济学的发展轨迹来看，经济学家沿着这条轨迹已经走得很远了。

第四，经济社会学。熊彼特认为，如果从广义角度定义，人类行为不仅包括动机、行动、偏好等，而且包括与经济行为有关的社会制度，比如财产制度、政治制度、契约制度等，那么我们就需要引入经济社会学分析工具。

因为经济学所关注的是人们在何时何地会发生何种行为以及会产生何种后果,而经济社会学要分析为什么会发生以及如何预防和控制这种行为。自18世纪以来,经济学和社会学在各自的领域内独自前进,主流经济学家和主流社会学家对于对方在做些什么关心很少、了解很少,这种状况极大地限制了经济社会学学科的建设和发展。因此,熊彼特呼吁经济学家多关心一些社会学问题。

除了经济学家对经济社会学发展作出重大贡献之外,同样地,社会学家对经济社会学的发展也作出了较大贡献。

社会学家研究经济社会学的历史没有专门记载。但斯维德伯格认为可以把它划分为三个阶段(Swedberg,1998)。第一阶段是19世纪末至20世纪初,以韦伯、波拉尼和齐美尔为代表;第二阶段是20世纪50年代,以帕森斯、斯梅尔瑟和波拉尼为代表;第三阶段是20世纪80年代以后,称为新经济社会学时期,代表人物有H. 怀特、M. 格兰诺维特和V. 泽利泽等人。

社会学建于1890~1920年。韦伯、涂尔干和齐美尔这三位杰出代表同样也在经济学领域做了大量研究(Swedberg,1998)。齐美尔在这一领域最重要的成果是于1900年问世的《货币哲学》。在这本著作中,齐美尔敏锐地分析了货币在现代文化中的特殊作用。除此之外,齐美尔还以创建各种经济类型而闻名,剖析了挥霍者和守财奴两种经济类型的行为特征等。

涂尔干的职业生涯始于他批判亚当·斯密的分工思想。斯密认为劳动分工的唯一功能是生产财富、便于交换。涂尔干认为斯密忽视了分工的另一重要功能,即分工加深了人们之间的相互依赖,促使人们更加团结,因而提供了"有机团结"的潜力;另外,涂尔干发现现代经济的某些力量可能会破坏社会的内聚力,出现社会的"反常状态"或者是缺乏行为规则。在把经济社会学确立为一门独立的研究领域方面,涂尔干比齐美尔更积极,他不仅自己笔耕不辍,而且鼓励其门生投身于这一事业。其得意弟子、法国社会学家、著名的社会学代表人物M. 莫斯的极富想象力的研究成果《礼物》就是在涂尔干的影响下完成的。在本书中,莫斯改变以往学者只用经济理性分析"礼物交换",而把这一现象放到社会整体中去探讨,阐明这一现象既是经济的,也是法律的、道德的、美学的和宗教的社会现象。莫斯的分析方法为后来的新经济社会学所倡导的"经济嵌入于社会"确立了最初的学说理念。《礼物》因其独特的分析视角一直被视为人类学研究原始社会礼物交换的经典之作,莫斯因而也被视为人类学家。

M. 韦伯是为建立经济社会学作出最持久努力和最出色贡献的社会学

家。虽然受到德国历史学派的文化熏陶,但韦伯仍然积极地接受门格尔学派(即奥地利学派)的理论经济学思想。与憎恨经济学并想用经济社会学取而代之的涂尔干相反,韦伯把经济社会学视为主流经济学的一个补充。在韦伯的许多著作中,有三部与经济社会学特别相关:《新教伦理与资本主义精神》(1904~1905);《经济与社会》(1921~1922);《经济史大纲》(1923)。《经济与社会》一般被视为经济社会学的经典之作,韦伯在书中勾画了经济社会学的基本轮廓。韦伯首先从个人开始讨论"经济行为"及"行为的经济取向",然后探讨了"经济组织及其分类"、"经济的形式合理性和实际合理性",最后分析了"政治组织"、"意识形态"和各种"国家制度"对经济发展尤其是资本主义企业经营所产生的影响。可以说,《经济与社会》是古典社会学的一个里程碑,也是经济社会学初步建立的标志性成果。20世纪30~50年代是凯恩斯经济学时代,它以1936年凯恩斯发表《通论》为起点,以50~60年代凯恩斯政策主张在各国实践为顶峰,以70年代"滞胀"所代表的凯恩斯灵丹妙药失灵为终点。

1956年,帕森斯与其学生斯梅尔瑟合著出版了一部重量级理论著作《经济与社会》,标志着经济社会学作为一门独立的学科正式创立。在这本著作中,作者运用结构—功能主义分析手法,把社会定义为一个由许多子系统组成的大系统,经济只是其中一个子系统。经济系统与其他系统相互作用,所有子系统在维持社会大系统运行过程中都发挥重要功能。斯梅尔瑟随后用同样的方法研究了英格兰的工业革命,并出版了经济社会学的第一部教科书《经济社会学》。

20世纪80年代初是经济社会学发展的第三阶段,也是新经济社会学诞生和发展壮大的关键时期。在这一时期,把社会学应用于市场研究的先驱是哈佛的H.怀特。到80年代中期,怀特的许多学生开始发表经济社会学著作,尤其是借助于在他指导下所使用的网络研究方法,波特、贝克和M.格兰诺维特等人的成果尤为引人注目。其中M.格兰诺维特1985年在《美国社会学杂志》上发表了一篇关于经济社会学的纲领性文章《经济行为与社会结构:嵌入性问题》,开创了利用社会结构或社会网络分析经济行为和经济秩序的经济社会学新纪元。格兰诺维特同时对新制度经济学展开了正面攻击,认为采用非社会学方法分析经济制度的威廉姆森等人是"学术森林中的社会学婴儿"。格兰诺维特的理论假设体现了新经济社会学的关键特征,即认为所有的经济制度都是"社会建构"。格氏认为经济制度是通过网络产生的,然后被凝结到更坚固的社会结构当中。

新经济社会学吸引了大批出色的社会学家,他们主要分布在美国,但在欧洲和其他地区也有志同道合者。新经济社会学的组织理论和文化社会学理论产生了重大影响并引发了许多创造性研究成果。比如 V. 泽利泽分析了 20 世纪儿童经济价值的变化方式;N. 毕加特分析了女性直销组织的结构及其演变;N. 福里格斯坦从社会学角度重新阐述了美国现代合作史。1992 年格兰诺维特和斯维德伯格出版了一部经济社会学新文选,1994 年斯梅尔瑟和斯维德伯格出版了一部巨著《经济社会学手册》。这部巨著收录了许多新经济社会学最知名的人物,并用 30 多章的篇幅分析了经济生活的全部领域。

经济学和社会学发展到今天,两大学科均已达到相当成熟的阶段。但回顾两大学科的发展历程可以看出,虽然同属社会科学研究领域,但在多数情况下两大学科都在强调各自的"个性",而容易忽视两者之间的"共性"。经济学家热衷于建立数学模型,致使经济理论越来越脱离现实,甚至使经济学被人戏称为"黑板经济学"。而社会学家则热衷于脱离理论描述现象,然后把人们熟知的现象冠以人们陌生的学术名称,致使社会学发展缺乏统一的规范体系,甚至使社会学被人戏称为"庸俗社会学"。把两大学科联合起来共同解释经济社会现象,是高度发展的专业化分工日细、各种现象之间内在联系日深,从而学科之间联系日密的社会发展的客观要求,社会经济学在这种时代背景下应运而生。

因此,经济社会学的产生既是为了弥补社会学理论性的不足,又是为了转变格兰诺维特所说的"经济学失败的方向",以一种新的视角——经济学和社会学相结合的角度来分析经济和社会发展过程中客观存在的问题。从新经济社会学角度来看,考察经济生活的新视角就是社会结构或社会网络。

参考文献:

[澳] 马尔科姆·沃特斯:《现代社会学理论》,华夏出版社 2000 年版。

[美] 詹姆斯·科尔曼:《社会理论的基础》上、下,社会科学文献出版社 2008 年版。

[英] 安东尼·吉登斯:《社会理论与现代社会学》,社会科学文献出版社 2003 年版。

[瑞典] 汤姆·R·伯恩斯:《结构主义的视野》,社会科学文献出版社 2004 年版。

[法] 卢梭:《社会契约论》,商务印书馆 2011 年版。

[美] 格尔哈斯·伦斯基:《权力与特权:社会分层的理论》,浙江人民出版

社1988年版。
[英] 丹尼斯·史密斯：《历史社会学的兴起》，上海人民出版社2000年版。
[德] 马克斯·韦伯：《社会科学方法论》，华夏出版社1999年版。
[德] 马克斯·韦伯：《经济与社会》，商务印书馆2004年版。
[法] 埃米尔·涂尔干：《社会分工论》，生活·读书·新知三联书店2000年版。
[法] 埃米尔·涂尔干：《宗教生活的基本形式》，上海人民出版社1999年版。
[法] 埃米尔·涂尔干：《实用主义与社会学》，上海人民出版社2005年版。
[德] 格奥尔·西美尔：《货币哲学》，华夏出版社2007年版。

（刘伟）

经济人类学
Economic Anthropology

经济人类学是运用人类学的研究理论和研究方法，探讨人类的经济现象和经济行为的一门人类学的分支学科。在研究过程中，尽可能将视野拓展到不同的领域，不仅其把研究的范围从原始社会扩及到整个人类在各个不同时期普遍的社会经济活动，而且在一个极为广阔而深远的视野中观察经济所提出的问题，因此，经济人类学成为一门研究广义人类社会行为的基础与动因的学问，成为一个从总体结构上考察满足社会物质需要的结构化"经济"活动的科学，成为有自己独立范畴体系、理论框架、方法论和更为广阔的研究领域的一门相对独立的新兴科学。

经济人类学研究的内容大体包括前资本主义的各种生产方式、交换方式和分配方式，各种经济现象的变化过程、各种生产方式对国家的影响以及经济人类学本身的理论问题。经济人类学不仅要使用人类学的实地调查方法搜集资料、进行研究，还要利用全面的综合研究和比较研究方法，近年来还采用了数学计量等新的研究方法。运用马克思主义理论研究经济人类学是近几十年来的一个发展趋势，经济人类学的马克思主义学派已经成为形式主义和实在主义学派之外的又一重要派别。

经济人类学是由美国人类学家赫斯科维茨于1940年首先提出的。第二次世界大战以后，世界上的许多国家和地区的经济状况发生了很大变化，经济人类学的研究成果为制定经济政策、促进经济建设提供了科学依据。1952年，赫斯科维茨的《经济人类学》一书，试图用现代经济学的理论和观点来研究历史上的各种经济现象，并由此形成了形式主义学派，主张把人类史上出现过的各种经济现象在现代经济学理论指导下进行研究，揭示这些经济现象的发展变化过程，为解决现代经济发展中的问题提供理论依据。以波拉尼为代表的实在主义学派否认现代经济学理论对研究过去经济现象的适用性。形式主义学派与实在主义学派的这场争论从20世纪70年代才开始走向统一，反映了经济人类学的成熟与发展。

经济人类学是20世纪经济学与人类学两个学科结合在一起的产物，是一门从人类学角度出发，运用民族志等方式研究人类经济制度和行为的科学。它的研究领域非常广泛，既可以描述人们生产、分配和消费的方式，以及这些系统如何组织、运作并与其他系统发生联系；还可以建立理论来描述分配决定的过程、经济的制度脉络和影响；经济制度的运作和动力，经济如何影响人们以及人们的行动如何影响它们的经济制度。

第一，经济人类学的兴起（1870~1940年）。

马凌诺夫斯基是经济人类学的开创者，他对经济人类学的主要贡献在于《西太平洋的航海者》的专门讨论，以及《珊瑚花园与他们的魔法》的讨论工作、技术和财产分配。他坚持特罗布里恩岛民的习性是将物当作礼物并将之视为"部落经济"，拒绝承认"经济人"的概念是全人类共有的。

莫斯的《论献祭》与马凌诺夫斯基的功能主义是对立的。莫斯对马凌诺夫斯基的美国西北海岸的夸父宴在美拉尼西亚非常盛行的观点表示赞同，但是他坚持认为货币和市场是人类的普遍现象。莫斯批评功能主义强调个人的观点，认为社会和精神层面的交换在所有社会，包括现代社会都存在。他的人类学被限制在一个明确的社会主义方案中，引起了很多学者的争论。

弗斯（Firth）关注原始经济，强调原始经济是一种"社会事务"，并认为他解决的"虚假/伪问题"，就是马凌诺夫斯基认为的"复杂的社会义务"，弗斯认为这种复杂的社会义务并不会偏离"理性经济选择"的基本解释。从这个意义上讲，他应该被视为第一个"形式主义经济人类学家"。他用经济的基本分类来组织自己的文章，但是为了理解行为模式的理性特点，他详细描述了背景，结果出现了丰富的带着理性选择印迹来描述经济体制的民族志材料。

赫斯科维茨（Herskovits）的《原始人的经济生活》是一个科学民族志。书中系统地将经济学理念和民族志成果并列考虑，这标志着现代经济人类学出现了。在经济学领域内，赫斯科维茨希望在世界范围内找到与西方资本主义不同的例子。就在那个时期，新古典经济学正面临体制经济学家的严重挑战,大萧条破坏了自由的信誉,为了重新恢复公众信任,银行系统只能制定更为严格的规范。

赫斯科维茨也将自己的材料组织起来用经济学家更熟悉的标题命名,甚至认为"因为在非工业化经济中,土地、劳动力和资本作为资本始终存在,它们一定会产生些回报"。但是他也认为用民族志材料来批评正统经济学,就像民族志证据中的"无文字民族"被剔除一样荒唐。赫斯科维茨实际上在对比"机器和非机器社会",他还试图表明古典经济学可以扩大应该用到后者,并且批评经济学家没有认识到自己文化上的局限性。他一直坚持认为"比较经济学"是两个学科互相促进的计划,反对任何科学仅仅只依靠推论和感性认识或者忽视事实。

第二,经济人类学发展的"黄金年代"(1950~1970年)。

和平与发展成为19世纪的标签,世界经济长期繁荣,经济人类学在这个时期获得长足发展。

克利福德·格尔兹(Clifford Geertz)与"发展"范式密切相关,为20年后经济人类学的"文化转向"奠定了基础。他出版了三部相关著作,《农业内卷化》是按传统框架研究爪哇经济为什么不发达,但是他从艺术史中借用了一些概念进行分析;《小贩和王子》在爪哇人市镇中区分了两种理想的经济类型,其中大多数人在街道进行经济行为的类型被命名为"集市型"。与此相反的"公司型"经济,包括得到国家法律保护的大部分企业,通过计算避免危机。国家政权机构为这些企业减少竞争提供保证,从而顺利地完成资本积累。而"集市型"是个人主义的和竞争性的,因此要将资本累积到很高是非常困难的。格尔兹的《尼加拉》是将集市作为其研究的模型,研究在竞争性市场中个人的选择,同时将集市模型看做国家垄断资本主义企业和国家霸权下的产物。当政治改革改变了群众生产和消费以及企业的路线时,现代学科转向个人主义方法论。国家越强大,资本主义企业和社会越有权力,可能成为国家垄断特权。

随着学科的进步,关注"发展"的人类学家数量不断增长,但是这些研究"不是基于认真调查经济增长和下降根源后得出的结论"。《发展理论》中提到由于工业革命,"发展"有两个意义:资本主义增长的资源和改善增长的破坏性后果。

用人类学家"发展"的观点来批判资本主义制度的核心,主要的趋势就是研究"发展",反映贫穷国家的悲惨历史。詹姆斯·弗格森(James Ferguson)的《反政治的机器》揭露了莱索托发展项目的弊病,他表明经济行动都隐含在当地中，但都以提升城市居民利益结束，当地居民都没有得到预期效果。他的《现代性的期待》是对赞比亚铜带省人民生活的再考察，书中典型的以古德曼和曼彻斯特学派（自由贸易学派）的观点进行研究和考察历史人类学。在这里人类学家第一次参与了全球化框架下不平等现象的争论。

20世纪70年代，法国结构马克思主义在对拉丁美洲和中东地区的研究中产生出来，萨林斯（Sahlins）的《石器时代经济学》融合了实质论、形式论和马克思主义理论。1978年，古德曼（Goodman）提供了有关巴拿马村庄商品化研究的《农民经济的终结》，书中运用政治经济学理论强调价值的基本问题。

阿尔都塞（Althusser）出版了关于资本的文章，这本书符合结构主义的方法和系统理论。在他们的研究中，现象学中人的主体性、辩证和历史本身的影响在减少。法国马克思主义人类学生产结构的理想模式很明显，有三个基本成分——生产者、非生产者和生产方法，被视为是具体生产模式中变量的组合。生产者做决定的时候，都很注意经济、政治和生产方式之间的关系。

古德里耶（Godelier）1966年出版的《经济学的理性与非理性》将结构主义和马克思主义结合起来，将理性概念用在人的方面和系统上，为20世纪70年代马克思主义的重新盛行铺平了道路。

法国人类学家将法国结构主义和德国哲学结合起来，其中包括马克思主义和英国科学经验主义，对经济人类学产生了非常大的影响。

受系统理论和辩证法的影响，结构功能主义出现了，乔尔·卡恩（Joel Kahn）和弗里德曼在研究中应用了该理论。乔尔·卡恩深受阿尔都塞的影响，关于印度尼西亚的民族志更具有经验性；而弗里德曼受到古德里耶研究方法的影响，重建了利奇（Leach）关于上缅甸高地民族志的声誉，将整体论融入经济人类学的视野中。第二次世界大战后，当社会民主主义让位给保守的新自由主义时，法国马克思主义也消失在学术界。

第三，遭遇"新自由主义"挑战的经济人类学（1980年至今）。

20世纪80年代，新自由主义意识形态深入人心，已经威胁到凯恩斯在经济学领域内的学科霸主地位。新自由主义经济的特点之一就是超越现代国家的控制，市场机制有效运行，市场流通更有效率。苏联的解体使世界市场统一不再是梦想；中国、印度和亚洲其他国家经济的复苏，使世界资本流通达到一个新的高度。另外，交通和通信的变革创造出一个前所未有的"网络社会"。经济人类学家的工作显得很尴尬，当他们批评资本主义文化的时候，市场经济已经成为全球性的经济，更多自我意识方面的理论出现了，甚至在一定程度上走向了经济学的历史和政治观点。人类学家至今都在避免直接和经济学家发生正面冲突，尤其在经济学家擅长的国家和全球化经济分析领域中；在"后现代"标签下，作为主要研究方法的田野调查遭到了挑战。经济人类学现在主要研究资本主义运作的核心及其在全球的传播，社会主义转型期私有化的地位，被各种国际组织定义为"穷人"的发展状况等。

新自由主义经济到底是什么，在学界还是一个未定论的问题，但有一点可以确定，新自由主义经济之所以具有强大的力量在于他结合了文化形式。因此，近来对经济人类学影响最大的是文化研究。正如陈庆德教授所言："经济过程绝非冷冰冰计算的合理性，它总是沉浸在文化环境的汪洋大海之中。"古德曼运用了严谨的文化研究的方法去研究经济，在《作为文化的经济：生活的模型与隐喻》中，他用"当地模式"观点去看拉丁美洲、非洲和太平洋地区的经济本身和农民经济。

《与哥伦比亚对话》证明在现代社会里，民族志田野工作记录作为生活情况的历史，可以帮助经济学家在已经死亡的背景中进行研究。当然，古德曼也质疑人类学家过分与经济思想史结合，将贸易视为研究的标准工具。他在《经济人类学》中提出了"社区"和"市场"两个概念，将前者视为"根基"，可以在人类经济的任何方面使用。有学者（Hornborg）批评他远离了当地行动者概念，走向了普遍主义，使得他的研究更像经济学而不是人类学，同时他指出古德曼是一个游移不定的后现代主义者，缺少一种"事实"认识论。古德曼对这些批评在《经济人类学》一书中也做出了自己的解释。

20世纪80年代以来，经济人类学研究成果不断。克拉默（Clammer）出版了《新经济人类学》，奥特兹（Sutti Ortiz）编著了美国经济人类学会的第一期论文集；普莱特纳（Stuart Plattner）出版了一部与形式主义联系非常紧密的，反映美国经济人类学发展的论文集。罗达（Rhoda Halperin）被看成形式主义和制度主义者，他试图建立"一种与经济学相对应的科学"；理查德·威尔克（Richard Wilk）同样热衷于文化转向；苏珊娜（Susana Narotsk）从马克思主义和南美文学中借鉴理论。当代人类学中，女性主义、地方性知识系统明显影响了我们对经济的看法。詹姆斯·卡里尔（James Carrier）最近编辑了综合性的《经济人类学手册》，前言发出与前人一样的疑问：人类学家仍然试图找到与经济学家同样的结论，谁知道是否有人倾听人类学家的声音呢？

总之,透过经济的视角,人类学家希望找到最一般的、不同层次的经济组织的规则。经济人类学家不希望自己被看成是研究"原始人的经济"的,他们想找到更好的学说来解释经济现象,同时,人类学家根据他们的长时段田野调查,可以深入了解当地人民的生活,了解当地人的想法和做法,因此积累了客观的关于"异文化",主要是国内消费数据库,而且固定用文化相对范式,其定义和内容都与主流经济学相反。运用经济人类学,可以解决资本主义是否存在等困扰几代学者的问题。

经济人类学实际上是对自19世纪以来以自我中心说的历史认识观支配整个社会科学的话语机制进行根本性质疑的产物,也是在对人类所形成的与自身类本质实现要求相背离的、分离性的现实发展方式反思过程中所得到的一个硕果。如同葛兰西所说:"批判性反思的出发点是认识到你到底是谁,认识到'认识你自己'也是一种历史过程的产物,它在你身上留下无数的痕迹,但你却理不清它的头绪。因此,找出这一头绪就成为当务之急。"因此,有必要在整个时代的社会政治背景和认识背景中来考察经济人类学的成长。

作为第二次世界大战后世界经济性质变化的产物,经济人类学和发展经济学都是以共同的研究范畴兴起的。对前殖民地国家的发展与欠发展问题的聚焦,要求人们对其所面临的特殊经济问题有更多的了解。尽管这两个学科有着共同的目的,但它们是相互独立地发展起来的。格里高科认为:部分的原因是,经济人类学通常采用实证的、描述的、微观的经济分析方法,而发展经济学倾向于采用更抽象的、规范的、宏观经济学的方法。也许最主要的原因是,新古典经济学的分析方法在发展经济学中起着绝对的支配作用,这使得发展经济学采取了一种只看到本学科内部的、排外的方法,与此不同的是,经济人类学的理论方法是多元的、开放的,来自不同学科和不同学派的经济思想的理论和概念,都对其产生了明显的影响。这种基本特征使经济人类学家"试着去了解那些使他们感到吃惊的事情"。

20世纪50~60年代,人类学借用了语言学模式来拓展其理论视野。这一新形势下所包含着的实质性内容,是对以往在社会科学中占支配地位的那些观念进行重新评估与挑战,它引致了社会科学从追求社会理论到关注解释和描述社会现实中所产生的问题的根本性转变。20世纪70年代以来,多样化的学科和解释理论的发展,成为了人类学理论和方法的新思想和新观念的策源地。学者所采用的方法论、认识论、解释论、表象以及话语形式本身,形成了新的理论聚焦。在全球框架中,不同社会之间的相互依存和不同文化之间的彼此认识的程度的提高，使人们充分认识到："人类学并不等于盲目搜集奇风异俗，而是为了文化的自我反省，为了培养'文化的富饶性'"，是要把描述"异文化"的单纯兴趣"转移到一种更加富于平衡感的文化观念上来"，其目的在于获得对文化整体的充分认识。

经济人类学以跨文化的研究所提出的挑战，实质上是看到人类学者自身带有社会和文化偏见的可能性，而对久已形成的、现实的知识和社会体系提出质疑。如何使一个在急剧变迁世界中的社会现实得到真实表述的中心问题，将人类学置于当代各种话语争论的旋涡中心。经济人类学对民族的研究，实质上是跨语际的，是在多种文化和制度的接触和碰撞中展开的。经济人类学研究的基本意义，并非只是为人们贮存下对那些已经消亡的，或者正在消亡的以及实存的个别民族的记忆和知识；经济人类学研究的基本问题，也并非是否要提"民族主义"或提什么"民族主义"的问题；囿于"民族"的框架，是无法表达出人类整体历史的真实面貌的。经济人类学对历史文化民族性及其与实存发展关系的强调，实际上是把其对"另一个"和"另一处"的探寻和研究，最终归结到了对人类整体的全面理解上；而在其研究中"民族"一词的歧义性使用，则表明它已对以往研究的旧有语境和客观诉求提出了一个根本性的疑问：即怎样重新认识"学科行为"中的认识论机制？人们何以取得他们所取得的知识？这些知识背后的认识论前提是什么以及话语和知识又怎样参与历史的真实创造……

在经济学领域的分析中，生产、资源配置方式和收入分配是最基本的相关变项。而只要稍微深入一步，就可清晰地看到，它们都无一例外地反映出一定的制度关系。尽管经济学把"经济理性"作为自己最基本的分析手段和最重要的假定，视每一个社会交换和经济过程的参与者，都具有使其价值最大化的目的追求。但是不论人们把经济理性视为一种心理活动、还是一种生活原则，它本身已隐含着某种社会性的制约关系。而当我们一旦把这种经济理性扩展到人类历史的全过程时，就可看到，它并非是某种一成不变的原则或假定，更多的是显现出作为一种变项而存在的性质。例如，在许多民族的简单社会中，理性原则普遍地发生于生产领域和资源配置的行为和活动中；但同时在交换领域，却广泛地以"非经济性"的方式，把其产品作为礼品而相互赠送。这似乎使我们更有理由将经济理性这一经济学最重要的假定视为一种制度化的价值观念。所以一谈及经济过程，就意味着某种共同的价值标准，通过制度化而得到确立和稳定化，并使个体的评价和行为选择在更大的范围内得到同一性的联结。物质的和客观的经济过程产生了特定的价值内容，制度则在社会意义上提供了价值最大化的秩序稳定性。它一方面为经济过程提供了一个互惠的合作环境；另一方面又制约着具有不同利益的经济参与者，在追求差异极大的目标中不致出现同毁性的公然冲突。

经济人类学在其深层本质上一开始就把对人类本质实现的关怀和对人类发展方式的反思，包容在了自己的研究中，它是通过对人类相异性的研究，来理解自己生活的社会和时代的。因此，经济人类学进一步发展的生命力，在于永不封闭自己的研究领域，永不拒绝新的理论工具和方法的运用。这便要求我们实现对人类学、经济学、历史学、社会学等多学科的超越和新的融合。这种超越和融合，使经济人类学深入到了有关人类社会发展的基本理论中，而且广泛涉及了经济史、各种具体的和现实的经济问题，以及对当代世界经济体系中的贫穷、不平等和发展等的问题。

参考文献：

陈庆德：《经济人类学》，人民出版社2001年版。

陈庆德：《经济人类学的理论发展》，载于《云南社会科学》2000年第2期。

许婧：《西方经济人类学理论发展的历程》，载于《西南民族大学学报（人文社科版）》2010年第31期。

R. Firth, *Themes in Economic Anthropology*, 1967.

J. Clammer, *The New Economic Anthropology*, 1978.

S. Plattner, *Economic Anthropology*, 1989.

E. Brumfiel, *The Economic Anthropology of the State*, 1994.

Sutti Ortiz. Economic Anthropology, *Topics and Theories*, 1983.

M Herskovits, *Economic anthropology*, 1952.

（刘伟）

历史计量学
Cliometrics

历史计量学是一门将经济理论和定量分析方法运用于历史研究、特别是经济史研究的交叉学科。它诞生于1958年，以康拉德（Alfred Conrad）和迈耶（John Meyer）发表的经典文献"南北战争前南部奴隶制经济学"为标志，至今已走过了50多年的历程。

历史计量学的出现促进了经济史研究与经济理论之间的结合，在史学界特别是经济学界产生了重要影响，诺斯（Douglass C. North）和福格尔（Robert W. Fogel）因在历史计量学中做出的开创性贡献而于1993年同获诺贝尔经济学奖。"Cliometrics"一词由数理经济学家雷特（Reiter）首创，由两个部分组成，前缀克莱奥（Clio）是历史女神，她启迪人们以多种不同的方法研究历史，后缀metrics是度量的意思。"Cliometrics"一词根据权威经济学辞典的定义，现在译为历史计量学。与"Cliometrics"表述相同内容的英文词汇，还有"New Economic History"、"Econometric History"和"Quantitative History"。历史计量学50多年的发展，经历了从传统经济史学中萌芽，随后与新制度经济学结合发展壮大，并最终超越新制度经济学的演变过程。在这个过程中，虽然历史计量学将经济理论和定量分析方法运用于历史研究的基本特征没有改变，但历史计量学的研究范式和学科地位发生了重大转变。其研究范式在发展过程中经历了冲突和裂变，实现了从史学范式为主向经济学范式为主的转变，并孕育了经济学研究范式的创新。在历史计量学50多年的发展过程中，它的学科地位也不断提升。早期的历史计量学仅仅为各专史和断代史提供方法和技术支持，在历史科学中作为史学理论和方法的分支出现，是众多具体研究方法中的一种，而并不具备理论指导的意义。随后的历史计量学逐渐摆脱了这种初创时期的附属地位，通过将新制度经济学理论运用到经济史研究中，成功地发展为新制度经济学这门理论经济学的一个应用分支。当前的历史计量学已经超越了新制度经济学，正在弥补传统经济史和经济理论之间的长期分裂，成为一门介于经济理论与传统经济史之间的理论经济学学科。

20世纪50~70年代，历史计量学的研究主题可以划分成两个阶段，一是对历史学家所关注的重大历史问题进行检验和批判，主要涉及经济增长、奴隶制度等历史学命题；二是从原来的历史学命题中摆脱出来，转向考察和验证新古典主义经济学命题，如市场机制在经济发展历程中的作用等，同时追溯许多现实经济和社会问题的历史渊源。

20世纪50年代，经济史学家为解释贫富国家之间悬殊的收入差距，将研究的焦点放在理解经济增长的来源、寻找经济发展的主要决定因素等问题上。诺斯早期开展的历史计量学研究，就是围绕回答这些问题展开的一次有益尝试。其实，统计和计量方法在历史计量学诞生以前，已经在传统的经济史研究中运用。但这种运用只是利用简单的统计分析得到数据，注释或佐证某种观点的正确与否。要回答上述问题，利用传统的方法，如简单地罗列进出口贸易额、工农业总产值等宏观统计数据，而不在理论指导下进行深入的数据分析，是无法找到令人满意的答案的。诺斯的研究区别于传统经济史学的一点，在于以新古典主义经济学有关经济增长的理论观点为指导，寻找美国经济史中的诸如出口和区域专业化发展等数据，来验证这些新古典理论中指出的所谓"决定要素"对美国经济增长的影响。同时代各种经济理论的迅速发展，为历史计量学尝试不同的理论指导提供了可能。此期经济学界还有学者提出，交通运输成本的降低，可以增加国民收入、有效促进经济增长。到1957年，经济学家索洛进一步提出了由技术进步决定经济增长的新古典经济增长理论模型。诺斯和福格尔等学者在这些理论指引下，将研究对象从整体经济转移到具体产业上，以美国的交通运输业作为案例，验证技术进步对交通运输业的影响。诺斯使用了"全要素生产率"的概念和间接计量的方法，从微观的视角研究了1600~1850年间海洋运输中生产力的变化，结论是技术进步导致经济增长的传统解释无法得到验证。福格尔利用社会储蓄的概念和反历史事实计量的方法，从宏观的视角研究19世纪后期铁路对美国经济增长的影响，得出了相似的结论，铁路并不是导致美国经济增长的决定性因素。随后一些经济学家延续这个研究思路，考察了铁路对欧洲经济增长的影响，还有的学者分析了铁路以外的技术创新与经济增长的关系，他们都得出了基本一致的结论，即单靠一项新技术并不能对经济增长产生革命性影响。这样，通过对诸如出口、贸易等新古典因素以及技术进步的考察，诺斯认识到了新古典主义经济学遗漏掉的制度因素对经济增长的重要性，于1971年与戴维斯合著了《制度变迁与美国的经济增长》，提出美国的经济增长，不仅仅是新古典理论所说的要素积累的结果，而且也是制度不断完善的结果。诺斯此时开始认识到，从经济史分析中看新古典主义经济学制度既定的假设确实存在局限，他转而寻求与新制度经济学结合，发展历史计量学。而要考察制度差异如何引发国家之间不同的经济绩效，单靠对美国经济史的研究显然不够，诺斯随后将历史计量学的研究对象从美国转向了欧洲诸国。

除了20世纪60年代兴起的研究经济增长的热潮之外，伴随着美国民权运动的兴起，一些经济史学家开始关注奴隶制度、少数民族等问题。这在历史计量学的早期文献中也有所反映，其中，经典的是福格尔和恩格尔曼（Stanley L. Engelmann）对南北战争前美国奴隶制度的研究。他们将收集、整理的相关统计数据配以全要素生产率的概念，证明奴隶制具有效率高的特点，特别是在大种植园中奴隶制的规模经济特征十分明显，对奴隶主而言有利可图，从而否定了传统认识中奴隶制是种无效率和不盈利的生产方式的观点。他们还通过反历史事实假设的方法，研究证明了如果没有南北战争，那么奴隶制度就不会自动崩溃，并将继续存在下去，甚至可能自我强化。

美国历史计量学的迅速发展在20世纪70年代引起了英国学者的关注。英国研究历史计量学的主体是历史学家，而不像美国那样主要由具备经济史知识的经济学家组成，他们的研究主题集中在英国工业革命前后的经济发展问题上。进入20世纪80年代之后，历史计量学逐渐摆脱了对以往历史定论的讨论和批判，开始拓展自己的研究主题，并注重和当时的经济问题相结合。这些研究主题涉及生产率的增长、社会不平等、人口老龄化、外来移民等问题，其中对在新古典主义经济学中占有重要位置的市场机制开展研究逐步成为热点。许多学者通过整理历史资料、运用计量经济学的工具和统计分析，检验、评价了市场机制在人类经济发展历程中的作用，并对非市场制度的存在进行了考察。这些研究成果试图验证新古典主义经济学的观点，如市场机制支配着历史上的各种交换关系，市场的发育和扩展提升了经济效率、促进了经济增长；市场交易的统治地位在人类社会发展历程中早已出现，而并非如历史学家所说只是最近的产物；非市场制度只是作为市场制度的替代物而存在的等等。

20世纪70年代之后，推动历史计量学与新制度经济学结合的是诺斯。在通过研究19世纪开挖和建设运河等案例，分析制度变迁与美国经济增长的关系时，他发现人们要从交易中获益，往往需要进行产权交换、发明新的经济组织和制度安排。这一发现使诺斯认识到制度对经济增长的重要作用，从而摆脱了以往技术进步决定经济增长观点的束缚。诺斯还分析了资本市场演化、公司制产生等现象，这些都是历史上曾经有效促进经济增长的因素。他发现新古典经济学可以解释经济增长中这些因素的作用，却无法说明其起源。而要理解这些因素、特别是新的制度安排是何时和如何产生的，需要其他理论分析工具。此时新制度经济学的发展正突飞猛进，诺斯在其经典文献中已经指出，新古典主义经济学分析遗漏了现实世界中普遍存在的交易费用，随后阿尔钦（Armen A·Alchian）、德姆塞茨（Harold Demsetz）、张五常（Steven N. S. Cheung）和威廉姆森（Oliver E·Williamson）等人发展了产权理论、契约理论和交易成本理论。这些理论刚好满足了诺斯经济史研究中对经济理论指导的需要，历史计量学和新制度经济学自然而然地走到了一起。

当然历史计量学和新制度经济学的结合也不是一蹴而就的，而是在"问题导向"的指引下逐步推进和完善的。在先前的研究中，诺斯已经发现，要考察不同制度如何引发国家之间经济绩效的差异，单靠对美国经济史的研究已经不能回答上述问题。诺斯随后将历史计量学的研究对象从美国转向了欧洲，寻找可以进行比对的研究对象。体现这一转变的研究成果，正是诺斯和托马斯在1973年合作出版的《西方世界的兴起》一书。诺斯关注的问题一如既往，即"持续的经济增长是如何发生的"，但这次的案例素材来自近代欧洲多个国家的经济史。长期以来对此问题的传统解释，是蒸汽机车、纺纱机器的出现引发英国的工业革命，导致了上述现象。而诺斯对此的解释沿袭了《制度变迁与美国的经济增长》中的发现，即传统观点中提及的资本积累、技术进步和经济规模等因素只是经济增长的结果而非原因；有效的经济组织和制度安排才是西方世界兴起的关键，它可以为经济增长提供有效的激励，增加个人和社会的福利。

诺斯将历史计量学从历史科学分支的附属地位解放出来，首次实现了经济史研究与经济理论的互动：一方面，经济史分析补充并完善了经济理论。通过对英、法、荷兰和西班牙等国家的对比分析，诺斯发展了两个新观点：一是有效的制度安排由于"搭便车"和交易成本的存在，未必能自动产生；二是发展并不是与时间无关的生产函数，它与促进经济增长的制度之间存在路径依赖，而后者是由政治系统实施的。改良后的政治制度实施对私有产权的有效保护，是富国之路。可以说，对史料的描述归纳在诺斯提炼新观点时起了重要作用。另一方面，利用经济理论来分析史料。虽然诺斯此时还未提出自己的制度变迁理论，但他从契约理论的视角建立了一个理论模型，分析西欧历史上的庄园制案例，以此成功解释了西欧封建主义的兴衰。这个模型有初始条件、外在变量和决定因素，综合运用了产权、交易成本和公共产品理论。从研究范式上看，诺斯此时运用的是标准的新古典主义经济学研究范式。但他在具体理论层面对新古典主义经济学有所发展，将"制度"这个新古典主义经济学遗漏的变量作为其分析的对象，并将时间变量引入其分析中，突破了新古典经济学"制度既定"、"发展是与时间无关的生产函数"的局限，为发展一个完整的制度变迁理论奠定了基础。

诺斯的制度变迁理论是在《经济史中的结构与变迁》一书中形成体系的，由产权理论、国家理论和意识形态理论组成，仍以新制度经济学的交易费用、产权和公共选择理论为基础。诺斯还就制度变迁的动力、方式、主体、评价标准等进行了回答。这是对《西方世界的兴起》观点的发展和系统化，也是历史计量学与新制度经济学结合的结晶。在产权理论中，诺斯坚持了新制度经济学提出的产权对经济增长具有重要作用的观点，但通过创建自己的国家理论，他进一步揭示了新制度经济学所未能说明的内容：为什么由国家实施产权制度？国家如何选择和实施产权制度？诺斯洞察了政治制度与产权制度的关系，提出了两个命题：政府实施产权保护等制度，可以降低交易成本从而提升经济绩效；政治市场中交易成本过高往往导致相对无效率的制度出现，有效的制度变迁未必发生，制度选择和路径依赖反映的是政治集团间利益的分配。这两个命题以及他就制度变迁动力提出的第三个命题，即技术进步、人口增长和市场扩展等因素可以引发原有制度的变迁，从而影响经济绩效等，成为后来者实证研究的重点。诺斯为了回答他先前发现的制度变迁中"搭便车"问题而发展了意识形态理论，将其作为产权和国家理论的补充。他早先发现，有效的制度安排由于"搭便车"和交易成本的存在，未必能自动产生和顺利实施。诺斯提出，由于意识形态的存在，可以教育大家减少搭便车的行为并降低制度运行和变迁中的交易成本。通过发展意识形态理论，他弥合了国家理论和产权理论之间存在的逻辑缝隙，意识形态从而成为国家和产权等制度之间的填充物和润滑剂，也使诺斯的理论成为一个相对完整的体系。虽然诺斯制度变迁理论沿用的仍是新古典主义经济学的研究范式，但他进一步扩展了其研究对象，将新古典主义经济学很少涉及的国家和意识形态纳入进来。历史计量学在第一次实现史学和经济学交叉的基础上，又吸收了政治学、社会学等其他社会科学的内容，实现了第二次跨学科发展。这种跨学科发展的步伐并未终止，历史计量学第三次吸收和借鉴的理论来自心理学和认知科学。在《制度、制度变迁与经济绩效》一书中，诺斯表达了对新古典经济学"完全理性"假设的怀疑和批判，并讨论了"有限理性"假设在制度及其变迁中的应用。沿着"有限理性"的思路进行延伸，他将自己当前研究的重点放在了吸收和借鉴认知科学上。对"完全理性"假设的怀疑和批判，正是诺斯超越新古典主义经济学和新制度经济学的开始。

在经济史分析中对经济理论的不断借鉴、吸收、扩展和超越，恰恰反映了历史计量学的主要特征，即促进经济理论和经济史料的互动发展。而且只有历史计量学具有这个独特的优势。经济理论不仅应该能够解释现实，而且还应能说明过去，何况从某种意义上说，今天的现实明天看就是历史。浩如烟海的经济史料时间跨度长、数据多、案例丰富，作为经济理论的试金石具有其他资料无法替代的作用。与新制度经济学结合的历史计量学，这个特征表现得更加突出：首先，对新古典主义经济学"经济增长源于技术变迁"这个结论的怀疑和历史检验，促使诺斯发现了制度对经济增长至关重要的命题。其次，诺斯在分析经济史案例时发现了新古典主义经济学"制度既定、时间无涉"这个理论假设的不足，通过借鉴和发展新制度经济学的概念和理论，利用交易费用进行制度的供求分析，发展了制度变迁和路径依赖理论。最后，对新古典主义经济学"完全理性"基本假设的怀疑，促使诺斯转向有限理性假设和认知科学。整个过程是以"问题导向"为指引，从反方向逐步颠覆了新古典主义经济学"假设、推导和结论"的逻辑链条。在当前的研究中诺斯走得更远，不仅放弃了新古典主义经济学和新制度经济学的理论观点，而且试图超越新古典主义经济学的方法论，走向吸纳认知科学等多学科发展成果的道路。历史计量学本身就起源于不同学科间的交叉和碰撞，其跨学科发展的步伐将一直持续下去。

与新制度经济学结合的历史计量学激发了众多学者的兴趣，许多文献不断涌现以至汗牛充栋。这些文献多是对诺斯开创性工作的补充和发展，或是更广范围内的案例分析。在这些文献中有一个值得一提的研究方向，即对诺斯提出的三个重要命题的经验分析。有些学者延续了诺斯案例分析的传统，选择多个国家和地区的微观案例进行分析，支持了国家实施产权保护等制度可以促进经济绩效的观点。如哈珀（Haber）对比分析巴西、墨西哥和美国的工业化垄断程度的案例；罗森索（Rosenthal）对比分析英法两国排水和灌溉系统的案例。其他学者在数据选择和分析工具上更进一步，采用跨国数据进行大样本计量分析，为诺斯的观点提供了更具说服力的经验证据。如奈克（Knack）和基佛（Keefer）定量分析了高效政府和制度、制度和经济绩效间的相关性，发现产权和投资、经济增长间存在强相关性。贝斯利（Besley）采用工具变量法研究加纳的土地产权对投资的影响，认为对土地拥有产权会引发家庭采取更多的投资行为。还有学者如利布凯（Libecap）对美国渔业、矿业等行业中产权形成过程的分析，奥尔斯顿（Alston）等对巴西土地产权制度的形成进行的计量分析，从经验分析的角度支持了政治过程影响制度变迁的观点。另外，利瓦伊（Levi）对诺斯所提出的"文化可以减少交易成本"的观点进行了实证分析；沃利斯（Wallis）和诺斯合作还尝试对美国经济中的交易成本进行量化研究。其他更多的经验分析文献集中在了《制度变革的经验研究》一书中。这些学者的研究不仅仅验证了诺斯提出的相关命题，更重要的是弥补了历史计量学在这个时期擅长理论分析而缺乏经验研究的不足。有些学者已经开始使用计量经济学等新发展的分析工具，对制度等其他过去无法定量分析的对象尝试进行定量研究。这些努力恰恰反映了历史计量学在与新制度经济学结合后，向其最基本特征回归：在经济史分析中将经济理论和定量分析相结合。

与新制度经济学结合的历史计量学，引发了史学和经济学两种研究范式的冲突。诺斯这一时期的历史计量学研究,突破了以往研究中"历史优先、先史后论"的史学范式,实现了经济史和经济理论的互动,开启了在经济史研究中完善和发展经济理论的历程。从而,历史计量学研究中"逻辑优先、先论后史"的经济学范式成为共识,经济史中的史料逐渐变成了经济理论的素材和佐证。

历史计量学超越新制度经济学面临的任务,一方面是为了给经济史研究提供更加完备的经济理论和更加精致的定量分析方法,另一方面是尝试在经济理论中真正引入时间维度和政治因素来理解制度的演化。要完成这些任务除了发展新的经济理论和分析工具外,历史计量学本身的方法论也需要改变。

20世纪90年代以来,历史计量学的发展表现为如下三种趋势:

第一,走向认知科学等跨学科发展的道路。

历史计量学本身就是跨学科发展的产物,在完成了史学与经济学、政治学、社会学等学科的交叉后,一些历史计量学家开始将心理学、认知科学等内容包括进来,实现了历史计量学的第三次跨学科发展。其中的代表人物是诺斯。诺斯在早期的研究中沿用新古典主义经济学理性经济人假设,认为人们能够通过认知来比较交易成本的大小,选择制度从而实现制度变迁。后来他逐渐认识到,人们并不具备完全理性这种能力,比较静态分析无法解释制度的动态演化过程。诺斯随后在20世纪90年代转向人类认知、学习和意识形态研究,开始在其理论中增加人作为参与者对制度变迁认知和反映的内容,作为对交易成本来源和内生化的探讨。其部分研究成果反映在最近出版的《理解经济变迁过程》一书中。诺斯提出,在人们交易过程中,个体之间的知识交流和积累是交易成本的来源。但人们的认知模式是存在差异的,这便形成理解世界和处理问题的不同方式。如果将制度看做是内生的,那么它就是人们共享的认知模式,它有利于制度变迁参与者形成共有信念,采取协调一致的行动从而降低交易成本。而对制度的变迁,诺斯认为是人们针对环境的不断变化,通过学习积累知识,交流传播知识,不断修正自己的认知模式,从而促成了制度的选择和演化。诺斯的研究是对新古典主义经济学研究范式的彻底抛弃,从理论层次上看,产权、交易费用和公共选择等这些人与人的关系的讨论,被对人本身的讨论所取代,前者被看做只是后者的表象。这种对人的讨论,已经不是新古典主义经济学意义上的具有利己特征的完整的经济人,而是被诺斯拆分成了具有不同认知模式和学习过程的个体。诺斯由此构建了更高层次的概念和观点,来解决新制度经济学基本概念和观点的内生化问题。从理论内容上看,诺斯借鉴了认知科学,在当前研究中加入了以往研究中忽视的因素，即社会变迁的特征与人类对于这种变迁的理解和互动，他认为可以把制度变迁看做人类认知过程和认知积累的一部分。这次历史计量学走向跨学科发展的道路，和以往每次学科交叉的结果一样，留下了一个难题，那就是理论的发展将支撑其存在的分析工具远远抛在了后面，诺斯只能用经济史的个案研究来说明和验证自己的理论观点，大样本的实证分析和模型化研究面临许多困难。

第二，综合经济学和史学研究范式，创新历史计量学。

在历史计量学发展的历程中，是"先论后史"还是"先史后论"，是"逻辑优先"还是"历史优先"，经济学和史学之间研究范式的冲突一直伴随左右。格雷夫（Avner Greif）于 20 世纪 90 年代初开创的历史制度分析，尝试从理论到方法论上突破以往历史计量学的局限，做出了综合两种研究范式的努力。在理论层面，格雷夫将制度定义为可自我实施的，是特定历史条件下制度博弈的一种均衡状态。这种将制度内生化的处理，克服了诺斯用新制度经济学观点定义制度及其特征的不足。同样是将文化信仰和认知差异引入制度变迁中，格雷夫使用的方法并不像诺斯那样去借鉴认知科学，而是运用博弈论。他在研究影响制度生成与进化的决定因素时，将文化信仰和文化传统等内容包含在博弈者的预期中，而后者又通过博弈影响着制度的均衡结果。格雷夫还形式化了诺斯的路径依赖思想，方法是以文化信仰为链条，把历史上前后相关的博弈与均衡连接起来，从而实现了路径依赖思想的模型化、具体化。在上述分析中尝试将博弈论引入制度及其变迁中，正是格雷夫对历史计量学具体方法论的创新。另外，格雷夫构建了特殊历史情境模型，恢复了历史计量学模型化分析的传统，更重要的是体现了他在方法论上尝试历史和逻辑统一的努力。在特殊历史情境模型中，格雷夫将史实描述和抽象建模有机地结合在一起，互为补充和支撑，实现了历史方法和逻辑方法的紧密结合，摆脱了以往研究中两者非此即彼的分裂状态。格雷夫还尝试将归纳和演绎统一起来，这既体现在他的案例分析中，也体现在理论构建的方式方法上。格雷夫坚持诺斯个案研究的传统，但不同于诺斯的是他在案例研究中使用数理模型进行定量研究，从而为从个案研究转向总体特征的描述提供了可能，因为数理模型分析才是产生有效经济学命题的唯一方法。格雷夫通过研究具有不同特征的制度变迁案例，揭示了制度变迁的几种关键类型。通过继续扩展这些研究的数量，尝试揭示制度变迁的全貌，并归纳出了一个一般化的理论框架。反过来，格雷夫运用自己发展的制度变迁理论，分析和解释了许多历史和现实中的案例。总体来看，格雷夫的努力主要对诺斯原有制度变迁理论的延伸思考和模型化处理，并不像诺斯那样构建一个更高层次的平台来解释整个理论体系。但他主要是实现了方法论上的突破，将博弈论引入其历史制度分析中，恢复了历史计量学建模的传统，还尝试实现历史与逻辑、归纳和演绎的统一。历史计量学综合经济学和史学研究范式的这一研究方向，目前遇到的主要困难是实证分析不足，无法形成对其理论和模型的强有力支撑。

第三，回归历史计量学定量研究的传统，进行实证分析。

在各种研究范式均存在这样或那样不足的情况下，放下争执，收集数据进行实证分析也许是个不错的选择。毕竟实证分析是历史计量学的传统，也是辨析各种理论真伪更加直接的方法。福格尔数十年来一直坚持实证分析的风格，长期关注经济发展的中心议题：人们是如何摄取营养、促进身体健康，从而提高生产效率的。福格尔组织了包括经济学、历史学、医学、生理学、统计学等学科的研究人员，收集并分析这些领域的相关数据，进行人类营养学和健康状况的研究。他的研究对象包括美国、欧洲历史和现实中人体健康指标的各个方面，如身高、体重、死亡率等。他提出，经济增长主要是源于人口营养状况的改善。通过对欧洲历史与现实长时间序列数据的观察和分析，福格尔发现了这样一个趋势，即人口早期的营养不良可以影响人以后的健康和生产效率。他还就如何避免饥荒等问题提出了政策建议。和诺斯关注人的认知类似，福格尔的研究焦点也转向了人本身，即人的营养。两位大师级人物的研究方向不约而同地转向，恰恰反映了历史计量学的一个新的发展方向：关注人本身的研究。而历史可以为这个研究主题继续提供丰富的数据和无穷的案例来进行经验分析。

参考文献：

[英] 罗德里克·弗拉德：《计量史学方法导论》，上海译文出版社 1991 年版。
[英] 罗德里克·弗拉德：《历史计量法导论》，商务印书馆 1992 年版。
North, Douglass C., Cliometrics-40 Years Later, Papers and Proceedings, *American Economic Review*, 87（2），1997.
Conrad, Alfred and John Meryer, The Economics of Slavery in the Antebellum South, *Journal of Political Economy*, 66, 1958.
Fogel, Robert and Stanley L. Engelmann, *Time on the Cross: The Economics of American Negro Slavery*, New York: Little Brown and Company, 1974.
Davis, L., And It Will Never Be Literature: The New Economic History: A

Critique, *Explorations in Economic History*, 6 (4), 1968.

Fogel, Robert, *Railroads and American Economic Growth*: *Essays in Econometric History*, Baltimore: The Johns Hopkins University Press, 1964.

Greif, Avner, Cliometrics after 40 Years, Papers and Proceedings, *American Economic Review*, 87 (2), 1997.

North, Douglass C., Sources of Productivity Change in Ocean Shipping, 1600-1850, *Journal of Political Economy*, 76 (5), 1968.

Goldin, C., Cliometrics and the Nobel, *Journal of Economic Perspectives*, 9 (2), 1995.

Greif, Avner, Historical and Comparative Institutional Analysis, Papers and Proceedings, *American Economic Review*, 88 (2), 1998.

Parker, William N., From Old to New to Old in Economic History, *Journal of Economic History*, 31 (1), 1971.

North, Douglass C., Beyond the New Economic History, *Journal of Economic History*, 34 (1), 1974.

Solow, R. E., Economics: Is Something Missing? in William N. Parker, ed., *Economic History and the Modern Economist*, Oxford: BasilBlackwell, 1987.

（刘伟）

生物经济学
Bio-Economics

生物经济学是研究生物学与经济学之间的复杂联系的学科，即生物经济系统的结构及其矛盾运动发展规律的学科，是生物学和经济学相结合而形成的一门边缘学科。生物经济学是生物经济学家认为理性的行动者会在资源创造和资源窃取之间进行利润最大化的权衡。

经济学和生物学很早就开始了彼此之间的借鉴与启发，从蜜蜂的分工和人体血液循环中受到启发，曼德尔和魁奈分别在经济领域作出了"类推"，亚当·斯密和马尔萨斯的思想对达尔文的进化论也产生了深远的影响，19世纪末期，受斯宾塞思想的影响，马歇尔也曾将生物学视为经济学的麦加，声言经济学只是作为广义生物学的一个分支。但在20世纪30年代以后，社会达尔文主义的出现使生物学和经济学的关系降到了冰点。20世纪70~80年代，在经济学家贝克尔（G. Becker）和塔洛克（G. Tulock）以及生物学家基思林（M. Ghiselin）等人的努力下，生物学和经济学的关系开始恢复。20世纪90年代，经济进化思想的复兴与脑科学、进化心理学等学科的发展极大地推动了生物经济学的发展，1999年《生物经济学杂志》的创刊，标志着两个学科的交融达到了一个新的高度。生物经济学不仅拓展了传统经济学和传统生物学的研究领域，也丰富了两者的研究工具，并对社会福利政策产生了一定的影响。

生物经济学的发展主要归因于三个方面的原因：一是生物学尤其是基因科学、脑科学的飞速发展，世界卫生组织将20世纪90年代定名为"加强人脑研究的10年"，认为在这10年中所获得的关于大脑的知识比过去千百年来加起来都多，而对大脑功能的进一步认识也必然影响经济学对于人的行为选择、情感、理性等范畴的分析。二是20世纪80年代晚期林达·柯斯玛依达（Kda Cosmides）和约翰·托比（John Toobv）等人开创了"进化心理学"（Evolutionary Psychology）。作为一门研究人类心智模式如何在长期进化过程中被自然选择所塑形的学科，进化心理学直接在生物进化理论和经济学的理性、偏好、预期、效用等核心范畴之间建立了连接。三是现代经济学的多元化倾向，基于还原论和机械论思维的新古典经济学思维范式受到了来自多方面的质疑和挑战，如以反还原论、反个体主义和倡导个体群思考的进化分析范式，以后现代主义为底蕴的行为经济学、实验经济学等。桑塔费学派所倡导的"走向统一的社会科学"理念，深刻地反映了现代经济学必须在更广阔的知识领域内受益才能发展这一事实。在这种背景下，生物学与经济学的紧密结合是必然的，生物经济学家们希望，生物经济学能促使生物学和经济学这两个学科的融合与加强，能催生出新的理论范式，从而对于解释人类行为和社会进化，以至于在引导社会福利政策方面产生重大影响。

经济学向法律和政治领域的扩张产生了法经济学和公共选择理论，在这两个领域中，经济学都表现为一种单向"侵略"，即单纯地以经济学工具分析法律和政治制度，并因此强化了经济学的工具有效性。但生物经济学则不同，生物经济学固然也要用经济学工具去分析生物现象，但另一方面也要为个体的行为惯向寻找生物学尤其是进化视角的解释，并因此调整自己的基本假设，在这种互相检验和互为工具的过程中，生物学和经济学都能从中受益。

早期的探索者如贝克尔、塔洛克等人主要使用的经济学工具是成本和收益计算，研究的生物现象也比较有限，而近年的生物经济学则大量使用新的经济学工具，如制度分析、博弈论、激励理论和实验手段等，研究的生物现象也越来越广泛。

蓝达（J. Landa）指出，新制度经济绎学不仅可以用于分析人类社会，而且也可以分析所有能够开展合作的社会性生物，如蚂蚁、蜜蜂的活动，它们同样遵循新制度经济学原理，运用交易费用理论分析人—社会性生物的组织结构时，她得出结论：在人类社会和非人类社会中，身份确认对促进合作与防范欺骗和伪装都具有至关重要的作用；此外，蓝达还用公共选择理论解释了不同群体生物在选址、搬迁等活动中的投票差异（如蜜蜂搜寻新巢穴时采用一致性同意全体原则，鱼群在迁徙时则采用少数甚至一票原则），用交换理论解释了蜘蛛、螳螂的寻偶活动等；纳塔尔·赫通嫩科（Natall Hritonenko），由李·亚特森科（Yuri Yatsenko）采用资本生产率的制造期资本（Vintage Capital）模型，解释了一定年龄结构的狩猎—采集群体是如何最优化狩猎—采集收入与群体数量的，史达克和王则用博弈论证明了汉密尔顿法则，在详细地比较早期人类与三种类人猿经济活动方式差异的过程中，普瑞尔（F. Pryor）证实了亚当·斯密定理1和亚当·斯密定理2，认为食物的生产消费方式、技术工具和分工水平、生产的地域范围之间存在着交互促进与交互影响的关系。与此同时，更多的生物学理论和工具也被用于解释经济现象，除了早期的普莱斯方程、费雪方程之外，群体遗传算法、红色皇后理论（Red Queen Theory）和扎哈绎维的累赘原则都被应用于经济演化过程和信息传递等问题的研究中。例如，扎克（P. Zak）就从群体遗传学的角度分析了婚姻、生育、爱与经济增长之间的协同进化关系；尼曼（N. B. Niman）也曾用红色皇后理论解释了人类在社会行为中为什么有时候会呈现出对"少"的偏好，而不是像标准经济学假设的那样偏好"多"，只要他们能使自己处在一个比其他人相对优越的位置即可。

在分析方法上，生物经济学最突出的特点是累积因果原则，这一原则在凡勃伦、缪尔达尔那里已经得到了提倡，其中凡勃伦尤其强调对事物的因果解释，缪尔达尔更重视互为因果。这一特征也为进化经济学所有，但进化经济学的研究主题主要是制度和技术，而生物经济学则"研究人类行为规则和倾向如何进化而来，正是这一主题将其与进化经济学区分开来"。所谓累积因果有两重含义，一是分析现象时避免用抽象范畴替代解释，比如，不能将两个不同群体的差异性和共性归结为文化这类范畴，这等于对事物的差异性和共性没有进行任何解释；二是强调原因与结果之间的相互影响，即作用与反作用的动态交互影响过程。在第一个问题上，生物经济学在"穷极因果关系"上无疑比任何一种经济思想走得更远，也更彻底，不仅在时间尺度上进入了史前史阶段,而且在空间上将自然系统纳入分析范围。生物经济学不仅解释人类某些共同偏好,如食物结构、景观与居住的进化起源,也解释社会情境对行为倾向的影响,这些在传统经济学中都是通过假定而忽略不计的;在第二个问题上,生物经济学和进化经济学一样,强调协同进化(Evolution)原则,只不过进化经济学强调的是技术与制度之间的协同进化,而生物经济学强调的是社会—自然的协同进化。在生物经济学中,人的行为特质、偏好与情感都必定经过社会与自然的双重选择。之所以是自然的,是因为只有当社会经济行为被适当地置于接受自然选择的状态中,其蕴涵的行为特质才可以进化;之所以是社会的,是因为进化的行为特质会通过社会行为而得到强化,并反过来刺激生理层面的进化。在这样一个双向循环的回馈中,单纯切断一个方面强调另一个方面的影响是不可能的。霍奇逊近期在梳理生物经济学的发展脉络时也指出,双重的传递和影响理论在生物经济学中已经成为主流,而单向的生物简化论则明显已经被抛弃。

生物经济学主张经济学应当关注人对经济刺激的真实反应,而不是通过假设、臆断和公式推演来确认人的幸福感,社会福利政策必须建立在坚实的生物经济学基础上,换言之,必须建立在对人的生理和心理反应的测度的基础上。社会文化和基因遗传如何形塑了人的偏好,人的餍足感、沮丧与满足,又如何与之相关并得到更多的重视,瓦尔拉斯模型不能成为福利经济学的基石,"福利经济学的革命应从进化的视角出发,只有超越程式化的市场行为关注福利的真实效用,才能重构福利经济学理论和社会福利政策"。经济学中的伊斯特林(Easterlin)悖论和西托夫斯基(Scitovsky)悖论都说明,增长、消费、净收入、卡尔多—希克斯标准和帕累托改革在评价社会福利时都存在明显的局限性,由于旨在改善标准经济学"效用"定义的含混和不可测量的缺陷,生物经济学的大多数福利政策建议都是建立在进化心理学、脑科学、神经实验方法的基础上,通过生理测度和心理调查来比较人对不同刺激的真实反映,虽然生物经济学并未提出一个完整的、系统的福利理论,但大量的基于生物基础的研究还是有着非常强的现实意义,尤其是借助于神经元科学的发展,在生理和心理性快乐的测度基础上,生物经济学家得出了一系列迥异于传统经济学的结论,藉此提出了相应的政策建议。其中比较有代表性的有:

第一,福瑞(Frev)等人的研究表明,在某些公共物品领域中采用经济刺激往往导致相反的结果,比如,义务献血在血量、血质和献血者心理满足感上明显优于报酬性献血。福瑞等经济学家提出,市场刺激在公共物品领域中往往起到相反的效果，而彰显利他动机和激励社会责任能起到比货币刺激更好、也更易于被社会所接受的效果。

第二，雷亚德（Layard，2003）通过对闲暇的心理感受评价的调查发现，闲暇具有非竞争性特征，在"你有两周别人有一周，或者你有4周别人有8周这样的备选方案中，绝大多数人会选择后者，因此，闲暇作为替代货币的刺激手段将更有利于整个社会群体的福利改善。

第三，科林（Coming，2000）的研究则表明，快乐程度在很大程度上取决于我们的童年经历，人的基本生理和心理需求快乐与童年时期的健康水平、营养状况有着密切的关系，为此，应在童年期的生长环境、儿童的营养改善、家庭与社会问题的咨询服务等方面有更多的公共支出，从而更好地增进人们未来的幸福感。

第四，雷亚德（Layard，2003）等人的研究表明，收入与快乐程度仅存在很弱的相关性，但相对位置感却在很大程度上影响着人的满足感。雷亚德指出，如果所有人都少工作收入少，反而会使总的幸福度增加，那么在税收政策上，伴随着人均收入的提高，应对奢侈品课以更高的税收，这样一方面富裕者能通过凡勃伦效应得到更多的福利，另一方面政府也能用更多的财力去改善低收入者的福利。

第五，福瑞等人（Frey & Stutzer，2002）的研究表明，生命的"幸存"对人的快乐具有强烈而持久的刺激，通过对空难幸存者和中彩票者的神经测度发现，前者能获得极强的满足感与快乐感，并具有持久的影响；但后者的快感只能维持很短暂的时间就进入衰退期。由此得出的政策建议是对于生命价值给予更多的投入。

参考文献：

Jack J. Vromen. Neuroeconomics as a Natural Extension of Bioeconomics: The Shifting Scope of Standard Economic Theory，2007.

Geoffrey M. Hodgson. Taxonomizing the Relationship Between Biology and Economics: A Very Long Engagement，2007.

Natali Hritonenko, Yuri Yatsenko. Optimization of Harvesting Return from Age-Structured Population，2006.

Neil B. Niman. Sexual Selection and Economic Positioning，2006.

John M. Gowdy. Evolutionary Theory and Economic Policy with Reference to Sustainability，2006.

Oded Stark, You Qiang Wang. On the evolutionary edge of altruism: a game-theoretic proof of Hamilton's rule for a simple case of siblings, 2004.

Paul J. Zak, Kwang Woo Park. Population Genetics and Economic Growth, 2002.

Peter A. Corning. Biological Adaptation in Human Societies: a "Basic Needs" Approach, 2000.

Janet Tai Landa, Michael T. Ghiselin. The emerging discipline of bioeconomics: aims and scope of the Journal of Bioeconomics, 1999.

Janet T. Landa. Bioeconomics of some nonhuman and human societies: new institutional economics approach, 1999.

（刘伟）

行为经济学
Behavioural Economics

行为经济学将行为分析理论与经济运行规律、心理学与经济科学有机结合起来，修正主流经济学关于人的理性、自利、完全信息、效用最大化及偏好一致基本假设的不足，进而增强了经济学的解释能力。行为经济学并不是对基于效用最大化、均衡和效率的新古典经济学思想的彻底否定，而是在更为现实的心理学方向上对标准理论中的假定进行修订。

行为经济学近十年才被经济学界广泛关注，但和其他经济学流派一样，行为经济学在思想上并非新鲜事物，早在亚当·斯密的《道德情操论》中，就已经论及诸如"损失厌恶"等个人心理，并注意到这些个人心理对观察经济现象的作用。真正把经济行为作为主要研究任务的经济学家有二个代表性人物：一是乔治·卡托纳（George Katona）；二是赫伯特。继卡托纳和西蒙等人之后，许多具有探索精神的经济学家和心理学家开始联手研究经济行为的发生机制，并试图建立经济行为的心理基层。20世纪70年代，心理学家卡尼曼（Kahneman）和特维斯基（Tversky）发表了一系列震撼人心的研究成果，通过吸收实验心理学和认知心理学等领域的最新进展，以效用函数的构造为核心，把心理学和经济学有机结合起来，彻底改变了西方主流经济学（特别是新古典经济学）中的个体选择模型，并激发了其他行为经济学家把相关研究领域拓展到经济学的各主要分支，从而形成了真正意义上的"行为经济学"流派。

行为经济学是通过对西方主流经济学（特别是新古典经济学）的反思

和批判中兴起的，它试图在心理学关于人的行为的研究基础上，讨论经济活动的当事人的各种心理活动特征对其选择或决策模式的影响；不同的心理活动影响到相应的决策模式，从而表现出相应的行为特征，这些行为特征又通过决策后果反映到具体的经济变量当中。一方面，行为经济学继承了新古典经济学赖以生存的两大基石——个体主义方法论、主观主义价值论；另一方面，行为经济学又不满新古典经济学对行为假定的不现实性，主张通过心理学打造一个现实的行为基础。

绝大多数行为经济学家都同意下述基本观点：经济当事人进行理性决策，但理性是不完美的；经济学研究必须合理假定当事人的认知能力；经济模型的预测应该和决策的微观水平数据一致，包括实验数据；经济学家对当事人选择行为的讨论必须建立在心理学基础上。和新古典经济学相对应，行为经济学的这些基本观点来自其对前者理论硬核的挑战，围绕这些挑战，行为经济学逐步形成了自己的研究纲领。

行为经济学的核心观点在于：经济现象来自当事人的行为；当事人进行理性决策，但理性是有限的；在有限理性的约束下，当事人的决策不仅体现在目的上，而且体现在过程上；在决策过程当中，决策程序、决策情景都可以和当事人的心理产生互动，从而影响到决策的结果；个体决策结果的变化导致总量结果的变化，对经济总量的理解来自对个体行为的理解；有限理性和学习过程会导致决策的偏差以及结果演变路径的随机性，从而产生异常行为，这种异常行为增添了经济现象的复杂性，同时加剧了有限理性的约束。由此可见，在行为经济学当中，决策心理特征、行为模式和决策结果相互之间是互动的和关联的，存在许多决策反馈机制，一旦考虑到这点，新古典经济学关于偏好稳定的基本假定就被推翻了，在这些互动过程中，偏好在一些条件下被产生出来，并在和环境变化的互动中演化着，这就构成了当事人围绕偏好演化的学习过程。学习过程的存在使得行为经济学从一开始就是动态的分析，而不像新古典经济学那样重视静态和比较静态分析。

行为经济学强调当事人认知能力的局限和偏好的内生性，强调决策作为一个学习过程的动态变化，这种对人的基本假定构成了其与新古典经济学不同的硬核。尽管行为经济学坚持主观价值论，坚持理性假定，但通过对理性经济人本身的挑战，并通过利用心理学构造自己的行为基础，导致行为经济学逐渐成为一个独立的派别出现在当代经济学的丛林。我们可以把行为经济学和新古典经济学的硬核进行对比，参见表1：

表1　　　　　　　　　　行为经济学和新古典经济学比较

类别	硬核	保护带	研究方法
新古典经济学	理性经济人假定；偏好和禀赋分布外生；主观价值论；交易关系为中心等	均衡；边际效用或产量递减；要素和产品自由流动；要素和产品同质；价格接受者等	方法论个体主义；边际分析方法；静态和比较静态分析为主；线性规划和动态规划
行为经济学	有限理性当事人假定；可能追求利他行为和非理性行为；偏好和禀赋内生；学习过程；主观价值论等	非均衡；非线性效用函数；要素和产品异质；随机性；路径依赖；现实市场和组织；有限套利等	方法论个体主义；演化分析；非线性规划；实验和微观计量为主

从表1可以看出，通过假定有限理性和偏好、禀赋内生化，即使在主观价值论下，行为经济学仍然表现出和新古典经济学非常不同的理论硬核：首先，行为经济学彻底改变了新古典经济学中静止的理想化的理性经济人假定，代之以演化的有限理性的现实当事人假定，通过假定的改变，行为经济学家眼中的当事人不再仅仅自利，人们会考虑利他，也可能冲动，采取非理性行为等；在行为经济学中，偏好的内生和演化带来了异常行为及其相伴随的学习过程，按照阿克洛夫的说法，这会导致近似理性，或学习中的理性。在这些基本假定的指导下，行为经济学从选择及相应的决策行为出发分析问题，这种分析能够单一针对某种具体行动，比如消费，也可同时分析某几个行动，比如消费和生产。而新古典经济学只能从交易出发来分析问题。其次，硬核的差异也会反映到保护带上，行为经济学不再需要假定要素产品同质，也不再需要假定市场充分流动或充分套利，有限理性的当事人本就不同，面临复杂环境不可能实现完美套利，也就不可能获得一种线性效用函数关系。在行为经济学家看来，决策过程中可能出现路径依赖，可能出现随机选择，而不像新古典经济学那样假定均衡存在。

按照拉卡托斯等人的科学哲学观，硬核和保护带构成了科学研究相互区别的纲领。行为经济学的硬核和保护带都和新古典经济学不同，就产生了一种特定的研究纲领，并且这种研究纲领会反映到研究方法上。为了贯彻上述研究纲领，行为经济学家需要寻找恰当的方法及方法论来理解现实的当事人的行为的心理基础。心理学在20世纪中叶的发展给经济行为的研究带来了契机。一些心理学家和经济学家开始在实验室中测试实验对象的动机、环境特征和行为之间的相互关系，以此来揭示当事人决策的规律。这些学者对新古典经济学把心理学和当事人决策行为人为割裂非常不满，于是从重复检验新古典经济学理性经济人所需的各项假定入手，逐步反驳其理论硬核。这种早期的实验研究给经济学带来了很大的冲击，但行为经济学自身也很脆弱，因为实验数据能否在统计上显著反映总体的特征是存在争议的，并且实验数据也很容易被实验者操纵。借助于麦克法登等人对微观计量经济学技术的发展，以及各种计算机模拟和计算技术的出现，行为经济学家开始借助新的工具来研究行为问题，比如采用市场数据研究金融市场上当事人的行为；采用场分析（Field Data）研究特定类别当事人的经济行为等。

实验方法和微观计量方法的广泛应用使得行为经济学可以在放弃新古典经济学的边际分析方法的基础上，寻求各种非线性的和动态的求解方式和经验实证方式。即使在坚持方法论个人主义的基础上，行为经济学仍然能够有效处理有限理性、偏好和禀赋内生等问题，比如演化分析和行为博弈分析等就能够很好地处理学习过程中的随机性、路径依赖性、角点解等问题。在行为经济学家看来，这种分析是更符合现实的，对现实也更有解释力。

行为经济学的研究方法方面，有这样两个突出特点：一是注重实验方法的运用。通过有针对性地设定特定的经济环境与决策条件（如特定的问卷、特殊的调查方式等）并对微观个体在相应情况下的事实决策结果进行收集与整理，能够尽可能准确地反映出微观经济主体的决策特征及其中的行为经济因素，从而显著区别于传统的经济模型构建方法。二是注重研究方法的综合与创新。这一点，由行为经济学界对于自身的定位可见一斑——"……行为经济学家是方法论的折中主义者。他们界定自身的标准，不是其所运用的研究方法，而是那些被他们引入经济学研究中的心理学视角的适用领域。"虽然如前文所述，行为经济学强调在经济研究过程中的心理学、社会学等学科研究成果的引入，但并不拘泥于相关学科的固有研究方法（如前所述的实验研究等），而是锐意创新，寻找更适合自己实际需要的研究方式，在结合现代高新技术开展研究方面不遗余力。比如，行为经济学家一方面推崇运用现代科学的数理研究方法及计算机高新技术对经济变量进行严谨的统计分析，另一方面又敢于将传统经济学中并不重视的数据（如一国人口精确统计、特定环境下实验者的作答/反应时间等"边缘化"数据）进行翔实的处理，并大胆地运用于其经济研究中，从而使得所采用的研究数据真正脱离了传统经济理论研究中对理想化环境中或是严格假定条件下的数据采纳的依赖，从而更具有现实指导意义。

总之，注重将各种非经济学的社会科学研究成果与理论的引入与综合，以及根据自身研究领域进行高新科技运用、大胆吸纳并创新传统研究方法，注定了行为经济学的研究方法呈现出极大的创造力与进取性。

从20世纪80年代开始，一些前卫的经济学家开始运用行为经济学尚不成熟的理论和方法来探讨金融市场问题，并取得了巨大的成绩，其中如芝加哥大学的泰勒、哈佛大学的史莱佛、耶鲁大学的希勒、桑塔克拉拉大学的斯特曼和谢甫林等都是极为活跃的人物。与行为经济学还在其他领域艰苦奋斗相对照，行为金融理论如今已成为金融研究领域的主流，并形成了比较成熟的学科体系。

行为金融学主要挑战了金融学的两大理论基石——有效资本市场假说和"MM"定理。在有效资本市场假说看来，"价格总是正确的"，因为它们由理解贝叶斯规则和一定偏好关系的当事人建立。在这种有效市场上，"没有免费的午餐"，也就是说，没有任何投资策略能够获取超过风险调整后的平均回报，或与其风险匹配的回报。通过理性投资者的套利行动，市场必然实现均衡，任何证券的价格必须符合其基本价值。因此，新古典经济学的"一价原则"总是成立的。但是，行为金融学认为，当事人是有限理性的，面临套利的风险和成本，比如交易者对金融产品基本面的风险判断多种多样；市场上总是存在"噪音交易者"，这些人可能盲从，可能过度悲观或过度乐观，也可能采取正反馈策略；套利本身存在较高的交易成本，如寻找替代品，规避制度约束，收集信息等，所有这些约束都导致完美套利不可能存在，现实的市场上都是不完美套利。套利限制说明市场不可能是有效的，一价原则不成立。大量的金融市场证据有力支持了行为金融学对有效资本市场的反驳。进一步看，如果有效资本市场假说不成立，那么"MM"定理肯定就不成立，即企业发售何种金融产品对其价值是有影响的，线性的证券供给曲线很难推出。

在批驳新古典金融理论的基础上，行为金融学提出了自己对金融市场行为的理解，一些代表性看法如下：

第一，股权溢价之谜。即从长期来看，股票的历史平均回报率要远高于债券。如果理性的投资者进行跨期决策，他们为什么还投资于债券呢？并且这些投资者都会考虑很长时期的决策问题，而在这么长时期内，长期债券与股票相比，是不可能有吸引力的。因为，长期债券的固定利息支付会受到物价指数的影响，这也是一种风险，并不能说，这种风险就比股票的风险低。那么这就不能用风险来解释股权溢价。而行为金融能够很好地解释这种现象，按照新的理论，投资者短视而且损失厌恶，无法预见到长期的溢价问题，并偏好安全的债券。

第二，市场波动之谜。如果市场是有效的，就不可能出现价格的剧烈波动。行为金融从后悔与认知偏差等角度解释了这个问题。按照这种理论，当股价下降时，投资者不愿卖出股票，而当股价上升时，他们加速卖出股票。投资者的这种行为并不是害怕错误，而是不愿意接受后悔。并且有限理性的投资者对证券的评价不同，在套利限制的情况下，这种观念差异就会反映到市场上，如果投资者事后检验自己的错误，那么一个不完全的学习和纠正过程就可能加剧市场价格波动。此外，投资者决策时的锚定效应（Anchoring）和框架效应也会影响到价格走势，主流经济学用随机游走在说明市场价格变化，但行为金融认为，锚定和框架效应明显对股价水平起了重要作用，比如美国和日本市场 PE 值的差距就是如此。投资者的投资心态和策略也会影响到股价。一方面，投资者普遍存在过度信心，过度信心可能导致跟风或者说从众心理。另一方面，投资者面对市场信息会出现过度反应或低度反应。前者是指股价的波动高于按照理性模型所预见的那样，后者是指股价的波动滞后于消息的发布。也就是说，股价对消息的反应是有时滞的。此外，公众的注意力、文化等也对股价有明显影响。

第三，季节效应和心智间隔（Mental Compartments）。与锚定和框架现象不同，人们趋向于按照一些特定事件的表征而把他们置于相应的心智间隔。也就是说，面对一种复杂现象的时候，人们经常采取多种相对分离的小决策。比如，个人投资者经常把资产的投资分成两个部分，一部分是安全的，用来防范风险，一部分是风险的，用来获取致富的机会。心智间隔可以用于理解所谓的"一月效应（January Effect）"，这种效应已经在十五个不同的国家被观察到。很明显，避税等客观因素无法解释这种效应。行为金融认为，人们普遍接受新年新气象的祝福，因而在年份转换的时候愿意采取不同的行动策略。

诸如金融市场参与者观念的多元化、投资者有限理性和心态特征、投资者的正反馈策略、投资者的心理账户等都导致了金融市场的价格波动和不同金融产品的价格差异，这种波动和差异无法像新古典金融理论那样通过套利来消除，特别是投资者的从众心理等带来了金融"传染"问题，由此产生金融危机。这些金融市场价格特征也表明预测的困难，不能通过标准的估价模型来加以测算。总的来看，行为金融学认为市场是并非有效的，市场参与者的心理通过其决策影响到价格和交易，对金融市场的监管就是对市场参与者心态和预期的监管，而不是对具体风险和价格、数量的管制。

一是行为经济和行为金融理论的构建。人类行为是复杂的，行为经济学和行为金融理论本身的构建也是复杂的。在构建行为经济学和行为金融理论体系时，理论的适用性、合理性，理论的模型化，理论应用的局限性、敏感性，对现实的解释度等都是今后研究的关键。

二是行为经济学研究将促进心理学传统和实验经济学的融合。这种全新的研究将会对经济学和金融学的所有领域都非常重要。经验证据表明，特定的心理现象——例如有限理性、受限理性、受限的自利行为和不完全自我控制，是一系列化市场结果背后的重要因素。

三是行为经济学的跨学科交叉研究。认知科学、心理学与经济学研究的结合已经引起经济学家的高度关注，这也是今后行为经济学发展的必然趋势。在其发展过程中行为经济学将广泛运用到政治、法律和经济领域，逐步形成了比较成型的行为决策理论、行为金融学、行为公司金融学、行为组织经济学、行为宏观经济学、行为劳动经济学、行为法律和经济学、行为福利经济学、行为财政学、行为公共经济学、行为政治经济学、神经元经济学，等等。

四是幸福经济学成为新的研究热点。芝加哥商学院行为经济学家奚凯元（Christopher K. Hsee）教授认为，财富仅仅是能够带来幸福的很小的因素之一，人们是否幸福，很大程度上取决于很多和绝对财富无关的因素。归根究底，人们最终追求的是生活的幸福，而不是有更多的金钱。因为，从"效用最大化"出发，对人本身最大的效用不是财富，而是幸福本身。即便是传统经济学家也承认增加财富的最终目的还是使人们更幸福。众多的心理学家也加入此行列研究展开共同探讨，对环境和性情研究、对幸福影响的研究、对人们幸福的心理感受的研究、对幸福的随机性的研究以及对主观心理幸福的研究等，逐渐成为行为经济学研究的新热点。

参考文献：

Akerlof, George A., Behavioral Macroeconomics and Macroeconomic Behavior, *American Economic Review*, Vol. 92, pp. 411-433, 2002.

Barberis, Nicholas and Richard Thaler, *A Survey of Behavioral Finance*, University of Chicago, Working Paper, 2002.

Benjamin, Daniel J. and David I. Laibson, Good Policies for Bad Governments: Behavioral Political Economy, Federal Reserve Bank of Boston, Behavioral Economics Conference Paper, June8-10, 2003.

Camerer, Colin F. and George Loewenstein, *Behavioral Economics*: Past, Present, Future, California Institute of Thchnology, Working Paper, 2002.

Frederick, Shane, George Loewenstein, and Ted O'Donoghue, Time Discounting and Time Preference: A Critical Review, *Journal of Economic Literature*, Vol. 40, 2002.

Kahneman, Daniel and Amos Tversky, *Choices, Values and Frames*, Cambridge University Press, 2000.

Lewin, Shira B., Economics and Psychology: Lessons For Our Own Day From the Early Twentieth Century, *Journal of Economic Literature*, Vol. 34, 1996.

Rabin, Matthew, Economics and Psychology, *Journal of Economic Literature*, Vol. 36, 1998.

Starmer, Chris, Developments in Non-Expected Utility Theory: The Hunt for a Descriptive Theory of Choice under Risk, *Journal of Economic Literature*, Vol. 38, 2000.

（刘伟）

经济学和伦理学
Economics and Ethics

在社会活动和交往中，经济与伦理都是人类文明的基础和结果。在经济学与伦理学相对独立的发展中，形成经济学与伦理学分离，这种分离同时造成经济学和伦理学发展不足和缺陷。促进经济与伦理的共同发展，增进人们的幸福，正确理解经济学与伦理学之间的关系，不仅是经济学面临的问题，也是伦理学研究本身的要求。

谈经济与伦理的结合，必须理清经济人的假设问题。亚当·斯密在《道德情操论》和《国富论》阐述了许多有关经济人的思想，他的"经济人"假说的基本内涵是：经济人是自利的，追求自身的最大利益是驱动其经济行为的根本动机。这一假设至今仍为许多经济学家沿用。但问题是，现代经济学对经济人自利行为假设（Assumption of Self Interested Behavior）的滥用已经严重损害了经济分析的性质，在现实生活中，经济学与伦理学严重分离开来，现代经济学也不自然地带有了"无伦理"的特征。在《伦理学与经济学》中，阿马蒂亚·森就指出，经济学有伦理学和工程学两个根源，而现代经济学的发展已经把伦理学方法的重要性严重淡化了，使得现代经济学与伦理学之间的隔阂不断加深，出现了现代经济学中的严重贫化现象。对于亚当·斯密的误解使得这种极为狭隘的自利行为假设，阻碍着现代经济学对一些非常有意义的经济关系的关注；二述是对经济理论界误导了经济生活，把经济与伦理二元分离的阐述。而为什么要把二者重新结合起来则具有更深刻的经济生活原因和伦理学原因。

阿马蒂亚·森在《伦理学与经济学》一书中，对经济学与伦理学的关系问题进行了可贵的探索。他认为，从亚里士多德开始，经济学本来就具有两种根源，即两种人类行为的目的：一种是对财富的关注，一种是更深层次上的目标追求。由此产生两种方法，一种是"工程学"的方法，也就是数学、逻辑的方法，一种是伦理的方法。这两种根源或方法，本来应是平衡的。但不同的学者重视的方面有所不同。从亚里士多德到亚当·斯密，比较注重伦理问题，而威廉·配第、大卫·李嘉图等更注重工程学方面。现代经济学则大大发展了工程学方面，却忽略了伦理方面。

科学研究总是把人们当作完全理性的对象，这样逻辑的方法才能有效。但具体的人，都是活生生的，有情感的，有许多非理性的东西。单纯的理性的逻辑方法，难以避免现实上的失误。人们的感情、人们的意志、人们的理想和道德，在经济行为中，也会起到巨大的作用。单纯的工程学或逻辑方法，是不够用的。亚当·斯密指出，人们的活动是受自利引导，市场则以互利为原则。这一点被现代经济学家所继承和发展了。但人们却忽略了他的另一些观点，即人们的同情心、伦理考虑在人类行为中的作用。一般来讲，个人有或至少应当有追求自利的自由，但并不意味着这种追求就一定有伦理正当。当这种追求损害他人和社会利益时，就违背了伦理正当，从而成为应受谴责的不道德行为。离开伦理学的经济学只能使经济学贫困，正如离开经济学的伦理学，只能使伦理学空洞一样。

经济学和伦理学的结合，其中也包括借助经济学所使用的各种方法和应用程序，使伦理学问题得到进一步的说明和解释。关于道德权利的分析便可证明这一点。人们常常从义务论的角度来看待权利，即表现为他人必须遵守约束。这类义务论结构可能不大适用于对道德中普遍存在的相互依赖性等一类复杂问题的解释。例如，甲侵犯了乙的权利，那么丙有义务去制止吗？丙有权利，但不一定出于义务。如果借助经济学的一些原理去解释某丙的行为，可能更有利。用福利主义的根据事物状态的好坏来判断行为的原则，又用结果主义的根据效用结果来判断事物状态好坏的原则，那么丙去制止甲，因其结果是好的，他便有道德权利去行事。评价一个道德行为，不应只看内在价值（自我完善），还要看结果（与人为善）。显然，用结果主义的逻辑推理来分析道德权利，不见得完全充分，但却十分必要。

由此可见，经济学应具有伦理的方法，伦理学也可引进经济学的方法。伦理学与经济学之所以有相通之处，可以相互联系相互引进，是由人们的经济行为和道德行为本身相互关联决定的。例如在工业生产中，人们的创造能力不仅取决于知识和技术水平，也取决于是否肯于奉献的道德水平。任何人的行为都带有社会性，不管你是否自觉到这一点。而这种社会性既包含经济因素，也包含伦理因素。

经济学中独特于伦理学的方面考量，不排除能够更加促进经济学发展自己独特的方面，而且经济学推理受到"工程学"方法的影响才取得了非常实质性的发展，但值得注意的，不是经济行为或活动可以不伦理，遵守伦理的要求是决不能因此含糊的，这是社会文明发展前进的基本前提，阿马蒂亚·森指出对自利行为的假设的滥用已经严重损害了经济分析的性质，经济学与伦理学的严重分离铸就了当代经济学的一大缺陷。经济学其实正如它已经表现出的那样，可以通过更多、更明确地关注构成人类行为和判断的伦理思考而变得更有解释力，一些伦理思考也可以用经济学正在使用的各种方法进行更加深入的分析。现代经济学的发展，伦理学方法的重要性已经被严重淡化了，亚里士多德在伦理学和政治学的更加广泛意义上面论及的经济学作用。经济学问题本身就有可能是极为重要的伦理学问题，包括苏格拉底的疑问："一个人应该怎样活着？"必须清楚的是"在讨论自利行为问题时，区分以下两种不同性质的问题是非常重要的。第一，人们的实际行为是否唯一地按照自利的方式行事；第二，如果人们唯一地按照自利的方式行事，他们能否取得某种特定意义上的成功，比如这样一种或者那样一种的效率。这两个问题都与亚当·斯密有关。人们常常引用关于自利行为的普遍性和有效性的观点。事实上，并没有证据表明他相信这两个命题中的任何一个。"经济学在理论上需要的假设，其无伦理的利他考量并非意指经济学的不伦理。阿马蒂亚·森指出："极为狭义的自利行为假设的广泛使用，已经严重限制了预测经济学研究的范围，使其很难分析由行为多样性所引起的广泛的经济关系。"而且"根据'自我目标'的选择，每个人都应该采取非合作的策略，但其结果却比采取合作的策略要差"。如果一个人从社会策略的角度进行行为选择，关心"囚徒的困境"中他人的目标而采用合作的策略具有一定的适宜性："它对我们所有人各自的目标都更为有利。"无论社会关系或者利己的经济关系中，如果毫无利他或合作可能，并不能得到期望的目标，而且很可能让人类走向终结或者要么走向革命的道路。阿马蒂亚·森强调，更多的关注伦理学，福利经济学可以得到极大地丰富；同时，经济学与伦理学更加紧密的结合也可以使伦理学研究大受裨益，经济学与伦理学是否应该有更多的联系，却不能根据这些事情是否容易做到而定，而要看这样做是否值得，而且可以期望得到的回报是相当大的。

参考文献：

［美］保罗·萨缪尔森、威廉·诺德豪斯：《经济学》，华夏出版社1999年版。
［印度］阿马蒂亚·森：《伦理学与经济学》第1版，商务印书馆2000年版。
［英］亚当·斯密：《国民财富的性质和原因的研究》上卷，商务印书馆1972年版。
［英］亚当·斯密：《国民财富的性质和原因的研究》下卷，商务印书馆1974年版。
［英］亚当·斯密：《德情操论》，商务印书馆1997年版。

（何昌福）

经济学和历史学
Economics and History

经济学是现代的一个独立学科，是关于经济发展规律的科学。从1776年亚当·斯密的《国富论》开始奠基，已经有宏观经济学、微观经济学、政治经济学等众多专业方向，并应用于各垂直领域，指导人类财富积累与创造。

历史学是认识和阐释人类社会发展进程及其规律的一门学科，对于经济学的发展具有较大的促进作用。在经济学的研究中，历史学是仅次于数学的关键性学科，透过历史的视野，在诠释经济现象中，有助于更加透彻地理解经济学原理。中外不少学者在经济研究中显现出史学功力，如张培刚、朱绍文强调经济史、经济学学习，克鲁格曼年轻时曾憧憬成为心理史学家，卢卡斯也是史学专业出身。可见真正的经济学大师都得益于对经济史的分析和研究。仅1971~1993年诺贝尔经济学奖获奖学者中就有7位是直接研究经济史而成为大家的。在我国，老一代的经济学家如马寅初、陈翰笙、王亚南、孙冶方、薛暮桥、许涤新、严中平、巫宝三等都是吃透了中国的"昨天"，才对中国的"今天"提出明确、清晰的认识。

因此，在研究经济发展的过程中，历史与经济学研究存在着重要的相关性。因为，经济学就是从历史中的经济现象抽象出来的，从马克思主义政治经济学到诺斯、戴维斯、福格尔的新历史学派，从库兹涅茨的经济布局增长分析到索洛的技术进步分析，从里昂惕夫的投入产出理论到康德拉季耶夫的长波周期理论，甚至一个小小的概念提出，一条曲线的描成，都是从几十年、几百年经济发展的历史中总结出的。

第一，历史作为知识积累是经济学创新的基础。

经济学是从历史和现实的社会经济实践中抽象出来的。历史为经济学家研究现实经济问题提供免费的自然实验和知识积累，经济史的发展可以超越由已知理论和现代数据分析推导的假说。通过对历史的研究，可以了解到经济发展的过程、规律、特点，经济发展已达到的水平与阶段，为解决经济发展问题而提出各种理论和方案。

历史知识是经济学创新的必要条件，没有历史感的经济学研究，很难实现经济学理论的历史性突破。凡是对经济学做出重大贡献的学者，都是在对前人的思想或经济历史进行深入研究的基础上实现其理论创新的。

但是，经济学的这种创新并不是所有以历史为依据的研究都能获得的，没有对历史知识的深刻思考，一般化的历史回顾常常只能推导出似是而非的结论。

历史表明，经济思想无所谓对错，关键在于它是否有用，回顾19世纪70年代及其后的经济学发展历程，我们发现，与其说经济思想被接受是因为它正确，被拒绝是因为它错误，不如说被接受因为它有用，被拒绝因为它不再有用。

第二，历史作为实证资料是对经济学原理的检验。

经济学所研究的是一种现实的社会活动，它的运行和绩效是检验经济理论是否正确的唯一标准，而能够被拿来用作检验实例的，只有已经发生的经济活动，即历史。一种经济学理论如果获得了历史的证明，那么它的说服力大大增加就将是毫无疑义的。也正是在这个意义上，诺贝尔经济学奖评审委员会指出："新经济史"的研究者——其代表人物是罗伯特·福格尔和道格拉斯·诺斯——通过他们的杰出工作，"证明了经济分析中加入历史因素的需要"。

当人们运用现代经济学的方法对历史事件进行审视时，历史不仅不再遥远，而且极大地增强了它的认知价值。特别是在现代经济学创立以后，运用规范的经济学方法去回顾历史，可以得出许多具有新意的研究结论，这些研究既推进了历史学的发展，也增强了经济学原理的解释力。而这样一种互动的学术效应，从根本上构成了经济学对现实经济增长和社会发展的导向价值。

第三，历史作为思想智慧是对现实经济发展的指向。

要想从历史与经济学的交叉研究中汲取有益于当代改革和未来发展的思想启示，除了通过个案分析获得对某一理论的证明，还有另一种值得运用的考察视角，即对若干经济理论或政策思路的演变过程展开线性的追溯。人类的经济思想在历史中获得进展，这不仅体现在经济学家的重大理论创新中，而且——往往是更重要的——反映在各类群体（包括决策者、经济学家和社会公众）经济理念和行为方式的变化上。对经济思潮和经济政策的线性追溯，能够清晰地揭示后者。

新经济史学是新制度经济学的重要组成部分，包括计量经济史学和制度变迁理论两大内容。它将经济学的理论与技术应用于历史研究，开辟了一个融合历史学研究和经济学研究的新领域。

新经济史学最早起源于20世纪五六十年代的美国。在这一时期，一些经济学家开始将规范的经济学理论和计量、统计的方法相结合，应用于对美国经济史的研究，从而开辟了一个融合历史学研究和经济学研究的新领域。在半个多世纪的时间里，新经济史学获得了很大的发展，从单纯地对历史现象进行计量分析走向了关于社会历史演进的宏大理论体系的构建，并力图在其自身的理论框架内，对人类的发展与停滞、繁荣与衰退作出全新的和系统的解释。新经济史学逐步演变成了以经济发展和社会演进的全部为对象的经济学学科，与发展经济学存在着密切的关系。

新经济史学的发展不但是经济学领域中的一场重要运动，而且对传统史学也产生了重要影响。新经济史学用经济理论和统计、计量技术对历史重新诠释，得出了不同于传统史学的结论，人们关于历史的理解被大大改变；同时，经济学对历史的介入，也使得经济学和史学在经济史这一共有研究领域中产生了激烈的碰撞。

参考文献：

［美］熊彼特：《经济分析史》第一卷，商务印书馆1991年版。

［美］小罗伯特·B·埃克伦德、罗伯特·F·赫伯特：《经济理论和方法史》第四版，中国人民大学出版社2001年版。

［美］丹尼尔·R·福斯菲尔德：《现代经济思想的渊源与演进》，上海财经大学出版社2003年版。

Solow, Robert M., Economic History and Economics, *Economic History*, Vol. 75, No. 2, May, 1985.

(何昌福)

经济学与数学
Economics and Mathematics

早在古希腊时期，杰出的历史学家色诺芬的财富增长思想中就包含了简单的数量关系。他通过借助数学工具和统计资料来分析，模糊地意识到商品价格的波动是依供给和需求关系的变化而变化的。而到近代以来，经济学当中的数学分析方法更是俯拾皆是。边际革命以后，数学当中的各种新思想和方法更是大规模地涌入到经济学的分析中来，使得经济学变成一门愈加严谨的学科。在经济竞争更为激烈的当今社会，数学对现代经济学的发展起到了极大的推动作用，经济学理论越来越倚重数学，成果也愈来愈数学化。数学在经济学中的应用已是遍地开花。且经济学主要的研究对象，如劳动、资本、人口、价值、货币、地租、投入、产出等都与数学有不可分的联系。例如，如果没有20世纪60年代最优控制数学理论的发展，米尔利斯和维克里（Mirrcless and Vickrey）就不会因在不对称信息条件下的经济激励和控制问题所做出的贡献而获1996年诺贝尔经济学奖。又如，现在人们公认数学在管理科学和运筹学中有非常广泛的应用；现代社会科学的主要工具——统计方法是建立在精深的数学基础之上的。数学在经济学中的应用，产生了包括数理经济学、经济计量学、经济控制论、经济预测、经济信息等分支。数学在这个庞大的数量经济学科群的表达经济理论方面，拥有难以替代的地位。不仅如此，商业数学、会计学、金融数学、投资数学、市场统计、营销数学、经济调控等众多交叉学科大量涌现。从中我们可以看出数学工具已在经济学各领域中得到广泛应用，包括线性规划、几何规划、非线性规划、不动点原理、变分法、拓扑学、概率论、数理统计、随机过程、矩阵论、微分方程、混沌理论和分形理论等。

对于经济理论家或一般经济工作者、经营行为实践者，数学理论的重要意义还在于：他们不应仅仅是一个定性思维者，他们不能只满足于粗线条的大致估计，他们必须同时是一位定量思维者。数学科学不仅帮助人们在经营中获利，而且给予人们以具体可操作的能力和深层经济决策能力，包括直观思维、逻辑推理、精确计算结论及宏观微观决策等。

在经济现象中，数量关系无处不在，像投入量、产出量、成本、效用、价格、价值、利率、商品量、生产量、产值、利润、消费量，等等。在18世纪，瓦尔拉斯为了弄懂"边际效用"专门去学习微积分，使他成为"边际效用学派"的奠基人之一。而数量经济学是在经济理论的分析基础上，利用数学方法和计算技术，研究经济数量关系及其变化规律的经济学科。

数学发展早已形成网状知识体系，相对成熟。而经济学作为一门独立学科发展较晚，有许多理论还没有完善。但在数学与经济学随时间共同发展的过程中，可以看出它们是相互促进，共同发展的。一方面，数学在经济学研究中起着重要作用。由于数学具有高度的抽象性及严密的逻辑性，所以它更容易冲破表面看到本质联系，继而抓住本质，建立模型，使其对经济原理的解释具有极大的帮助；另一方面，经济现象的复杂性也不断地向数学提出新的问题。推动着数学科学的发展。研究经济现象要提出很多假设前提，数学模型不可能与现实经济完全一致，如张伯伦的垄断竞争模型，正是这种不一致性成为数学发展的源泉。由于这两个方面，使得数学与经济学在前进中相互促进、共同发展。

从18世纪中期亚当·斯密提出"看不见的手"，到19世纪瓦尔拉斯提出"供需均衡"，始终不可能解决一般经济均衡问题，因为证明一般经济均衡定理所需要的布劳威尔不动点定理是1911年才给出的。事实上，被阿罗和德布鲁于1954年证明的特殊形式的一般经济均衡存在定理与布劳威尔不动点定理是等价的，数学家与经济学家从不同的角度殊途同归。

首先，从理论研究角度看，借助数学模型至少有三个优势，即清晰、严密、深入。具体说来就是：第一，前提假定用数学语言描述既清晰明了又精练，省去了分析文字所耗费的精力；第二，逻辑推理严密精确，可以防止漏洞和谬误；第三，可利用已有的数学模型或数学定理推导新的结果，摒除一切琐碎干扰，更深入地得到仅凭直觉无法或不易得出的结论，发现现象之间更深层次的本质联系。运用数学模型讨论经济问题，可以不走或少走弯路，将讨论集中于假设前提、论证过程及模型原理问题上来，从而避免了许多无谓的争执，也使得在深层次上发现似乎不相关的结构之间的关联变成可能。

其次，从实证研究角度看，使用数学和统计方法的优势也至少有三：第一，以经济理论的数学模型为基础发展出可用于定性和定量分析的计量经济模型；第二，证据的数量化使得实证研究具有一般性和系统性；第三，使用精致复杂的统计方法让研究者从已有的数据中最大程度地汲取有用的信息。因此，运用数学和统计方法做经济学的实证研究可以把实证分析建立在理论基础上，并从系统的数据中定量地检验理论假说和估计参数的数值，这可以减少经验性分析中的表面化和偶然性，得出定量性结论，并确定它在统计和经济意义下的显著程度。

最后，从现代经济学发展趋势看，经济学研究需要引入数学。纵观整个经济学史，我们可以发现，数学与经济学自古就已结下了不解之缘。从早先简单的数量分析方法到后来的偏导数，以及后来的集合论、线性模型的概念，经济学中的数学可谓是越来越广博精深起来，数学方法已深深植入经济学研究的血液中。在今天，我们甚至会因数学基础不过关而无法看懂数理性较强的经济学论文。而数学本身作为一种强有力的分析工具，一种高效的推理语言，已成为严密逻辑和高度抽象的代名词，其地位是任何文字推理所无法取代的。可以说，数学使得经济学概念更加精确、清晰、明白、简洁，提高了人们争论时的效率。正如前所说，这里实际上显示了用数学代替语言的两个优势：简单、清楚。

数学引入经济学是大势所趋，这一趋势从每年颁布的诺贝尔奖获得者的学术背景也可看出，自1969年首届经济学诺奖颁发给计量经济学创始人弗里希和丁伯根（R. Frish and J. Jinbergen）至今，可以说绝大多数经济学理论创新都运用到高深的数学，获奖的多数经济学家都具有深厚的数学功底。正如茅于轼先生所言："利用数学方法研究复杂现象，不论其推演过程如何冗长，丝毫不会丧失其可靠性。而利用常识来推理，很快就会变得牵强附会，使人将信将疑，而这一点正是古典经济学中突出的一个弱点，由于数理经济学的建立，现在经济学家之间十分清楚他们的共同基础是什么，万一出现意见的分歧，沿着推理的思路逆流追溯，也很容易找到分歧的所在，能够明确什么是需要进一步研究的问题，这又使得讨论问题和探索问题的效率大大提高。其次，由于数学方法的客观性和严密性，当将它应用于经济现象的研究时一切先入为主的偏见都将被检验并暴露出来。有些我们认为理所当然，其实应当加以仔细检验的概念，数学将会帮助我们摆脱其影响。数学推理具有巨大的说服力，它能给人以信心。甚至最顽固的成见，也会在严密的逻辑面前节节败退。第三个原因是数学方法本身所提供的可能性。多变量微积分的理论特别适合于研究以复杂事物为对象的经济学。偏导数、全导数、全微分公式在数理经济学中是一些最基本的手段，当这些表达一旦被赋予经济学的含义时，复杂的事物就变得如此之清晰可辨，以致用不着任何多余的文字说明。尤其是数学规划理论可以说是为了经济学而创立的。它研究在满足一系列约束之下能够获得极值的条件。经济学的任务也正是在遵守资源约束、生产技术约束的条件下，求得消费者效用的最大化。"

虽然数学理论和方法已深深渗透于经济学研究之中，但是我们应注意的是：经济学是一门独立的学科，数学是经济学者工具箱中的重要工具，但工具本身并不能创造理论。它为理论生动直观地或需要定量地表达提供了可能的方式。过分强调数学在经济学中的作用，只会使数学成为经济学的主人，使经济学失去作为社会科学的人文性和真正的科学性。我们应克服以往忽视运用数学的缺陷，适当增添经济数量的成分，但又要防止走上过度数学化的另一个极端。应该把科学的定性分析与定量分析、人文精神与数理表达有机地结合起来。

参考文献：

［英］亚当·斯密：《国富论》，陕西人民出版社2003年版。

［英］A. 马歇尔：《经济学原理》，商务印书馆2007年版。

［美］保罗·萨缪尔森、威廉·诺德豪斯：《微观经济学》，人民邮电出版社2007年版。

［美］格里高利·曼昆：《经济学原理》上册，机械工业出版社2007年版。

［美］斯蒂格利茨：《经济学》上册，中国人民大学出版社2007年版。

［美］布拉德利·希勒：《当代经济学》第8版，人民邮电出版社2003年版。

（刘伟）

经济学和管理学
Economics and Management

经济学，按照新古典经济学的通用而简洁的定义，是研究将稀缺的资源分于不同用途的学科，即在给定生产力和资源稀缺的条件下，研究各种产品的相对比例如何在市场上决定。由于资源的稀缺性，每个经济必须解决生产什么、如何生产、为谁生产三个基本的资源配置问题，这正是经济学面临的问题和任务。管理学，虽然至今仍不存在统一的定义，但一般认为是研究管理活动、过程及其基本规律和一般方法，解决管理问题、指导管理实践的学科。而所谓管理，则是指在一定组织中通过计划、组织、控制、指挥、协调等职能充分调动与利用各种资源、协调组织成员的行为，从而以尽量少的投入实现组织目标的活动或过程。从直观的学科定义看，二者各不相同，似乎没有区分的必要，但当两门学科都把研究"目光"集中于企业——当今社会最重要、最普遍的经济组织时，它们之间的区别和关系也就产生了。

由于经济管理一词的使用频率非常高，所以许多人错误以为经济学与管理学大同小异。事实上经济学与管理学的区别是有很大区别的两门学科。他们的根本区别在于经济学与管理学中的人性假设。人在经济学与管理学中都是行为主体，但作为独立学科的经济学与管理学并不研究每一个具体的、各不相同的人；而是根据各自的学科目的与研究对象，基于人们的一般的普遍的行为特点，对人作抽象化、概念化的假定，以便于分析。这样得出的对人的认识就是行为主体的基本假定，这种基本假定是进一步分析的基本前提。因此，对行为主体的不一样认为或假定导致经济学与管理学的根本区别。经济学与管理学中对行为主体假定的表现在行为主体的基本倾向与相互关系两方面。

经济学以节约成本、扩大产出、优化资源配置为目标考虑规则的合理性，只能从大多数的一般行为出发进行分析，所以假定人是经济人（Economic Man）、理性人（Rational Man），或者是具有机会主义（Opportunism）倾向的人。

经济人的行为决策从自己的经济利益出发，通过收益与成本的比较使其净收益最大化。当然，讲到最大化时都是指一定条件下的尽可能大，而不是无限大，即最大化是条件极值。理性人的基本倾向与经济人一致，只是把经济利益扩大到综合利益和长期利益。如暂时的奉献是为了长远利益或心理上和声望上的满足。但是，经济学同时也认为，在商品经济条件下，货币是一般等价物，而且具有可测性、可比性和客观性，因而是衡量交易对象的价值和人（劳动力商品）的价值难以替代的尺度。所以综合利益的基础当然是经济利益，其衡量尺度也多用市场交易价值。因此，经济学的行为就是理性的行为，理性的行为就是追求利益最大化的行为。

经济人假设借助于可计量的货币作尺度，特别有利于定量化分析或模型化，但经济人的假定的根本原因在于经济学的目标，而不是为了计量和模型化。马克思主义经济学虽然没有明确提出人性假定，但隐含着经济人的假设。因为马克思把经济作为社会发展的决定力量，把经济基础作为上层建筑的决定因素，把资本家对剩余价值的贪欲作为其理论前提。无疑，马克思是把行为主体追求经济利益最大化作为前提的，只是这一前提在分析抽象规律和资本家的行为特点时强调得多；而在分析工人的行为特点时强调得少。

管理学以激励人的积极性、提高组织效率为目标，必须兼顾多数人的一般行为和少数人的特殊行为，因为少数的特殊行为以对提高组织效率非常重要。正因为如此，经济学坚守着经济人（机会主义）假设，而管理学却认为追求经济利益虽然是人的基本需要，但在人的多种需要中属于低级需要，因而管理学对人性的假设早已超越了经济人假设，而有了复杂人、社会人、管理人等新理论，沿着这一方向，管理学从经济学中分离出来并独立发展起来。较早的管理思想中把人当作会说话的工具，认为人总是好吃懒做、好逸恶劳，毫无责任心，麦格雷戈把这种传统称为人性假设的 X 理论。

以泰勒为代表的科学管理理论强调人追求经济利益的本性，使管理学与经济学的人性假设一度取得了共识。但不久后，梅奥从"霍桑实验"中认识到除了对经济利益的要求外，人们对社会和心理方面的要求也很重要，因而否定了经济人假设，提出了社会人假设。其他行为科学理论的代表人物从不同侧面强化社会人假设。其中马斯洛的需要层次理论把社会人假设发展为一个经典又精致的需要模型。

当代管理学学派犹如丛林，对人性的假设也如此，其中有代表性的是1978 年诺贝尔奖得主西蒙在他的决策理论中阐述的人性假设。他认为管理就是决策，并且组织中不同层级的员工都在做决策，所以都是管理人。

经济人假设简单明了、便于分析，经济学以此为核心形成了公理体系和系统的方法、原理和定律；而社会人、管理人等假设内涵丰富、复杂，难以形成公理体系。管理学在此基础上结合丰富的实践，形成了艺术性和技巧性很强的许多方法原理和定理。二者各有优缺点，但区别是明显的。通俗地说，经济学中类似于"坏人假设"，管理学中类似于"好人假设"。

当代经济学和管理学都是学派林立众说纷纭。但由于经济学的人性假设比较一致，因而经济学原理和实证分析领域的分歧并不是很大，分歧主要在经济学原理的应用（如经济政策的制定）和规范分析方面。

经济学不仅与数学、心理学一起共同构成管理学的理论基础，而且经济学还为管理学提供分析方法。这种分析方法要求对特定活动的费用（或成本）与效益（或效果）进行比较，旨在优化行为，以最低限度的支出获得最大限度的收入。这就是通常所说的"经济原则"。该原则与相应的分析方法，其使用范围远远超出了经济活动，几乎扩及人类的一切非经济活动，包括管理活动在内。管理学中的价值工程就是上述经济分析方法的一种发展和具体化。价值工程通过对决策过程和实施方案的管理，对产品或服务进行功能分析，用最小总成本可靠地实现必要的功能，以提高产品或服务的价值。

经济学与管理学的关系绝不是单向的，而是双方的可以说是一种彼此促进的互动关系。经济学和管理学的发展，都与资本主义制度尤其是工厂制度的出现有关。尽管经济学的历史比管理学的历史长些，从斯密的《国富论》于1776年出版算起，经济学已有200多年的历史，但是管理学的历史从泰勒的《科学管理》于1926年发表算起也有了近100年的历史，但是管理学对于经济学的实用化有着巨大的作用。经济学只有通过管理才能转化为生产力，应用经济学就是在管理学的参与和帮助下迅速发展起来的。宏观经济学、微观经济学的应用研究导致国民经济管理学、企业管理学的产生，而国民经济管理学、企业管理学的发展反过来又促进了宏观经济学、微观经济学的应用研究进一步深入。宏观经济学中的需求管理和供给管理，以及微观经济学中的价格管理和市场管理，都是经济学向管理学延伸所研究的问题。

由于经济学与管理学的相互渗透、交叉和融合，经济管理学和管理经济学等边缘学科相继出现的同时，在经济管理领域的研究大都兼有经济学与管理学的两栖性，几乎难以分清其为纯粹的经济学或纯粹的管理学。经济计划、经济决策（包括政策）、经济预测、经济调控、经济监督、经济评估等一系列问题的研究，以及公司治理、产业组织、企业竞争力、制度安排、机制设计、结构调整、发展战略及经济激励等问题的研究，既可属于经济学，也可属于管理学。如果把他们从经济学那里拉出来划到管理学范围，那就把应用经济学的内容架空了。如果认为凡用文科方法来研究的则属经济学，凡用理工科方法来研究的则属管理学，那么无异于看漏了近半个多世纪来经济学的数学化、数量化、公理化、工程化的发展潮流。其实上述诸问题本身就需要经济学和管理学共同来研究。分清学科界限既不容易也无必要。美国管理学家西蒙（H. A. Simon）因对经济组织内的决策程序所进行的开创性研究获得了1978年诺贝尔经济学奖，这说明他研究的经济决策问题不仅仅是管理学而且同时也是经济学。

任何管理都是以组织为基础的。离开组织的存在与发展，就谈不上具体的管理及其内容。工商管理是与企业这种特殊组织分不开的。在经济学中不同学派对企业组织有种种不同的解释。例如，制度学派认为企业是能够降低产生于市场运行的交易成本的组织，资源依赖学派认为企业是可用来获得特殊市场地位的各种专门化资源集合的组织。此外，还有把企业理解为代表不同要素所有者的各利益主体之间的契约组织，正在虚拟化和网络化的学习型组织，等等。不少管理学家对企业组织有种种更多的解释。从泰勒认为企业是以职能制为基础的适应传统经济分工的层级组织、巴纳得（C. I. Barnard）的企业是协作系统组织、本尼斯（W. G. Bennis）的企业是有机的适应性组织、大内（William Ouehi）的企业是适应文化环境的z型组织，到圣吉

（P. M. Senge）提出企业通过培养学习气氛以发挥员工创造性思维能力可持续发展的学习型组织。从这里可以看出，经济学家与管理学家对企业是什么样组织的认识既有不同的角度又有相同的观点。基于对企业组织的不同理解就会有不同的企业管理的理论和方法。企业管理或工商管理像其他的经济管理一样，虽是管理学的主要研究领域，但也离不开经济学对该领域研究的参与，而应成为哺育管理学和经济学共同发展的公共的沃土。

上述经济学和管理学在企业问题研究上达成的默契"分工"，显然只是学科理论上的划分，不是绝对的，如同现实中的契约是不完全的一样。有分工，必须有协作，这种理论研究分工的存在绝不会妨碍在解决现实企业问题时，两门学科知识的综合运用，将会促进我们从不同角度对企业有全面而深入的认识。从学科发展看，经济学和管理学是相互借鉴、互为促进的，一方面，微观经济学作为更一般意义上揭示经济运行规律的科学，它给企业管理学提供基础经济理论支持，管理经济学就是以此为己任的经济学分支。另一方面，对管理学提出的实际问题的研究，有助于经济理论的修正和发展。如西蒙通过对管理性组织的决策过程的研究，提出"有限理性"和"令人满意准则"两个决策理论的基本命题，对微观经济学的基本命题提出了挑战，促进了经济理论的发展。学科间的相互借鉴、互为促进无疑有利于各自的完善和发展。

然而，由于学科性质和研究方法的不同，两门学科之间相互借鉴的程度差异很大。管理学是一门综合性、实践性很强的学科，被认为具有科学性和艺术性双重属性。其研究方法具有多学科移植交叉的特征。因而管理学是一个开放的知识体系，任何有利于解决管理问题的知识，无论其属于什么学科，都可以被吸收、借鉴到管理学中，当然这是以牺牲管理学自身的科学性为代价的，管理学家对此进行综合创新，促进管理学的发展。因此，管理学吸收、借鉴了大量的经济学知识，甚至完全可以认为企业管理学是以微观经济学为基础的。与管理学相比，经济学崇尚理性、追求科学主义，有自己固有的研究分析方法，任何没有用数学语言表达的知识都难以进入主流经济学，被经济学家所接受。这无疑保持了经济学的纯洁性和科学性，有利于经济学知识的长期积累，也阻碍了经济学从除数学以外的其他学科汲取营养、学习借鉴相关知识。这应是经济学中较少有管理学知识的原因之一。

参考文献：
孙继伟：《经济学与管理学的区别》，载于《经济学家》1998年第3期。

高鸿业、吴易风：《现代西方经济学》，经济科学出版社 1988 年版。

高鸿业：《西方经济学》，中国经济出版社 1996 年版。

张雄：《市场经济中的非理性世界》，立信会计出版社 1995 年版。

[美] 罗杰·弗朗茨：《效率理论、论据和应用》，上海译文出版社 1993 年版。

[法] 泰勒尔：《产业组织理论》，中国人民大学出版社 1997 年版。

钱颖一：《企业理论》，引自汤敏、茅于轼：《现代经济学前沿专题》第一集，商务印书馆 1989 年版。

芮明杰、袁安照：《现代公司理论与运行》，山东人民出版社 1998 年版。

[美] 加里·S·贝克尔：《人类行为的经济分析》，上海三联书店、上海人民出版社 2008 年版。

[美] 西蒙：《管理行为》，北京经济学院出版社 1994 年版。

杨小凯：《经济学原理》，中国社会科学出版社 1998 年版。

[美] 哈特：《企业、合同与财务结构》，上海人民出版社 2006 年版。

（何昌福）

经济学和会计学
Economics and Accounting

从现代经济学诞生之日起，经济学和会计学就有着密切的关系。经济学和会计学都以经济活动作为研究的内涵，但在很长一段时间，它们都按不同的方式进行研究和分析，拓展了各自的研究框架、基本概念、专业术语和研究方法。

随着经济学的迅速发展，经济学的新概念、新思想的出现都会带来会计学的思想创新和新的会计理论学派的创立，经济学向会计领域的渗透是促进会计理论发展的重要动力之一。

会计学是在商品生产的条件下，研究如何对再生产过程中的价值活动进行计量、记录和预测；在取得以财务信息（指标）为主的经济信息的基础上，监督、控制价值活动，促使再生产过程，不断提高经济效益的一门经济管理学科。它是人们对会计实践活动加以系统化和条理化，而形成的一套完整的会计理论和方法体系。会计学的研究对象包括会计的所有方面，如会计的性质、对象、职能、任务、方法、程序、组织、制度、技术等。会计学用自己特有的概念和理论，概括和总结它的研究对象。

在中国对会计的解释有"管理活动论"、"工具方法论"和"经济信息系统论"三种主要不同观点。按照"管理活动论",会计是一种管理活动,会计学就是一门经济管理科学;按照"工具方法论",会计是一个反映和控制生产过程的方法和工具,会计学应当视为一门为经济管理服务的方法学或方法论的科学;按照"经济信息系统论"会计是一个以提供财务信息为主的经济信息系统,会计学应当既是一门经济管理科学,又是一门方法论的科学。

自20世纪以来,会计表分析和成本会计学等新的会计学分科相继出现。到了50年代,由于生产规模的日益社会化和生产技术与经营管理的迅速现代化,在工业发达的西方国家,一方面,电子计算机引进会计领域,促进会计数据处理电算化的研究;另一方面,传统的企业会计学分化为财务会计与管理会计两门相对独立的学科。

会计学在经济活动中依赖数学和统计学得以发展并独立,经济学在市场经济活动中依赖哲学、伦理学得以发展并最终独立。严格意义上的经济学是从理论上研究人们的经济活动,会计学是从数量上运用名义货币来描述人们的经济活动,经济学注重质的研究,会计学注重量的描述。

经济学理论对会计学研究的支撑加深了会计研究的深度,会计学研究对经济学的应用也拓宽了会计研究的广度。最早的会计理论是受到以亚当·斯密为代表的古典经济学的影响,后来又受到制度经济学分支的重要影响。在国内无论是最初对马克思主义经济学理论的引用还是对西方经济学的研究,会计学研究与经济学理论的结合越来越密切。

第一,马克思主义政治经济学对会计理论发展的影响。马克思主义经济学认为,在市场经济条件下,会计的本质是以货币为计量单位记录、确定和控制企业资本价值的运动过程。就会计职能及其历史发展规律而言,马克思指出:"过程越是按社会的规模进行,越是失去纯粹个人的性质,作为对过程的控制和观念总结的簿记就越是必要;因此,簿记对资本主义生产,比对手工业和农民的分散生产更为必要,对公有生产,比对资本主义生产更为必要。"这里马克思所讲的"簿记"就是会计。马克思主义资本循环周转理论蕴涵着会计核算。货币资本循环是资本循环的典型形式。马克思主义经济理论认为固定资本损耗与会计中的折旧费用密切相关。固定资本损耗分为有形损耗和无形损耗。企业会计就是依据这个原理来计算折旧的。马克思主义经济学的价格理论中蕴涵产品成本核算的思想。

第二,新制度经济学对会计理论的影响。20世纪70年代中期以来以科斯、诺斯为代表的"新制度经济学"在经济学理论中的影响力日益增加,成为西方经济学界一个引人注目的理论现象。新制度经济学不但为经济理论研究提供了一种全新的思路及颇有价值的方法。同时对会计理论研究产生了重大影响。

制度经济学理论在会计研究中发挥着重要作用，已经渗透到会计学的各个领域，委托代理理论、信息经济学、产权经济学、契约经济学等经济学理论和实证研究方法，被广泛地应用于会计研究领域以解释有关的会计问题。

按照契约理论的观点，企业是"若干契约的联结体"，在各种契约签订后，各利益相关者就要对契约的履行情况进行监督。由于会计数据尤其是会计收益在契约中的重要性以及会计政策本身的契约特性，企业选择不同的会计处理方法会产生不同的代理绩效和契约责任。为了管理和协调各利益相关者之间的委托代理关系，避免某个利益集团产生侵害企业利益和其他利益相关集团利益的行为，就产生了如何进行会计政策选择的问题。在制定企业的各种契约条款以及在监督和评价这些条款的实施过程中，会计都发挥了重要的作用。例如，在企业的两大主要契约——经理报酬契约和企业与银行签订的债务契约中，往往都是使用会计指标来定义契约各方的责任和权利的。鉴于会计数据在契约中的重要作用及会计政策本身的契约特性，企业管理者和各利益相关者的会计政策选择行为就会对委托代理关系及其他契约关系产生较大的影响。从会计学的角度来看，会计政策选择问题就是怎样为企业代理契约等契约关系的确立和考核提供公平、合理的衡量基础。因此，基于以上分析可以发现，契约理论构成了企业会计政策选择的理论基础。

代理理论假设人有不同的偏好，并且都是自身效用最大化的，甚至会有机会主义行为。这就导致了代理成本（包括签约成本、监督成本、保证成本、剩余损失）的发生。所以委托人需要一种控制系统来使代理人按委托人的目标来行事。这种控制系统就是一系列"游戏规则"，包括三部分：决策权的分配（即谁负责做决策）、业绩计量与评价（即向谁报告何种信息）和奖励与惩罚（收集到的信息与代理人报酬间的关系）。契约和决策的形成需要信息为基础，而会计和审计正与这种信息的收集和传播有关，所以代理理论被用在会计和审计研究中，以分析不同管理会计、财务会计和审计程序的效率特点。

产权会计理论认为：产权界定是会计产生的基本动因之一；产权制度是会计政策选择的出发点与归宿；提高产权效率是制定会计准则的基本要求；产权博弈关系决定企业会计的未来发展取向。

第三，会计由微观控制走向宏观控制。会计环境巨变促使它走向宏观经济控制领域，在宏观会计建设方面开创了新的格局。在这方面作出了突出贡献的当首推英国学者理查德·斯通，其次就是西蒙·库兹涅茨、约翰·希克斯和瓦西里·里昂惕夫。国民经济会计又称国民会计、总量会计或社会会计。最早提出"社会会计"概念的是 1972 年诺贝尔奖得主约翰·希克斯，约翰·希克斯指出："正如私人会计是个别厂商会计，社会会计不过是社会或国家的会计。"关于什么是社会会计，希克斯在其名著《经济的社会结构——经济学入门》一书中认为：所谓社会会计学，简单地说，就如同借会计学能在一望之下把握企业经济活动全貌一般，利用相同的会计学方法，力图掌握国民经济的整体活动状况。

国民经济核算体系（SNA）是将微观经济簿记原理与宏观经济要素和模型相结合，综合运用会计、统计和数学方法，系统地测算某一时期内一国（地区、部门）的各经济主体的经济活动，包括这些活动的结果，各种重要的总量指标及有关的组成要素。它表示一国的国民经济结构及各部门之间的联系。该体系是建立宏观经济模型、进行计量分析的基础，为制定一国的经济发展计划和经济政策提供了有效的统计数据。目前，全世界已有 170 多个国家或地区采用 SNA，由此可见，国民经济会计的作用和影响可谓是越来越大。

鲍尔和布朗于 1968 年将实证研究方法引入西方会计的理论研究中，实证研究成为了西方会计研究的主流。实证研究者认为，会计理论的目标是解释和预测会计实务，而且这也是经济学上大部分以经验研究为依据的研究的基础。在会计学的视野中，经济学是解释会计现象的一种工具，或用会计数据来验证经济理论。但是几乎所有的文章都利用事前的理论来提供构建实证检验的框架或检验这些理论，只有极少的文章基于经验证据来推导出事后理论。1986 年瓦茨和齐默尔曼出版的《实证会计理论》可以看成是运用经济学实证方法研究会计实务的代表性著作。系统介绍了有效市场假说、资本资产计价模型、市场失灵、公共产品、信息不对称、企业理论、公共选择、管制理论、契约理论等在会计理论研究中的应用。

不仅会计学者认识到了经济理论的重要性，经济学家也认识到了会计学的重要地位。会计学的核心是计量，计量的本质是精确或尽量精确地定量反映交易实质。经济学从笼统的定性研究发展到力图进行定量研究，一定程度上也是受到了会计学的影响。科斯认为会计理论是企业理论的一部分。他鼓励在经济研究中利用会计数据。因为会计数据能够让经济理论定量化，所以经济学家也应学习会计学的框架和研究体系，理解会计数字的含义。

会计理论研究在经济学体系中可以朝两个方面发展：一是依靠资本市场，西方的研究已证明这是一个非常有潜力的领域；二是结合企业的实践，解决企业的实际问题，从企业的实践中总结归纳出新的思想。经济学研究需要更加重视会计学能起到的另一种作用，向经济决策人提供信息。任何一种理论如果想如实地预测某一项决策所产生的结果，都应考虑这些信息。通过经济学和会计学的互相借鉴，不断加深、拓宽会计学视野中的经济学，拓展会计理论的新领域。

参考文献：

葛家澍、杜兴强：《会计理论》，复旦大学出版社 2005 年版。

彼得·杜拉克：《21 世纪管理的挑战》，三联书店 2009 年版。

刘峰、黄少安：《科斯定理与会计准则》，载于《会计研究》1992 年第 6 期。

阎达五、支晓强：《会计学视野中的经济学》，载于《会计研究》2002 年第 1 期。

Ronald H. Coase. Accounting and the Theory of the Firm, *Journal of Accounting and Economics*, 12, 1990.

Jensen, M. C., Organization Theory and Methodology, *The Accounting Review*, April, 1983.

Jensen, M. C., Agency Costs of Free Cash Flow: Corporate Finance and Take-overs, *American Economic Review*, 76, 1986.

（何昌福）

经济学和政治学
Economics and Politics

经济学和政治学的关系主要表现为对政治经济的整合研究，根据对政治经济相关性理解、研究对象和研究路径的区别，可以分为"政治的经济学"和"经济的政治学"两类研究。

"政治的经济学"中的"政治"指的是研究对象。在"政治的经济学"名义下，诸如选举体制、投票者参与、院外集团的游说、三权分立的权力模式、立法制度、分权、联邦主义、权威主义、特殊利益政治、大众传媒的政治作用、政治运动与社会知识对投票者行为的影响，等等，都是它的研究对象。很显然，这些研究对象具有"政治性"，一直以来都是政治学的研究领域。

话虽如此,"'政治'是'政治的经济学'的研究对象"其实是一个比较含糊的表述,因为仅就问题本身而言,我们并不能确定它是政治问题还是经济问题。譬如贫困,当其发生在个体身上时可以认为是经济问题;当其发生在群体身上时,基本上就是一个政治问题了。例如,在《南方贫困的政治的经济学》一书中,福特(Ford, 1973)指出,农业的现代化(作者称之为农业转型)主要是因为农业领导人在政策形成过程中的政治干预,而不是生产者为了提高市场效率所创造的环境和机遇。正因如此,我们不妨根据所研究的问题是否具备集体性而确定它是政治问题还是经济问题。在笔者看来,"政治的经济学"中的"政治",准确而言应该是"政治学中的问题",也即"公共性"、"权威性"问题。

值得注意的是,在所有与政治有关的研究对象中,"政治的经济学"尤为关注当代西方民主国家政策领域中的重大问题,特别是经济政策的形成和制定过程。探讨经济政策由政治家制定这一事实在多大程度上影响经济政策的类型,一直是该领域的热门课题,我们不妨看看《布莱克维尔政治学百科全书》中"政治的经济学"(Political Economics)词条的叙述:"政治的经济学的重点在于试图解释总体的经济政策中政治和经济力量之间的相互作用……政治的经济学的第二个主要组成部分是政治因素如何在经济政策的形成中发挥作用。"(戴维·米勒等,2002)不难看出,经济政策是"政治的经济学"研究的重中之重。这也是为何英国萨塞克斯大学经济学系在所开设的"政治的经济学"的课程介绍中,将"政治的经济学"界定为"关于经济政策制定的政治学",而托尔斯滕·佩尔松和圭多·塔贝利尼(Torsten Persson and Guido Tabellini, 2000)所理解的"政治的经济学"也是围绕着"经济政策的制定"而展开的。《布莱克维尔政治学百科全书》是这样叙述"政治的经济学"的:"这个术语包括对一系列政治学和经济学共同关注的问题的分析。它不同于政治经济学这个术语,虽然二者有许多重叠之处。"但是,对于"政治的经济学"是如何分析"政治学和经济学共同关注的问题"的,此书并未提及。本文提出,"政治的经济学"不妨理解为"用经济学去研究政治"或是"政治问题的经济学解释"。

因此,"政治的经济学"中的"经济"指的是一种分析视角或研究路径。例如,将经济学的分析方法或理论工具如"经济人"假设、有限理性等直接引入政治领域,用于政治问题如制度选择、政策设计的分析和解释。说得更直白些,"政治的经济学"其实就是"政治的经济化",如将政治市场等同于经济学中的私人市场。从这个角度看,"政治的经济学"的研究实践早于术语的形成。

20世纪五六十年代,一些经济学者将目光投向原本属于政治学的研究领域。如安东尼·唐斯(Anthony Towns)在《民主的经济理论》(1957)一书中,探讨了民主体制中的投票行为和党派竞争,堪称经济学研究政治的典范。作者用经济学理论研究民主制,跳出了传统的政治学的解读模式和问题视角,改而以经济学的视角,通过强调政治行动中行为人的不同算计来还原或解释政治运作与制度的形成、演变,从而生动地展示了民主国家的政治运作。布坎南(James M. Buchanan)、塔洛克(Gordon Tullock)《同意的算计》(1962)使用经济分析工具和方法以及当时的一些经济学概念,对国家政体的宪法组织进行分析,如他们从成本效益的角度分析美国的宪法解释近来出现的一些变化,指出修改宪法的过程相当困难、成本高昂,为了使个人主义社会在修宪成本高的情况下成功地将这些变化写入宪法,便采取让高等法院重新解释现行宪法的方式,这样便可回避困难。这一研究努力为人们观察或研究美国政治提供了一个分析性的框架,有助于人们更好地理解美国政治制度的生长过程。该时期的重要成果还有邓肯·布莱克(1958)对议会与选举理论的研究和布莱顿(1964)对国家主义的经济学分析,等等。这些虽然只是经济学理论的简单应用,却为政治问题的分析和解决增加了一种思路。

1983年阿尔特和克里斯特尔(Alt and Chrystal)《政治的经济学》一书出版,该书可以视为"政治的经济学"进入成熟期的代表作,只是它对于"政治的经济学"的意义不在于从经济的角度去分析政治领域中的选民投票和选举结果,而是扩大了"政治的经济学"这一术语的影响力。正因如此,《布莱克维尔政治学百科全书》不久便将"政治的经济学"作为词条正式收录。

在"经济的政治学"中,"经济"是研究对象,包括经济理论、经济制度、经济现象、经济问题,等等。早在20世纪上半叶,埃林伍德(Ellingwood, 1928)在使用"经济的政治学"时,便是为了强调政治学在新的社会经济形势下不应停留于分析作为政治实体的政治机器的结构和运作,还应加强对国家经济活动的研究。本文将"Economic Politics"译为"经济的政治学",并不只是为了与"政治的经济学"相呼应,更在于与"经济政治学"相区别,明确它是"经济"的政治学而非"经济政治"学。

"经济政策"也是"经济的政治学"的研究对象,国外大学的经济学类专业（如应用经济学和经济政策系）往往将"经济的政治学"作为一门自由选修的课程，内容主要是关于经济发展政策、宏观经济政策。需要指出的是，"经济的政治学"以"经济政策"为研究对象有别于"政治的经济学"以"经济政策的制定"为研究对象，"经济的政治学"研究的是作为客观结果的经济政策，而"政治的经济学"则是考察经济政策制定中的人为作用。具体而言，"政治的经济学"关注的是经济政策制定过程中的影响因素，特别是政策制定者的人为因素（如自利性）的影响；而"经济的政治学"关注的是经济政策的实施过程，包括实施过程中在政治层面所产生的影响，也即经济政策的政治效应。在"经济的政治学"中，"政治"指的是分析视角或研究路径。"经济的政治学"可以理解为"经济的政治化"，"政治"的含义虽然很丰富，但从分析范式的角度看，它强调的是务实的理念、事物的发展不以个人意志为转移的特性、政治的复杂性以及宏观的问题意识或分析视角。例如，在一个更广阔、更有深度的制度背景中理解经济政策、经济制度和经济活动的创造过程，而不是局限于简单的"经济人"逻辑。

"经济的政治学"试图向人们展示，经济问题并不能单纯依靠经济手段来解决，还必须从政治层面去分析，从政治层面寻找答案或对策。"经济的政治学"的源头主要有两个分支：其一是长期以来从政治的角度分析经济问题这一研究取向所取得的研究积淀；另一则出现于20世纪七八十年代，是对"政治的经济学"的完善、反思或进一步思考。

就分支一而言，从政治的角度去分析经济问题这一研究传统由来已久，并不陌生。例如，对于充分就业的问题，在卡莱茨基（Kalecki，1943）看来，工商业主并不喜欢长期的充分就业，因为这会让工人的安全感不断增长，并因此削弱工商业主的社会地位。因此，"从他们的角度看，维持充分就业是不利的，而失业才是正常的资本主义体系的一个组成部分"。不难看出，卡莱斯基关于"就业"这一经济问题的看法是一种政治的思维逻辑。由于是从政治的角度去分析经济，这一视角往往能看到不为经济学和政治学所关注的事物的另一面，因为对于充分就业的问题，传统的政治学通常愿意从阶级矛盾中寻求解释，而经济学则愿意从经济周期的角度去分析。

就分支而言，反思一方面是针对"政治的经济学"以经济学方法分析政治问题的适当性而提出的。另一方面则是针对"政治的经济学"的政策思维逻辑提出的更深层次思考。早在20世纪60年代，麦克弗森（Macpherson，1961）在《政治理论中的市场概念》一文中，便对经济学以经济学理论和工具分析政治领域中的现象和问题这一研究取向提出批评。不过，更为深刻的反思主要还是由"政治的经济学"领域取得重要成就的学者自己提出的。20世纪80年代初,基威特(Kiewiet,1983)通过分析经济问题对选民的重要性,揭示了个体的投票行为与经济环境的关系。结果,他向政治家明确传达了这样的信息:如果你能让经济增长,那么,不考虑你所选择的特殊政策,你也能再次当选。然而,和克里斯特尔(Chrystal,1983)的研究发现却恰恰相反:如果政治家未能实现经济增长,他们也会在自己选择的特殊政策上寻求选民的投票。两种相互冲突的观点却引出了一个关键性的政治问题,那就是关于经济绩效的判断是如何做出和散布的。这也因此引发对政治与经济孰为因、孰为果的进一步思考,即究竟是决策者的喜好决定了经济理论的构造,还是客观经济学现象预设了经济理论的内涵。例如,尽管"政治的经济学"建立了民主制下政治声望和经济业绩之间的联系,其实也就是经济业绩对政府政治声望的影响。但与此同时,人们还发现,不同的政府所强调的经济问题是不同的,而导致这种不同的原因,部分是因为思想意识的不同,部分是因为政府利用现有经济条件的愿望的不同,而这两种原因都可以改变民主制下选民的关注点。此外,除了政府对选民的影响,选民也会保持自己的独立性,会根据自己的准则评价政府,进而决定自己的投票对象(Borooah V K and Van der Ploeg F.,1984;Butler D. and Stokes D.,1974)。由此看来,虽然经济学可以针对经济成功的评价原则制定一系列科学、客观的指标,但在现实生活中,经济(学)并不永远是自变量,因为政府和选民两方面的因素都可以引起经济成功评价准则的变化。

区分"政治的经济学"与"经济的政治学"是为了梳理出新政治经济学中的不同学术路径。概而言之,作为研究范式,"政治的经济学"是以经济学方法分析政治问题,旨在揭示政治的经济属性;"经济的政治学"则是从政治的角度分析与经济相关的问题,通过揭示经济的政治属性来强调政治的主体性。20世纪经济学的扩张,实质上是为经济政策建构了一个去政治化的政策过程,但对经济学的过度推崇又导致经济学为政治观念、意识形态及偏见所利用,而后者往往不易察觉。"政治的经济学"与"经济的政治学"对政治经济问题的不同解读模式与问题视角提醒人们:学科自身的偏好不仅会降低认知的客观性,还有可能落入人为陷阱。对此,我们或许可以将其称之为"客观研究的主观性"。

此外,对于新学派、新范式我们还有必要保持一份清醒,因为形成一套新的分析架构是相当漫长的过程。尽管如此,就"政治的经济学"与"经济的政治学"而言,虽然我们不能断定这两种范式所取得的学术积淀最终能否带来政治学和经济学的重新融合，但可以肯定的是，它们的发展有助于我们更客观、更全面地认识和评价政治学与经济学中的理论、观点和方法。

参考文献：

Ronald H. Coase, Accounting and the Theory of the Firm, *Journal of Accounting and Economics*, 12, 1990.

Jensen, M. C., Organization Theory and Methodology, *The Accounting Review*, April, 1983.

Jensen, M. C., Agency Costs of Free Cash Flow: Corporate Finance and Takeovers, *American Economic Review*, 76, 1986.

（何昌福）

经济学和系统科学
Economics and System Science

系统科学是一门新兴学科，主要是研究自然界和人类社会各个系统的共同特性，探索系统的生成，演化和涌现等普遍规律的科学，与经济学在方法论上有着本质区别，经济学是研究人类社会在各个发展阶段上的各种经济活动和各种相应的经济关系及其运行、发展的规律的科学。主要表现在：经济学注重经济发展规律，而系统科学强调整体把握；经济学指出在经济活动是人们在一定的经济关系的前提下，进行生产、交换、分配、消费以及与之有密切关联的活动，在经济活动中，存在以较少耗费取得较大效益的问题，而系统科学则探索复杂性、偶然性、非决定性问题；在对相关系统进行描述时，经济学以稀缺资源为主，系统科学以突出群体组织为主。

系统科学的理论告诉我们，系统的定义可以理解为处于一定的相互关系中并与环境发生关联的各组成要素的总体，系统是整体性和动态性的统一。系统分为动态系统和静态系统两类。从本质上说，现实的具体系统都是动态系统，静态系统不过是动态系统的一种近似或理想化的描述。

动态系统理论的中心问题是对稳定性的理解，即系统对扰动的反应。稳定性概念来自力学理论。如果刚体移动后能回到原来的状态，它就处于稳定的平衡，如不倒翁，无论怎样推它，它都能恢复原状，就是一种稳定平衡。与系统的一定功能、一定活动相关联，系统内部要素之间、系统外部环境之间总是不断地发生物质、能量、信息的交换，不断地改变内部运动的格局，系统因而成为一个不断变动、充满生机的"活"的结构。

系统科学因此认为，扰动和非平衡，是平衡稳定之条件，无序和非平衡可能成为平衡有序之源。关于这一原理，最普通的例子是一个放在桌面上的三角块。如果用它的一个平面作底，则三角块处于稳定状态。用手晃动，它仍然可以恢复原状。如果以它的一个顶点为底，那么虽然在理论上它仍可维持一种定态，但这是一种不稳定的平衡，给它一个极小的扰动，三角块就会离开这一初始状态而移动到另一个稳定的状态上去。总之，定态不仅有平衡与非平衡之分，而且有稳定与不稳定之别。稳定和不稳定之间可以因为一定的条件而相互转化。无序和非平衡是有序之源，是平衡稳定之条件。

经济学的出现，突破了传统经济学理论的束缚，着重从人在由现实制度所赋予的制约条件中活动的角度出发，研究人、制度与经济活动，研究组织与制度之间的互动、制度环境、制度变迁（演化）、突变、协同、学习。而组织、外部环境、变迁（演化）、突变、协同、学习成为经济学和系统科学理论共同关心的内容，其原因一方面在于制度以及制度载体（组织）都是一个复杂自组织系统；另一方面系统科学恰是研究复杂系统问题，因此制度经济学在发展过程中应用系统科学的方法成为必然。

经济学在理论上涉及哲学、数理与技理等层次，是多学科交织而成的一个广义交互网，它也与许多学科或专题有区块性非网络性的交缘，特别是与系统科学的某些专题交缘，这部分自然是系统科学中具有自身特色的研究。从方法学看，一般认为系统科学的基本方法包括结构方法、功能方法、历史方法，而基本原则包括整体性、相关性、综合性、目的性、层次性、历史性等。反观经济学，这些方法与原则都可从广义系统模型的内外广义系统性或软件硬件兼设性以及其他泛系原理派生出来。因此，经济学是系统科学研究的深化和发展。

此外，耗散结构理论、协同学、一般生命系统理论、资源物理学等都在一定程度上涉及不同类型的集散关系、扩散过程（扩散方程）、主方程、泛化的熵等，它们都不外乎描述集关系或其泛导关系。运筹学则不外是显生的特化数理技术性研究，投入产出法则是一种技术化的运用泛权场网表征因果关系的泛导法应用，而兰格的经济控制论则是泛导法对经济系统的一种准转化、准模拟过程。从这些角度看，经济学做了一些有益的补充、推广与探索。

交叉性、综合性和整体性——促进经济学和系统科学整合和整体性研究。

我们发现，经济学在解释社会经济现象时，自觉或不自觉地运用了系统的思想或系统科学的部分理论，早在20世纪90年代，经济学和系统科学就体现了融合的必要性，只是限于当时的历史条件限制，两种理论都还很不成熟，或者较少为人们所接受，所以没有人提出这一思想。而在系统科学和经济学研究都取得了较大进展的今天，对系统科学和经济学的研究资料丰富，很多学者也运用了部分系统科学的理论如耗散结构、自组织、协同、混沌和分形等，融合到经济学中，作为新视角来解释经济现象。但是，这些运用都是片面，甚至是无意识的融合，并没有人对二者的关系进行全面、系统的阐述，也没有提出经济学与系统科学融合的概念。这给我们运用经济学、发展经济学带来了不便，因此，有必要对经济学和系统科学的融合性加以研究，以期能为后来经济学的发展、完善提供支持，给经济学以新的发展空间和理论视角。

  当代科学的突出特点是学科统一化进程的加速。几百年来形成的越分越细的学科划分和单个学科孤立、分割的研究已经难以适应当代和未来科学本身的发展，难以适应新的技术革命以及经济竞争的日益激烈和国际化趋势，难以适应日益困扰人类的人口、资源、环境、灾害等问题以及不断加剧的人类与自然的不协调性和人类社会的可持续发展问题。学科交叉极富创造性，也是整体性认识和实现学科整合、一体化的必然过程。

  系统经济学遵循学科的交叉性、综合性和整体性原则，并以复杂性科学的思维方式不断发展着。正如预想的那样，系统经济学的成长受到学术领域的广泛关注和积极响应，跨学科研讨体系并没有因学科障碍和思维方式的不同而受到影响。我们深信，系统经济学将进一步打破严格的学科界限，促进学科整合和整体性研究，激励不同领域科学家之间的交流与合作。多学科的互动和融合必定会产生绚丽多彩的新的科学思想火花。

参考文献：

昝延全：《系统经济学》第一卷，经济与法律出版社1995年版。
昝延全：《系统经济学》第二卷，中国经济出版社1997年版。
许德祥、庞元正：《现代系统思想与领导系统概论》，中共中央党校出版社1989年版。
华霞：《短寿产品：现代社会的潮流》，载于《青年参考》1997年9月12日。
王建勋：《黑市不黑》，载于《青年参考》1994年8月5日。
魏杰：《区分不同原因造成的收入差距》，载于《经济参考报》2002年10月16日。

（何昌福）

经济学和心理学
Economics and Psychology

经济学和心理学是人类学科门类中的两大重要知识门类，两者的研究内容在很大程度上存在一定的交叉。前者研究个人和厂商的经济行为和经济决策，其研究目标是要揭示人们在经济生活中相互作用的过程和最后的均衡结果；后者是研究一定的社会环境或情景下个人和集体的行为特征及动机，其研究目标在于理解和认识人们在不同的社会背景和情境下的决策、判断及其背后的动机和根源。经济学和心理学尚在发展，它们对人类行为的认识程度在提高，因此，简单地给出任何一种肯定的结论也许并不科学，而且很可能还会误导更进一步的研究，而真正科学的态度也许是：看何者能够更好地解释现实和人类的经济行为。

宏观经济学中的很多概念都有一定的行为基础，都可以运用行为科学的内容进行有力的解释。就目前而言，心理学在宏观经济学领域大概有这么两类：第一类，运用心理学和行为科学一些发现能够解释经济学中的一些现象。第二类，心理学能够解释一些经济学所不能解释或者解释力不够强的现象；比如，价格和工资刚性是宏观经济学中一个重要现象，传统经济学家们的解释主要有这么几种：价格和工资的交叉调整、菜单成本、近似理性，等等，但是，这些解释都很难令人满意。行为经济学提出的一个解释是所谓的"损失规避"，因为消费者和工人在面临损失时表现得更加敏感，而不是相反，因此，每当价格发生变化时，消费者或者是不清楚有关的市场信息，或者是根据自己的以往经验，而总是会以一种戒备和防范心理来应对市场和价格信号，其结果工资和价格可能会表现出名义刚性。由于这种解释是从消费者和工人的主观心理和行为动机出发，所以，它可能比"菜单成本"等具有更强的解释力。又比如，宏观经济学中一个重要的模型是弗里德曼的"恒久收入假说"，该假说认为人们的消费并不是仅仅与当前收入相联系，而是与长期的收入相联系，也就是说，人们会根据其一生的收入情况来筹划他的储蓄和消费行为，结果，他的消费活动基本上会是平滑的，而不是突升或者突降式的。在每期的消费的边际效用递减以及人们对消费流的偏好在时间上是可分割的情况下，该理论是有一定说服力。但是心理学和行为经济学发现，事情并不一定如此。情况往往是人们常常受精神估计（Mental Accounting）的影响，比如，人们对房屋股权的边际消费倾向很低，而对意外所得的边际消费倾向很大，其原因主要是人们常常将房屋视作为非动产而不是现金，而将意外所得视为意外所得所导致的精神愉悦（Shefrin and Thaler，1992）所致。还有，货币幻觉描述了人们往往以货币的名义数量而不是真实数量作为决策的依据。贝克尔、吉布斯、霍姆斯特姆（Baker, Gibbs and Homstrom, 1994）的一项研究发现货币幻觉在很多行业存在，沙菲尔等（Shafir et al., 1997）对此进行了模型化。

非自愿失业是劳动经济学中经常讨论的一个问题，传统的解释之一是"效率工资"，即将工资定得高于市场价格是促使工人更加卖力工作的一个办法，同时也是减少管理者的监督成本的一个良方，因为高于市场出清的高工资意味着工人被解雇以后的机会成本较高，结果，高于市场的高工资会在客观上起到促进工人努力工作的效果。但是，阿克洛夫和耶伦（Akerlof and Yellen, 1990）的解释却颇具心理学家和行为经济学家的意味：顾主支付高于市场出清的工资在本质上类似于顾主给予工人的一个优厚的礼物，"礼尚往来"，于是，工人会更加卖力地工作，这完全是工人对于顾主的优厚"礼物"的一种公平回报。而这一点正是"交互式利他主义"的题中应有之义——当别人合作时，我也采取合作对他进行回报，当别人损人利己时，我宁可遭受损失也要对他的损人利己的行为进行报复——这正是人类在很多情况下的行为的天然动机之一。在费尔和盖希特（Fehr and Gachter, 2000）的一项实验中，市场上工人的供给严重过剩，结果某一厂商雇佣了一部分本已超过其雇佣力的工人，结果，这些工人在进入该厂以后纷纷以积极劳动加倍回报厂商；对另一部分工人，厂商故意支付了低于市场价格的工资，结果，这批工人进厂后则纷纷偷懒。这些实验发现厂商支付的工资和工人的努力程度之间存在稳定的正相关关系。劳动经济学中另一个假说是：劳动和闲暇之间的跨期替代决定劳动的供给，即当工资较高且不太稳定时，工人会舍弃闲暇而增加工作时间以赚取较多的工资，相反，当工资较低时，他们应肯赋闲在家也不愿意接受较低的工资。但是，行为经济学家们发现工资的变化常常具有持久效应，并且工作的时间在短期内是固定不变的，因此，在实践中很难发现这种所谓的跨期替代现象（Mulligan, 1998），而比较真实的情况也许是：工人们往往根据某种目标决定自己的劳动和闲暇。加默尔（Camerer, 1997）对纽约市的出租车司机进行了一项实验，结果发现：这些出租车司机并不根据生意的好坏进行劳动的跨期替代，相反，他们往往给每天的工作确定一个营业目标，一旦达到这一目标，大多数司机就会收工。这样，在生意好的时候，他们往往会及早收工，因为他们的目标在天气好、生意好的时候容易达到，而在天气坏、生意不好的时候反倒收工较晚，因为他们达到目标的难度大，因而需要更长的工作时间，这与劳动的跨期替代的假说恰恰相反。还有，劳动经济学认为劳动的供给曲线是向右上方倾斜的，但是，格尼茨和拉切奇尼（Gneezy and Rustichini）等人的发现证明：在涉及一定的行为和道德等内在因素时，这样的关系并不存在。

金融领域有很多的反常现象是以往的经济学所难以解释的，于是，这促使了心理学的发现在金融学领域的应用，这就是所谓的"行为金融学"，如今行为金融学已成为一门新兴的学科，并已受到越来越多的学者和实践工作者的欢迎。比如，"有效市场假说"认为：投资者能够及时地对市场信息作出理性反应，股票市场上的资产价格能够真实地反映市场上公开发布的各种信息，这意味着股票价格变化之间的自相关性为零。但是，市场上却常常出现所谓的"股权收益难题"，即股票市场上风险较大的股票带来的收益要远远大于风险较小的债券所带来的收益。贝纳兹和塔莱（Benartzi and Thaler, 1995）的解释是投资者常常运用一年为期限来考察股票的收益，同时，投资者在面临损失时存在"损失规避"的心理，所以，这就使得持股人感觉到的风险程度比根据期望效用理论预测的风险更大。巴伯里等人（Barberis et al., 1998）的研究发现标准的贝叶斯模型会产生两个方面的问题：短期内人们会低估股票的收益，而长期则会高估；希勒（Shiller）早在1981年就从经验上提出：股票价格的波动是如此频繁，实在难以想象它能完全反映各种信息；而欧登（Odean, 1999）则发现股票市场交易金额如此巨大的一个原因是受投资人过度自信的影响所致。

参考文献：

[美]赫伯特·西蒙：《西蒙选集》，首都经济贸易大学出版社2002年版。
[美]贝克尔：《人类行为的经济分析》，上海三联书店1995年版。
叶航：《经济学与心理学：一个可以期待的融合》，载于《浙江社会科学》2002年第5期。
Vernon L. Smith, Rational Choice: The Contrast between Economics and Psychology, *Journal of Political Economy*, Vol. 99, No. 4, 1991.
Rabin, Matthew, Psychology and Economics, *Journal of Economic Literature*, 36 (1), 1998.
Rabin, Matthew, A Perspective on Psychology and Economics, *European Economic Review*, 46, 2002.
Ajzen, Icek, Nature and Operation of Attitudes, *Annual Review of Psychology*,

52, 2001.

Arrow, Rational Choice Functions and Orderings, *Economica*, 1959, NS. 26.

（何昌福）

经济学和种族
Economics and Races

种族又称作人种，是在体质形态上具有某些共同遗传特征的人群。"种族"这一概念以及种族的具体划分都是具有相当争议性的课题，其在不同的时代和不同的文化中都有差异，种族的概念不仅反映出人们对不同人种的态度，而且还可以牵涉诸如社会认同感、民族主义等范畴，甚至在经济学领域，也可以找到"种族"的影子。

经济学分析是如何解释种族歧视问题及其引致因素呢？

首先，经济学理论是指什么。显然，"理性决策理论"要比"经济学理论"广泛。理性决策理论认为个人的行为都是依据个人喜好、技术水平、心理预期、规章制度等，根据所获信息追求最大利益而理性行事的。其中规章制度决定个人行为的相互作用将产生何种结果；心理预期本身就是一个理性的过程。依照经济学理论，市场是资源配置的中心环节，而个人行为的相互作用及其他规章制度都是次要的。

理论上的市场交换行为不带有任何个人感情色彩，而且是充满了竞争的。在某一既定商品价格下，单个经济单位决定自己的供求数量。商品供求量会自动相应地增减；而当价格一定，每个市场的供求都相等时，便达到了整体供求平衡。单个供应者与需求者之间并无特殊关系，即某个供应商并不寻求满足某一二个需求者的需求，反之亦是。在那些组织严密，管理先进的市场，如证券、期货市场，情况也是如此。但这种市场只适合少数商品交换，也不包括劳务与信贷市场。而在一些成熟市场上，如行业内贸易中，供需双方就有着直接的经济联系，就业也涉及受雇方与雇佣方之间的直接接触。

而种族的概念，主要是通过劳动经济学的一些领域进入正式的经济理论。这些领域主要包括歧视、劳动供给、竞争等关系。

种族歧视反映了人们对不同人种的态度，与不同人种的社会关系，以及不同人种所得到的经济收入、工资水平等经济利益与经济成果的差异。这方面的经济学分析在经济学研究中为数不多，但是，其重要性不仅体现在种族歧视本身的不可忽视性，同时这方面的研究对经济学理论也具有积极的作用。

在新古典理论中对种族所引起的问题的重视，以加里·贝克尔（Gary Becker）1957年的作品为开端，它从歧视的角度来探讨这一课题。贝克尔将种族表示为对歧视的"嗜好"问题或者对与特定种族进行人身交往的一种"厌恶"。种族歧视发生在雇佣、培训和鉴别生产率的人力资源成本有关的问题上。这些成本引起了正常追求利润的活动中的歧视。

只有很少或没有种族B工人的某种族A雇主也许想雇佣一些职工。然而种族B的低工资不能抵偿雇佣和培训新工人的成本。这些成本是利润极大化需要考虑的因素，因此种族不平等作为竞争的组成部分而继续存在。虽然会发生边际变化，但这种倾向不会对任一雇主所使用的劳动力的种族构成做出重大调整。这就是人力资源成本影响种族就业的方式。

种族A的雇主在招工时对种族B的工人生产率的主观性看法影响其雇用方式。由于在雇佣前要确定生产率会花费昂贵，种族A的雇主就假定种族B的所有工人比种族A的工人生产率低下。这样做可能使雇主有所保障，因为雇佣一个低效工人比错失一个高效工人的代价要高得多。结果，种族B的工人要么不被雇佣，要么以低工资率受雇。

种族是主要与人力资本理论有关的劳动供给分析的组成部分。人力资本的数量/质量差别说明了种族的收入差别。虽然一个种族对人力资本的主观需求也许与另一个种族对人力资本的主观需求相同，但由于歧视会使得这个种族的初始禀赋量较低，其客观的投资能力会较小。此外，人力资本的供给，例如教育和保健的供给，也很可能较少（Sowell，1975）。

从劳动供给方面对种族不平等所进行的分析，倾向于将歧视问题置于经济领域之外，一般将教育作为人力资本的关键形式而大谈特谈。当代对种族不平等的分析提出了对以教育形式体现的人力资本需求不相等问题（Sowell，1975）。相应地，与特定种族不成比例的"下等阶级"正在形成；由于不愿按现行的工资率工作，此类文化变量使得这一阶级对教育的需求很小。这些重要的文化变量可能产生于地理方位的错位，如从乡村移居城市，或脱离原先熟悉的劳动市场等。

所有对种族问题的分析都涉及竞争理论。马克思主义经济学家也从资本与劳动、资本与资本，或这两种类型的结构性冲突兼有的角度来看待种族问题。马克思的积累观念和阶级斗争观念为种族分析的方法奠定了基础。研究种族不仅是为了理解种族不平等，也是为了理解厂商间的竞争和劳资冲突

(Baron，1975；Harris，1972；1981；Sysmanski，1975）。

按照这个理论，种族不平等是追求利润的产物。从寻求廉价的资源市场这一点来看，利用种族来作为降低某一种族的劳动成本的方法便具有经济理性。

种族不平等也是劳资冲突的产物，该冲突系由种族 A 的资本或劳动精心制约种族 B 的就业门路而引起的这种事例中，种族问题被用以强化或削弱冲突的特定一方。资方会利用种族 B 的廉价劳动削弱劳工的谈判力量。种族 A 的劳动也许与种族 B 的劳动联合起来预防这类计谋，从而使种族 A 劳工的姿态变得强硬。

在这一理论中，种族既影响经济进程，又受经济进程影响。从这一观点来看，种族不平等及在竞争/冲突中操纵种族的情况，常被认为是对利润的竞争性追求所特有的。

在过去几十年间，经济理论对种族及与种族有关的问题的注意已急剧增多。对种族歧视和种族不平等的解释，要么强调市场的不完善，要么强调资本主义的结构特点。大多数结构主义的分析也将种族作为解释经济过程的动态的一种方法。

参考文献：

Teun A. van Dijk, Elite Discourse and Racism', in IrisM. Zavala et al. (eds). *Approach to Discourse*: *Poetics and Psychiatry*, Amsterdam: John Bejam ins, 1987.

Anne McClitock, *Imperial Leather*: *Race, Gender, and Sexuality in Colonial Contest*, London: Routledge 1995.

（何昌福）

经济学和性别
Economics and Genders

性别这个词传统上，像性（Sex）一样，指的是男子和妇女之间生物学上的差异。近年来在社会科学著作和公开的谈话中掀起了一个运动来拓展这一定义，把根据生物学这一基础建立的社会区别也包括进来，而且优先选择 Gender 一词，而不是 Sex 来表示这个更为广泛的定义。

从历史上看，性别无论是在古典学派，或者是马克思主义经济学家之中，都不曾把它看成是经济分析的中心概念。但是，由于近年来种种事态发展的推动已经把与性别有关的问题推到显著的地位上，经济学家已经通过寻求对这些问题的分析作出了回答。这个寻求过程的结果，不但对经济行为与其后果中的性别差异的性质有了更好的了解，而且丰富了这一学科本身。

尽管经济分析主流很少注意有关性别问题，但19世纪争取妇女选举权的运动却把一些注意力集中到性别的不平等上，在古典经济学家中，J. S. 穆勒（J. S. Miller，1878）雄辩地主张，男女之间"完全平等原则"。他不但赞成家庭之内性别的平等，而且支持"准许妇女担任到那时为止仍然为男性继续垄断的所有职责和职业"。他也相信"她们到处都表示出缺乏活力，仅仅为的是，能继续保持她们在家庭生活中的从属地位"。在马克思学派中，恩格斯将妇女的从属地位和资本主义的发展联系起来，并且认为，妇女走出家庭，参加工资劳动以及社会主义的到来，是她们获取自由所必需的。相信走出家庭更充分地参加就业就能产生解放效应，这不但是穆勒和恩格斯的共同信念，也是吉尔曼（Gilman，1898年）这样的现代争取女权运动作家的信念。

现在，绝大多数先进的工业化国家里，妇女特别是已婚妇女参加到劳动力中去的业已增加了。这无疑地，在许多方面，既改变了男女性别之间的关系，又改变了这个社会的结构，但仍然保持着男女之间担任的工种、报酬等之间的显著差异。

性别歧视主义（Sexism）一般是指基于他人的性别差异而非他人优缺点所造成的厌恶或是歧视，但也可用来指称任何因为性别所造成的差别待遇。歧视的结果是损害了人与人之间的机会平等和待遇平等，由此必然影响到社会公正、社会稳定和社会经济发展。尽管各国都以立法的形式来保护女性，使之享有与男性平等的就业权利，但现实中这种平等的就业权很难得到实现，在就业市场上女性依然处于弱势。

用人单位通常在招聘的各环节中，除妨碍正常生产、工作或依法不适合女性的工种或岗位外，以性别为由歧视录用女性或提高对女性的录用标准而导致女性平等就业机会丧失。遭受歧视的女性普遍会感到有压力、情绪低落和缺乏动力，这不仅损害她们的自信和加大别人对她们的偏见，还影响她们的生产率。所以，找到歧视的原因所在并消除歧视能使人类的潜能得以更好地发挥和展示，于人和社会都具有重要的意义。

有关职业和收入的性别差异的人力资本的解释是明塞尔和波拉切克（Polachek，1974）和波拉切克（1981）以及其他人发展的，是直接根据家庭分析出来的。它假设家庭的劳动分工导致妇女极端地强调男子在整个生命周期中，都负担着家庭的责任。预见到较短而又经常中断的工作期限，妇女对投资于以市场导向的正规教育和在职培训所具有的刺激力量都比男子的要低。她们由此引起的较低的人力资本投资，将使他们的收入相对低于男子的。

妇女将选择的是，这种投资对其并不太重要的职业，而且中断劳动引起的工资削减的（因退出劳动力的时期中技能贬值产生的）这种惩罚是最轻的职业。由于她们预见到就业的中断，妇女们避免那些特别需要大量投资于以厂商为特点的技能上的那些工作（即一个特定企业所独有的技能），因为这些投资的利润只有在一个人继续待在那家厂商中才能收获到。相对于男子来说，预期妇女工作任期短，使得雇主不愿意雇佣妇女从事那些雇主负担一些培训费用的工作。因此，就这方面来说，很难将更有事业心的妇女和不大有事业心的妇女区分开，前者可能受到不利的影响。

女性是求职者中的弱势群体，在劳动力市场上女性遭受歧视，所以，即使男女求职者能力相同，考核结果也一样，由于歧视性雇主追求的是效用最大化而不是利润最大化，于是雇主们依然会因为主观偏好或客观信息不充分的理由坚持做出他们认为理性的选择，即女性的生产率低于男性，从而更偏向于雇佣男性员工。

以下从新古典经济学家中的代表观点贝克尔（Becker）歧视理论和女权经济学方面分别对女性就业歧视做出经济学分析。

1. 贝克尔歧视理论。从需求角度分析性别歧视，贝克尔提出了"偏好性歧视"。其基本内容是：如果某人具有歧视性的偏好，那么他宁愿以某一偏好的群体替代另一厌恶的群体并为此支付某种费用。这种费用可以是直接的，也可以是间接的，比如放弃一部分收入。

2. 女权主义经济学家观点。女权主义经济学家从女性的视野出发，对此问题提出了自己的看法。她们认为人的偏好不是给定的，而是在社会中形成的。人的行为要受社会结构，传统文化的限制，建立在个人理性选择基础上的结论并非真实反映现实世界的经济活动。同时，由于劳动力市场上基于种族、性别的歧视还将长期存在，通过市场机制自动消除歧视的过程是极其缓慢的，市场机制并不能消除雇主的偏见，且在劳动力市场上雇员众多，要实现雇主与雇员的信息对称几乎是不可能的。女权主义经济学家把劳动力市场分割理论作为一个分析工具，重点将外生的制度影响内部化。她们指出，劳动力市场和制度之间存在着复杂的反馈效应。她们认为市场中的职业分割和工作差异可能源于男女在心理构成上的差异，他们有不同的目标期望，抑或他们不同的社会化过程导致工种选择的不同。她们将性别的社会构想引入分析，个人的行为方式很大程度上受劳动力市场建构和社会制度的影响，理性选择的力量同文化，心理上的制约相比要小得多。

基于利润最大化的模型分析。在一个竞争性的产品市场和劳动力市场上，最大化的利润是企业从所投入的资本中获得正常的收益，也是企业最理性的选择。考虑到女性的自然附着成本及先天的性别差异和社会统计歧视导致用人单位认为女性的劳动生产率低于男性，为追求利润最大化，用人单位总是倾向于雇佣男性。即使雇佣女性，其工资率也显著低于男性，以此弥补用人单位认为雇佣女性所要付出的更多的成本。

竞争的力量将会惩罚那些歧视性的企业，使它的歧视偏好程度降低或者干脆持续不下去，所以从理论上说劳动力市场上的性别歧视现象将趋于消失。但在现阶段，歧视现象还是不断产生，人们与这些歧视的斗争也从来没有停止过。消除性别歧视现象可以通过强制性的法律手段来实现，然而要想真正消除性别歧视，还要从产生性别歧视的经济根源入手，积极探索。需要强调的一个基本原则是对妇女自然附着成本予以经济补偿的新办法，必须把原先由个别单位支付的成本转化为社会支付，用人单位缴纳的费用绝不能因为聘用女性数量越多费用越高，而恰恰应相反，甚至可以考虑用人单位妇女比例达到一定标准给予适当减免，推行比例越高减免越多的优惠政策。

我们也可以通过对全民文化素质的提高、女性员工技能的提高、雇主道德修养、法律意识等提高来减少和消灭歧视。当然，性别歧视是一种复杂的社会和经济现象，它根植于社会习惯中，尽管法律确立了平等，但只要社会和经济中的分层现象仍然存在，歧视就不可避免，因此，与歧视现象的斗争还将继续，不过无论在理论上还是实际中，歧视终将被最大程度地消灭是不容置疑的。

参考文献：

[美] 加里·S·贝克尔：《人类行为的经济分析》，上海人民出版社1996年版。

[美] 加里·S·贝克尔：《人类行为的经济分析》，三联书店1995年版。

E. M. King：《性别经济学和职业选择》，引自《教育经济学国际百科全书》，高等教育出版社2000年版。

[美] D. 霍夫曼：《劳动力市场经济学》，五南图书出版公司1991年版。

蔡秀玲：《女权主义劳动力市场理论评述》，载于《经济学动态》2005年第1期。

（何昌福）

经济学和混沌
Economics and Chaos

混沌也写作浑沌，中国古人想象中天地未开辟以前宇宙模糊一团的状态，后用以形容模糊隐约的样子；也形容人幼稚糊涂。在中西方神话和《圣经》中，都对混沌有不同的解释和理解。混沌理论自20世纪80年代被应用于经济领域以来，由于它能够揭示隐匿在貌似随机的经济现象背后的有序结构和规律性，并提供一种方法把复杂事物理解为自身内部某种有结构、有目的的行为，而不是外来的、偶然的行为，从而突破了经典经济学的思维方式，拓宽了人们对现实经济问题研究的视野，揭示了隐匿在复杂经济现象背后的有序结构和规律性。

与我们通常研究的线性科学不同，混沌学研究的是一种非线性科学，而非线性科学研究似乎总是把人们对"正常"事物"正常"现象的认识转向对"反常"事物"反常"现象的探索。

在非线性科学中，混沌现象指的是一种确定的但不可预测的运动状态。它的外在表现和纯粹的随机运动很相似，即都不可预测。但和随机运动不同的是，混沌运动在动力学上是确定的，它的不可预测性是来源于运动的不稳定性。或者说混沌系统对无限小的初值变动和微绕也具于敏感性，无论多小的扰动在长时间以后，也会使系统彻底偏离原来的演化方向。进一步研究表明，混沌是非线性动力系统的固有特性，是非线性系统普遍存在的现象。牛顿确定性理论能够充分处理的多维线性系统大多是由非线性系统简化来的。混沌现象是自然界中的普遍现象，天气变化就是一个典型的混沌运动。1972年12月29日，美国麻省理工学院教授、混沌学开创人之一E. N. 洛伦兹在美国科学发展学会第139次会议上发表了题为《蝴蝶效应》的论文，提出一个貌似荒谬的论断：在巴西一只蝴蝶翅膀的拍打能在美国得克萨斯州产生一个龙卷风，并由此提出了天气的不可准确预报性。

混沌不是偶然的、个别的事件，而是普遍存在于宇宙间各种各样的宏观及微观系统的，万事万物，莫不混沌。混沌也不是独立存在的科学，它与其他各门科学互相促进、互相依靠，由此派生出许多交叉学科，如混沌气象学、混沌经济学、混沌数学等。混沌学不仅极具研究价值，而且有现实应用价值，能直接或间接创造财富。今天，伴随计算机等技术的飞速进步，混沌学已发展成为一门影响深远、发展迅速的前沿科学。

混沌经济学（Chaotic Economics），也称为非线性经济学（Nonlinear Economics），是20世纪80年代兴起的一门新兴的学科，是指应用非线性混沌理论解释现实经济现象，在经济建模中充分考虑经济活动的非线性相互作用，在模型的分析上充分利用非线性动力学的分叉、分形和混沌等理论与方法。

在研究对象和研究方法上，混沌经济学与传统经济学都是利用提出假设，利用数学工具通过规范推演和实证检验来揭示社会经济现象的客观规律；但是由于客观地认识到经济系统的非均衡、非线性、非理性、时间不可逆、多重解和复杂性等特点，混沌经济学在研究和解决问题的具体思维方式和假设前提下以及确切的方法论上，与传统经济学存在显著差异。

混沌经济学假设关系是非线性的，认为经济系统所呈现的短期不规则涨落并非外部随机冲击的结果，而是系统内部的机制所引起的。经济系统中时间不可逆、多重因果反馈环及不确定性的存在使经济系统本身处于一个不均匀的时空中，具有极为复杂的非线性特征。非对称的供给需求、非对称的经济周期波动（现已证明：经济周期波动呈"泊松分布"而非"正态分布"）、非对称的信息、货币的对称破缺（符号经济与实物经济的非一一对应）、经济变量迭代过程中的时滞、人的行为的"有限理性"等正是这种非线性特征的表现。

混沌经济学的时间概念是时间具有不可逆性。认为系统的演化具有累进特征（积累效应），时间之矢是永远向上的。随着时间的演进，系统总是不断地具有新的性态，绝不重复，原因与结果之间的联系并非唯一确定的，是一种循环因果关系。因此，混沌经济学的一个核心命题是"对初始条件的敏感依赖性"（亦称"蝴蝶效应"）。用通俗的语言来说，混沌系统像一个放大装置，可以将初始条件带进的差异迅速放大，最终将真实状态掩盖，从而实质上导致长期演变轨道的不可预测性。

混沌经济学更注重对递增报酬的研究，认为经济系统在一定条件下（指系统结构演化的各种临界值），小效果的影响力不但不会衰减，而且还倾向于扩大。而这种小效果的扩大趋势也正是由非线性动力系统内的本质特征所决定的。混沌经济学并不排除理性因素，只是认为那种完全理性的假设是不现实的，只有将理性因素和非理性因素综合起来考虑才更符合现实。它认为混沌这种表面上看起来是随机的现象后面隐藏着一定的规律性和秩序，如奇异吸引子、分支、窗口等。混沌学研究的内容就是找出其中存在的规律和秩序，并将事物发展的必然性和偶然性，几率描述和决定论描述统一起来，最后再将研究结果作为工具去解决实践中困扰我们的复杂性难题。

受到众多自然、富有创建性思想体系综合启发的混沌经济学，其思想根基比传统经济学触及更广的自然科学领域，因而也就开阔了它的经济研究视野。混沌经济学的方法论是集体（整体）主义，即"理论必须根植于不可再分的个人集团的行为"。在混沌经济学看来，经济系统由数以百万计的个体和组织的相互作用所决定，而每一个个体和组织又涉及数以千计的商品和数以万计的生产过程，因此，个体行为并非是一种孤立的存在，仅仅完备地认识个体的行为并不能使我们掌握整个经济系统的演化状态。运用整体主义的方法论，混沌经济学在经济增长、经济波动、股市涨落、厂商行为、汇率浮动等领域进行探索，得出了经济波动源于经济系统的内生机制而非随机震荡、非均衡是经济系统的常态、杂乱无章的经济现象背后隐藏着良好的结构而非随机状态等一系列在新古典个人主义方法论下所无法得到的、更符合现实的结果。

国外的混沌经济学已涉及经济周期、货币、财政、股市、厂商供求、储蓄、跨代经济等几乎所有经济领域。威廉·鲍莫尔（William J. Baumol）和爱德华·沃尔夫（Edward Wolff）等人从微观经济角度研究了混沌经济问题。1983年他们在考虑企业的研究开发（R&D）支出水平与企业生产增长率之间关系时发现，在R&D支出水平占企业销售收入的比例到达一定范围时，企业的生产增长率就会呈周期性或混沌态。1985年，鲍莫尔（Baumol）和夸得特（R. E. Quandt）发表了论文"混沌模型及可预测性"，研究了利润与广告的关系模型。研究表明，这种关系模型经一段时间后，就会出现大幅度震荡，甚至出现混沌。戴（R. Day）研究了包括人口净自然出生率、生产函数和平均工资收入的古典经济增长模型，在最大人口数量时的收入若低于维持最低生活水平所需的收入时，人口的变化将会出现混沌状态。他和本哈比（Benhbib）还研究了不同消费倾向将会产生不同的消费者行为：穷人的消费选择很可能是相当稳定的，而富人的消费行为则可能是周期波动的，甚至是混沌的。博尔丁（Boldrin）的研究表明，经济现象的不规则波动是受到市场力、技术变革和消费倾向三者共同作用下经济系统内生决定的结果。鲁塞（J. B. Rosser）等人以东欧集团国家的经济变革作了实证说明。中央计划的社会主义经济既会出现周期性波动，也会出现混沌，而进入混沌的条件，往往也是将要发生经济制度变革之时。1992年，底考斯特（D. P. Decoster）和米契尔（D. W. Mitchell）研究了货币动力系统混沌问题。布劳克（Brock）、沙因克曼（Schenkman）和莱伯伦（Le Baron）等人提出了用关联性、"搅拌"、"残差"等方法诊断经济时间序列的混沌性。索耶斯（Sayers）、巴雷特（Barnett）和费兰克（Frank）等人也都在股票证券、外汇交易、期货等市场产生高频经济数据的经济活动中找到了低维混沌吸引子。这意味着只需少数几个经济变量就可以描述这类复杂的经济现象。

在国内，1987年，旅美经济学学者陈平用实际数据，计算了分维，从宏观货币指数中发现了维数为1.5左右的奇怪吸引子。自他将混沌经济学研究引入中国后，1992年杨培才等人在论文"经济混沌的实例及可预报性"中，用伦敦外汇市场发布的英镑对美元周平均汇率的时间序列作为原始数据，研究了外汇系统中的奇怪吸引子，推出了汇价变动的规律性及近期的可预报性。1993年，王军等在"标准普尔500指数（S&P 500）的混沌吸引子"一文中指出了S&500有一个混沌吸引子，其维数为2.33，并论述了该吸引子对资本市场运动的意义。刘洪在《系统工程理论方法应用》论证了道格拉斯生产函数产生混沌的条件。1994年，黄登仕、李后强在《非线性经济学的理论与方法》一书中对经济系统中的分形特征作了较深入研究。他们首次使用非线性经济学的一些统计方法、预测方法（BDS统计、R/S分析）对香港黄金价格、深圳股市价格等进行了预测和实证研究。现在国内已有越来越多的学者从事混沌经济的研究工作。如庄新田等运用混沌经济学的方法，对股票市场的流动性及交易群体数量变动问题进行分析，探讨如何实现市场的流动性和均衡状态。王春峰、康莉等利用混沌经济学和向量自回归（VAR）方法，实证分析了我国通货紧缩的成因及发展趋势。沈华嵩等根据中国国民经济的数据，提出确认经济混沌的理论模型。

经济混沌的研究应从两个方面加强：要扩大经济混沌的实证范围和提高实证的质量；要在经济系统的动力模型方面深入研究，以期在控制和预测方面有所突破。混沌经济学的发展对经济学的贡献将是不可估量的，而且将会引起数理经济学及计量经济学的变革，从而可能在新的规范下建立包容以往各据一词的各个学派的统一经济理论，更好地解释现代经济的运行规律。

参考文献：

何孝星、赵华：《关于混沌理论在金融经济学与宏观经济中的应用研究述评》，载于《金融研究》2006年第7期。

傅琳：《混沌经济学与新古典经济学的比较研究》，载于《经济学动态》1994年第1期。

Brock, William A., David A. Hsieh & Blake LeBaron, Nonlinear Dynamics, Chaos and Instability: Statistical Theory and Economic Evidence 1993.

Day, R. H., The Emergence of Chaos from Classical Economic Growth, *The Quarterly Journal of Economics* 1983.

Frank, M., R. Gencay & T. Stengos, International Chaos, *European Economic Review* 1988.

Hagtvedt, Reidar, Chaos in Stock Returns 1999.

Hsieh, David A., Chaos and Nonlinear Dynamics: Application to Financial Markets, The Journal of Finance 1991.

Stutzer, Michael J. Chaotic Dynamics and Bifurcation in a Macro Model, *Journal of Econometrics* 1980.

（何昌福）